옴니버스 통일교육

춘천교육대학교 통일교육 총서 01

옴니버스 통일교육

Omnibus Approaches
to Unification Education

추병완 이범웅 김병환
변순용 조주현 박보람

한국문화사

머리말

이 책은 춘천교육대학교 통일교육 선도대학 사업단의 1차 연도 연구 성과를 반영한 것이다. 춘천교육대학교 통일교육 선도대학 사업단은 국내 윤리교육과 교수들과 협력하여 이 책을 발간하면서, 1차 연도인 2025년에는 통일교육을 도덕교육의 렌즈로 바라보는 데 초점을 맞추었다. 이는 학교 현장에서 통일교육 내용이 가장 체계적으로 반영된 교과가 바로 도덕 교과이기 때문이다. 6명의 교수가 각자 자기 전공의 색깔을 반영하면서 특정 주제에 대한 글을 작성하여 이 책을 만들었기 때문에 책 제목을 옴니버스 통일교육으로 설정하였다. 이 책의 내용을 간략하게 소개하면 다음과 같다.

1장에서 공주교육대학교의 이범웅 교수는 통일 환경의 변화를 다루었다. 통일 환경은 통일의 조건이자 통일의 토양이기도 하다. 통일의 씨앗이 아무리 튼실해도 토양이 좋지 않으면 발아되거나 잘 자랄 수 없는 이치와 같다. 통일 환경을 알아보기 위해 이범웅 교수는 먼저 남한 내부의 환경으로 남한의 대북 및 통일정책의 변화, 통일에 대한 우리 국민의 의식 등을 살펴보았다. 다음으로 북한 내부의 환경 역시 북의 대남 및 통일정책의 변화와 통일에 대한 북한 주민의 의식 등을 탐색하였다. 셋째로 분단 이후 남북 관계의 전개와 전망을 알아보았다. 끝으로 외부적 요인에는 크게 국제적 요인과 좁게는 한반도 주변의 동북아 정세와 외교적 목표를 알아보았다.

2장에서 서울대학교의 김병환 교수는 묵자의 평화 사상을 제시하였다. 서양의 평화 사상에 관한 연구는 매우 풍부하지만, 동양의 평화 사상에 관한 연구는 상대적으로 매우 저조한 상태다. 김 교수에 따르면, 묵자의 평화 사상은 겸애(兼愛)와 교상리(交相利), 비공(非攻)이라는 일련의 주장으로 전개된다. 겸애는 침략 전쟁에 반대하며 국제 평화를 추구한 그의 평화 사상의 이론적 뿌리가 된다. 묵자의 겸애는 기존의 이해처럼 감성적인 사랑이라는 개념이 아니기 때문이다. 겸애는 교상리에 근거하기에 상호이익을 전제로 하는 개념이다. 통상 보편 사랑이라고 풀이되는 겸애가 실상은 냉철한 이익 계산에 근거한다. 이익 계산과 헌신적인 사랑이라는 관념은 어울리지 않는다. 겸애는 실리에 근거한 이타적 호혜주의 혹은 공리주의적 주장이다. 그래서 겸애교리가 이익을 내세우는 국제 관계, 국제 평화에 적용될 수 있다. 묵자의 비공 사상은 오늘날의 국제윤리나 평화학에 해당한다. 비공의 평화론을 이해하기 위해서는 비공뿐만 아니라 공벌(攻伐)과 주벌(誅伐)을 알아야 한다. 묵자를 반전 평화주의자라고 생각하는 이들은 묵자가 주벌이라는 정의로운 전쟁이 필요하다고 주장한 점을 상기해야 한다. 묵자는 모든 전쟁을 반대하는 반전주의자가 아니다. 즉, 그는 약자를 돕는 정의로운 전쟁을 받아들인다.

3장에서 국립목포대학교의 조주현 교수는 공화주의 이념에 기반한 통일교육을 다룬다. 통일교육은 가르치는 교사부터 통일에 대한 확고한 신념과 올바른 통일관을 갖추고 이를 학생들에게 뜨거운 마음과 냉철한 이성으로 전달해야 그 목표를 성취할 수 있다. 3장에서 조주현 교수는 특별히 공화주의 이념에 기반한 통일교육에 주목한다. 공화주의는 플라톤의 철인통치론에서 보듯이 냉철한 이성을 강조하면서도 동시에 루소의 애국심에서 알 수 있듯이 뜨거운 마음 또한 강조한다. 남한의 헌법 제1조 1항을 보면 "대한민국은 민주공화국이다."라고 규정하고 있다. 아울러 북한의 공식 명칭은 주지하다시피 '조선민주주의인민공화국'이다. 남북한 모두 공화주의를 국가정체성의 최고 규범으로 간주하고 있는 셈이다. 이에 남북한 정치철학의 최소공배수라고 할 수 있는 공화주의 이념에 기반하여 우리가 추구해야 하는 통일교육의 방향에 대해 논의한다.

4장에서 서울교육대학교의 변순용 교수는 책임윤리 담론에서 논의되는 공동체의 책임론을 바탕으로 통일의 정당성 교육에서의 새로운 방향점을 모색한다. 변 교수는 먼저 현대 책임윤리에서 공동체의 책임 문제가 중시되는 이유를 살펴보고, 도덕적 행위의 주체를 자율적인 의지를 가진 인간에게 한정하는 기존의 전통적인 윤리학의 입장을 벗어나 공동체의 도덕적 책임의 문제를 분석함으로써, 공동체를 도덕적 행위자로 규정하였다. 또한 변교수는 공동체를 결합체와 집합체로 구분하여 각각에서 제기되는 책임의 유형과 문제를 고찰하여 구성원에게 분배될 수 있는 도덕적 책임과는 다른 공동체 자체의 도덕적 책임이 있음을 규명하였다.

5장에서 강원대학교의 박보람 교수는 미래 통일시대를 대비하여 세계의 민족 갈등 지역과 한국의 북한 이탈 청소년 통합교육 사례를 비교·분석함으로써 교실을 중심으로 한 평화적 통일교육의 방향성을 제시한다. 북아일랜드의 공유교육 프로그램은 가톨릭과 개신교 학생들이 공동 수업을 통해 상호 편견을 줄이고 사회 통합을 촉진하였으며, 이스라엘-팔레스타인의 Hand in Hand 학교는 유대인과 아랍인 학생들이 이중언어 교육을 통해 상호 문화적 이해와 편견 감소에 성과를 보였다. 르완다의 평화교육 프로그램은 집단학살 이후 트라우마 극복과 사회적 화합을 위해 체험활동 중심의 교육을 시행하여 비폭력적 갈등해결 역량을 높였다. 한국의 다음학교와 한겨레중·고등학교는 남북한 출신 청소년들이 함께 생활하며 상호 이해를 증진하고 심리·정서적 안정을 지원하는 프로그램으로 실제적인 통합 효과를 창출하고 있다. 이러한 국내외 통합교육 사례는 통합교육이 통일교육으로 발전하기 위해서는 교사의 전문성 강화, 국가 차원의 법적·제도적 지원, 학부모와 지역사회 참여 등 교육 전반의 다차원적 협력이 중요하다는 것을 시사한다.

6장에서 춘천교육대학교 통일교육 선도대학 사업단장인 추병완 교수는 통일교육에서 평화로운 교실을 만들기 위한 전략을 제시한다. 평화로운 교실은 민주적 의사소통 방식과 갈등 해결 기술을 실제로 체험하고 습득할 수 있는 실천의 장이 되며, 이는 통일 이후 통합된 사회에서 요구되는 시민적 자질과 역량의 토대가 된다. 따라서 평화로운 교실 만들기 활동은 통일교육의 효과성을 제고하고, 지속 가능한 평화의 문화를 형성하는 데 있어 핵심적인 실천 전략이다.

이 책이 나오기까지 많은 분이 도움을 주셨다. 까다로운 사업비 관리를 위해 애를 쓰신 춘천교대 산학협력단 관계자와 사업단의 한은영 연구원에게 깊이 감사드린다. 그리고 어려운 출판 여건에도 불구하고 이번에도 흔쾌히 출판에 임한 한국문화사 관계자 모두에게 고마운 마음을 전하고 싶다. 이 책이 통일교육의 이론과 실제에 조금이나마 도움이 되기를 바란다.

2025년 8월

대표 저자 추병완

목차

제4장

통일에 대한 공동체의 도덕적 책임

제5장

교실에서 지우는 분단선
–세계의 평화학교, 한국의 통일교실–

제6장

통일교육에서 평화로운 교실 만들기

제1장

통일 환경의 변화

이범웅(공주교육대학교 교수)

이 장에서는 남북한 분단을 해소하고 통일을 이루기 위해 먼저 통일 환경을 탐색해야 한다는 전제에서 출발하였다. 통일 환경은 통일의 조건이자 통일의 토양이기도 하다. 통일의 씨앗이 아무리 튼실해도 토양이 좋지 않으면 발아되거나 잘 자랄 수 없는 이치와 같다. 통일 환경을 알아보기 위해 먼저 남한 내부의 환경으로 남한의 대북 및 통일정책의 변화, 통일에 대한 우리 국민의 의식 등을 살펴보았다. 다음으로 북한 내부의 환경 역시 북의 대남 및 통일정책의 변화와 통일에 대한 북한 주민의 의식 등을 탐색하였다. 셋째로 남북 관계의 환경에서는 분단 이후 남북 관계의 전개와 전망을 알아보았다. 끝으로 외부적 요인에는 크게 국제적 요인과 좁게는 한반도 주변의 동북아 정세와 외교적 목표를 알아보았다. 살펴본 바에 따르면 통일 환경은 구조적으로 고착화된 면과 가변적인 요인이 상존한다. 정권의 향배와 관계없이 통일은 미래 국가전략의 상수이며, 이를 위해 통일 환경을 우호적으로 만들기 위한 노력이 지속되어야 한다.

1. 서론

1990년 탈냉전 이후 다양한 통일정책이 제시되었고 또한 관련한 여러 형태의 국제협력이 있었지만, 북한의 변화와 통일은 여전히 요원한 상태이다. 남북한 간 체제 차원의 이질감과 심리적 적대감은 더욱 커지고 있으며, 결국 통일의 기회는 더욱 멀어지고 있다(박인휘, 2024: 163). 통일 진전에 대한 전망은 현재 전반적으로 매우 어둡다. 여기서 어둡다는 것은 통일 환경이 좋지 않다는 말과 같은 말이다.

통일 환경은 통일의 조건이자 통일의 토양이기도 하다. 통일의 씨앗이 아무리 튼실해도 토양이 좋지 않으면 발아되거나 잘 자랄 수 없는 이치와 같다. 통일 환경에는 남한 내부와 북한 내부 그리고 남북관계의 환경이 있고, 외부적 환경이 있다. 남한 내부의 환경에는 남한의 대북 및 통일정책, 대북 및 통일에 대한 우리 국민의 의식 등이 있다. 북한 내부의 환경 역시 북의 대남 및 통일정책, 남한 및 통일에 대한 북한 주민의 의식 등이 있다. 남북 관계의 환경에는 분단 이후 남북 관계의 전개와 전망이 있다. 외부적 요인에는 크게 국제적 요인과 좁게는 한반도 주변의 동북아 정세 등이 있다.

남북한 간의 이념과 체제의 차이, 한반도 주변의 신냉전 구도와 같은 오랫동안 굳어진 통일 환경 요인이 있다. 반면에 국제정세의 변화, 북핵의 고도화, 북한 인권 상황 악화 및 북한 주민의 의식변화, 북한의 두 국가론 등 우리를 둘러싼 통일·안보 환경은 계속 변화하고 있다. 이제는 우리가 북한 정권의 선의만 바라볼 것이 아니라 북한의 변화와 통일의 여건을 선제적으로 만들어 나갈 능동적인 비전과 전략이 필요하다. 이런 관점에서 이 장에서는 통일 환경을 남북한 요인, 남북 관계의 요인, 국제적 요인으로 나누어 살펴보도록 하겠다.

2. 남한 내부의 요인

2.1 남한 통일정책의 전개

1948년 대한민국이 출범한 이후 정부가 바뀌면서 우리의 통일정책은 많은 변화가 있었다. 다음 〈표 1〉은 역대 정부의 통일정책을 일목요연하게 나타낸 것이다(정대진, 2024: 133).

〈표 1〉 역대 정부의 통일정책

<table>
<tr><th>구분</th><th>역대 정부</th><th colspan="2">통일정책</th></tr>
<tr><td>1948~1960</td><td>제1공화국
(이승만 정부)</td><td colspan="2">유엔 감시하에 자유총선거에 의한 통일론</td></tr>
<tr><td rowspan="2">1960년대</td><td>제2공화국
(장면 정부)</td><td colspan="2">남북자유총선거론(유엔감시하에)</td></tr>
<tr><td>제3공화국
(박정희 정부)</td><td colspan="2">선건설 · 후통일론(1966)</td></tr>
<tr><td>1970년대</td><td>제4공화국
(박정희 정부)</td><td colspan="2">선평화 · 후통일론(1974)</td></tr>
<tr><td>1980년대</td><td>제5공화국
(전두환 정부)</td><td colspan="2">민족화합민주통일방안(1982)</td></tr>
<tr><td>1990년대</td><td>제6공화국
(노태우 정부)</td><td colspan="2">한민족공동체통일방안(1989)</td></tr>
<tr><td rowspan="3">2000년대</td><td>김영삼 정부</td><td>민족공동체통일방안</td><td rowspan="7">민족공동체통일방안
(1994)
(1민족1국가1체제1정부)</td></tr>
<tr><td>김대중 정부</td><td>대북화해협력정책</td></tr>
<tr><td>노무현 정부</td><td>평화와 번영 정책</td></tr>
<tr><td rowspan="3">2010년대</td><td>이명박 정부</td><td>상생 · 공영의 대북정책</td></tr>
<tr><td>박근혜 정부</td><td>한반도신뢰프로세스</td></tr>
<tr><td>문재인 정부</td><td>한반도평화프로세스</td></tr>
<tr><td>2020년대</td><td>윤석열 정부</td><td>비핵 · 평화 · 번영의 한반도</td></tr>
</table>

1960년대까지 우리 정부는 전쟁을 겪으면서 통일보다는 수세적인 입장에서 폐허가 된 국토를 재건하고 경제적 부흥을 모색하는 시기였다. 1970년대 들어 남북대화가 처음으로 이루어지면서 한반도 내 평화를 정착한 이후 통일을 모색하자는 진전된 입장을 북한에 제안하였다. 그 이후 우리의 통일 방안은 제6공화국의 노태우 정부 때 입안되었다. 1989년 9월 11일 노태우 대통령이 국회에서 특별연설을 하는 형식으로 발표한 '한민족공동체 통일방안'은 1994년 김영삼 정부 때 '민족공동체통일방안'(한민족공동체 건설을 위한 3단계 통일방안)'으로 계승되었다.

민족공동체통일방안과 그 모체가 되는 한민족공동체통일방안은 그 합리성과 현실성 못지않게 국민 각계각층의 다양한 의견 수렴 절차를 통해 형성되었다는 점을 높이 평가할 수 있다. 이 통일 방안은 현재 남한의 공식 통일 방안이며 점진적이고 단계적으로 남북한이 하나의 민족공동체를 건설하여 통일을 완성해 나간다는 견해를 천명하고 있다.

민족공동체통일방안의 핵심은 민족공동체 건설을 목표로 하는 '과정으로서의 통일'을 완성해 간다는 것이다. 1단계에서 남북한이 화해 및 교류협력을 통해 민족공동체 건설을 위한 기초를 다지고, 2단계에서 점진적·단계적으로 남북연합을 거쳐 최종적으로 마지막 3단계에서 1민족 1국가 1체제 1정부 형태로 통일 국가를 구성해 간다는 접근방법을 민족공동체통일방안은 제시하고 있다.

통일은 그래서 장구한 '선 평화정착, 후 평화통일'의 입장을 기초로 할 수밖에 없으며, 이를 체계화한 민족공동체통일방안(1994)에 해당 내용이 잘 반영되어 있다. 민족공동체통일방안은 대한민국의 공식적인 통일방안으로 현재까지 이어져 오고 있다. 하지만, 이 방안은 원안 그대로 계속 추진되었다기보다는 역대 정부의 대북정책과 남북관계, 대외환경에 따라 응용되며 계승됐다.

김영삼 정부는 통일 국가의 미래 가치와 기본 철학을, 김대중·노무현 정부는 소통과 교류·협력을, 이명박·박근혜 정부는 북한 변화에 초점을 맞추어 통일 담론을 확장해 왔다(김병로, 2024: 1~33). 문재인 정부는 소통과 교류·협력을 중시했고, 윤석열 정부는 북한 변화에 초점을 두는 것으로 평가할 수 있다. 하지만 실제로 민족공동체통일방안을 발표한 김영삼 정부 이후 역대 정권은 북핵 문제의 출현으로 인해 구체적인 통일방안의 실시와 추진보다 대북 상황 관리와 한반도 위기관리에 치중된 대북정책이 주를 이루고 있다(정대진, 2024: 131-132).

역대 정부의 이념 성향에 따라 진보의 대북 유화책과 보수의 대북 강경책이 되풀이되었으며, 이는 대북정책의 비일관성을 초래하였다. 양 진영 모두 정책 목표 달성에 실패하였다. 하지만 두 진영의 대북정책 사이에는 목표와 교환 조건에 있어서 공통점이 존재한다. 장기 목표로 북한 비핵화 → 개혁 · 개방 → 평화적 통일('3단계 통일방안')을 제시했으며, 단기 목표로 한반도 평화유지, 그리고 남북 화해와 협력 증진을 추구했다는 점이다. 동일한 교환 조건으로 북한의 변화(비핵화 + 개혁 · 개방)에 대한 남한의 보상(진보의 '햇볕' 혹은 보수의 '비핵 · 개방 · 3000')을 제시했다는 점이다.

그러나 보수와 진보의 대북정책은 교환의 선후 관계에서 정반대 견해를 밝혔다. 진보 정부에서는 선 남한의 보상, 후 북한의 변화라는 남한의 선제적 보상이다. 국제정치 기능주의 이론에 기초한 진보의 유화책은 경제, 사회. 문화, 등 '하위정치(low politics)'에서의 협력이 결국 정치, 군사, 안보 등 '상위정치(high politics)'로 확산한다는 주장이다.

반면에 보수 정부에서는 선 북한의 변화, 후 남한의 보상이다. 북한이 먼저 비핵화와 개혁 · 개방에 나선다면 한국은 북한 1인당 국민소득이 3,000달러에 이르도록 지원하겠다는 '비핵 · 개방 · 3000' 논리에서 나타나듯이, 보수 정부의 대북정책은 북한의 선제적 변화를 전제로 남한의 사후 지원을 약속하였다. 반대로 북한이 변화를 거부하는 경우 강한 압박을 주장하는 보수의 강경책은 강한 힘이 전제되어야 상대의 변화를 이끌 수 있다는 국제정치의 현실주의 이론에 기반하고 있다.

정권이 교체될 때마다 보수와 진보는 상대의 대북정책을 비난했지만, 지난 30년 동안 진보와 보수는 모두 북한의 변화를 유도하는 데 실패했다. 진보 정부의 유화책에 기초한 경제, 사회, 문화 등 '하위정치'에서의 활발한 교류가 북한의 비핵화나 개혁 · 개방 같은 '상위정치' 변화로 이어지지 않았으며, 변하지 않는 북한에 대한 지속적 보상[1]은 '퍼주기' 논란으로 이어졌다. 반면에 보수 정부의 대북정책은 북한이 변화를 거부하는 경우 강력한 압박이라는 강경책을 제시하지만, 북한의 변화 거부와 위기의식을 강화함으로써, 북한 체제 경직성과 한반도 긴장을 고조시켰다(주형민, 2024: 54).

그리고 '전환 효과'는 기본적으로, 외부로부터 투입되는 긍정적인 관여(자원의 투입)가 북한 내부의 정치·경제적 역학 관계에 영향을 미쳐서, 외부로부터 더 많은 관여와 지원을 희망하는 세력의 입지 강화로 연결되어야 한다. 그런데 북한 체제의 특수성으로 인해, 주체사상과 수령 체제의 전통이 외부로부터 들어오는 관여적 자원이 발생하는 효과를 완벽하게 혹은 상당한 수준에서 통제하기 때문에, '전환 효과'를 기대하기는 어렵다(박인휘, 2024: 166).

남한의 관점에서 공세적 입장은 현상 파괴적으로 정의되며, 한국의 조건이나 의도에 따라 한반도 통일의 방법을 의미한다. 반면, 방어적 입장은 현상 유지적 성격으로 북한의 조건이나 의도에 따라 통일되지 않도록 하는 방법을 말한다. 전 세계 냉전 체제의 붕괴는 공세적 태도를 강화하였지만, 국내 민주화 과정은 방어적 태도를 고취했다(김정, 2024: 49).

역대 한국 정부는 압박, 위협, 뇌물, 회유 등 다양한 대북정책을 통해 남북통일 목표 달성에 속도를 내왔다. 역대 정부의 이 같은 노력에도 모

---

1 보상 기반 접근방식이 효과를 나타내기 위해서는 북한이 실제로 통일에 대한 의지를 보이고 최소한 한국이 제시한 유인책 중심의 통일이 차악의 선택지라는 판단을 내려야만 한다. 북한에 대한 유인책은 통일 과정 진전이 있으면 조건부로 제공되어야 한다. 그렇지 않으면 북한은 이익만 챙기고 아무런 변화도 보이지 않을 수 있다. 우리가 바라는 바와 다르게 북한은 받을 것은 받고 약속을 지키지 않는 행태의 연속이었다(존 에버라드, 2024: 41).

두 목표 달성에는 실패했다. 대북정책의 당근 대 채찍 논쟁은 그저 소득 없는, 이른바 '귀머거리 대화'로만 이어질 뿐이었다. 대북 압박이 효과를 보기 위해 우선 북한을 협상 테이블로 끌어내기 위해 강력한 제재를 가할 수 있어야 하고, 북한이 제재에서 벗어날 수 있는 신뢰할 만한 군사적 선택이 없어야 하며, 북한이 대북 압박에 굴복하고 한국과 다른 민주주의 국가들의 요구에 응답하는 것을 차악의 선택으로 받아들일 때이다. 위 요건이 모두 충족된 적이 아직 없었기 때문에 압박을 통해 북한의 통일 협력을 끌어내려는 시도는 오히려 북한의 분노를 자아내며 북한에 피해자 의식을 심어줬을 뿐이다.

앞으로 대북정책에서만큼은 여, 야, 진보, 보수가 따로 없는 초당적이고 일관된 원칙과 정책을 견지함으로써 남남갈등을 해소하고 단합된 힘으로 북한의 위협에 맞서는 것이 가장 중요하다.

2.2 안보 위기의 고조

북한은 윤석열 정부의 담대한 구상을 일언지하 거절하고 도발로 응수했다. 탄도 미사일로 분류되는 600mm 방사포는 물론 단거리, 중거리, 장거리 탄도미사일을 연이어 발사함으로써 비핵화 협상을 향한 희망의 불씨를 끄기에 바빴다(김성한, 2023: 13). 북한이 서울을 인질로 잡은 상황에서 북한의 도발에 대한 한국의 대응이 제한적일 것으로 생각하는 북한은 이를 이용해 필요할 때 군사도발을 할 가능성이 있다. 특히 최근 양측이 9.19 합의의 일부 혹은 전체를 파기하면서 언제든지 제한적 도발이 일어날 수 있는 긴장 국면에 들어가 있다고 보인다(최우선, 2024: 12). 북한은 분단 이후 현재까지 유사시 국방력 중심의 무력통일 기조를 포기하지 않았다.

북한이 사실상의 핵보유국에 가까워진 만큼 방어용이냐 공격용이냐 같은 핵무기의 보유 및 개발 의도에 대한 논란은 더 이상 큰 의미가 없다. 북한이 핵 능력을 강화할수록 한국을 비롯한 주변국의 군비경쟁 및 안보 딜레마는 격화될 수밖에 없다. 핵 무력 완성을 선언한 북한이 군사 안보 추구를 통한 자력·자위 노선에 집착하는 이상 '공포의 균형'의 그림자는 한반도에 짙게 드리워질 것이다. 한국의 진보와 보수 정부와 관계없이 국방력 강화와 군사비 증강이 공통으로 이루어져 왔다는 사실은 정전을 통한 소극적 평화를 지키는 것이 얼마나 어려운 것임을 알려 준다(최규빈, 2022: 245-246).

북한의 비핵화를 추구하지만, 북한 비핵화가 현실적으로 가능하지 않은 상황을 전제로 한 한국의 외교, 안보, 통일, 대북정책에 대한 전반적 검토가 필요하다(주형민, 2024: 56). 따라서 '통일'이나 북한의 '비핵화'라는 단기간 내에 실현 불가능한 목표 대신 북핵 위협에 대한 철저한 대비와 한반도 상황의 안정적 관리를 추구하는 것이 바람직하다. 최근 북한의 대남 정책의 대전환은 한반도의 안보 상황을 더욱 심각하게 악화시키고, 남북 관계의 회복을 어렵게 하고 있다(정성장, 2024: 46, 68). 어느 때보다도 남북 관계가 한반도 안보 위기 상황으로 치닫고 있다.

다행스러운 것은 이재명 정부 들어 대북 확성기 방송의 중단과 대북 전단 살포의 자제 등의 선제적 조치에 북한이 화답하여 북한의 소음 방송을 멈추었다. 앞으로도 한반도의 안보 위기를 낮추는 정책 마련이 이루어져야 할 것이다.

2.3 남한 국민의 통일의식 및 대북관의 변화

21세기 들어 모든 세대에서 통일에 대한 지지도가 확연히 줄어들고 있는 경향을 보인다. 특히 젊은 세대의 통일에 대한 인식변화는 주목할 만하다(정대진, 2021: 222). 민족공동체통일방안이 발표되던 1994년에 88.8%가 통일의 필요성을 지지하던 20대들은 2020년 현재 40대 중반에서 50대 초반에 접어들었는데 이들의 통일 지지도는 60% 안팎으로 줄어들었다. 2022년에 40대의 통일 지지도도 급기야 50% 이하로 떨어진 것으로 나타났다. 현재의 20대는 39.1%만이 통일을 지지하고 있다. 전체적인 경향을 보았을 때 시간이 흐를수록 젊은 세대를 중심으로 통일에 대한 지지도가 줄어들고 있는 현상은 확연하다.

20-30세대 중심의 MZ세대가 등장하면서 민족 동질성을 회복하고 민족공동체를 건설하여 단일 국가를 형성하는 통일에 대한 전 국민적인 공감과 지지는 확실히 줄어들고 있는 것을 다음 〈그림 1〉에서 확인할 수 있다.

〈그림 1〉 세대별 통일에 대한 지지 변화

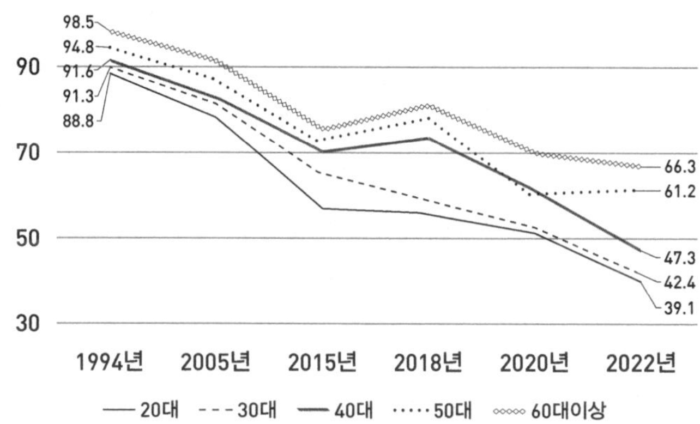

출처: 박주화, "통일에 대한 겉마음과 속마음"(민주평화통일자문회의 연구자료, 2022)

서울대학교 통일평화연구원이 매년 실시하는 통일의식조사에서도 통일의 이유에 대해서 "같은 민족이니까"라고 응답한 비율은 2020년 37.3%, 2021년 45.7%, 2022년 42.3%에서 2023년 30.6%로 급감했다. 최고치였던 2008년 57.9%에 비하면 거의 반토막에 가까운 상황이다. 한편, 당위로서의 '민족'보다 현실로서의 '평화'를 통일의 이유로 택한 사람이 꾸준히 늘어나고 있다. 통일의 이유로 '전쟁 위협을 없애기 위해'라고 응답한 비율은 같은 조사에서 2020년 37.9%, 2021년 28.1%, 2022년 31.6%에서 2023년 38.9%로 증가했다(서울대 통일평화연구원, 2023: 36).

이와 같이 약화하는 통일인식은 악화하는 대북 감정과 맞물려 있다. 최근 여러 조사에서 우리 국민은 북한을 '경계대상>적대대상>협력대상>지원대상' 순으로 여기는 것으로 나타나고 있다. 막대한 통일비용을 짊어진 우리 국민, 특히 젊은 층에서 통일인식이 약화하고 대북 감정이 악화하고 있는 부분은 심각한 문제로써 장기적 대책이 필요하다(주형민, 2024: 57).

그리고 우리가 북한의 2국가론을 공식화한다면 헌법 개정을 통해 영토 조항을 삭제하고, 북한 이탈 주민에 대한 보호 의무도 없애야 한다. 국내 입국 북한 주민은 새로운 법을 만들어 수용해야 한다. 중국에 있는 탈북민 보호 근거도 없어지게 된다(박원곤, 2024b: 83). 따라서 북한의 일방적, 반통일적, 반민족적, 반평화적 결정에 대해 한국은 남북기본합의서에 입각한 통일을 지향하는 잠정적 특수관계를 명확히 천명하였다.

아울러 우리 헌법 제4조 "대한민국은 통일을 지향하며, 자유민주적 기본 질서에 입각한 평화적 통일정책을 수립하고 이를 추진한다."라는 규정에 근거하여 미래의 평화통일 담론을 선도해야 할 것이다. 통일을 부담으로 여기는 잘못된 인식을 바로잡고 통일이야말로 대한민국이 새로운 정치, 경제, 군사적 도약을 이룩할 수 있는 유일한 길이라는 인식을 후속 세대에게 일깨워주어야 한다.

3. 북한 내부의 요인

3.1 북한의 통일 · 대남 정책의 전개

북한의 통일 · 대남 정책은 전통적으로 남한을 혁명화의 대상으로 보고 민주기지론에서부터 남조선혁명론, 민족공조론 등을 선보였다. 통일방안으로는 연방제를 중심으로 고려민주연방공화국창립방안, 느슨한 연방제, 낮은 단계의 연방제를 주장하였다. 다음의 〈표 2〉는 북한의 통일 · 대남 정책의 변천 과정을 표로 정리한 것이다.

〈표 2〉 북한의 통일 · 대남 정책 변천

시기	북한의 통일 · 대남 정책	전략
김일성 정권 (1945~1994)	• 민주기지론(1945) • 남조선혁명론(1950년대) • 민족해방 인민민주주의혁명(1970) • 고려민주연방공화국창립방안(1980) • 느슨한 연방제(1991)	하층 통일전선 (학생, 재야인사 등)과 남조선 지역 혁명
김정일 정권 (1994~2011)	• 낮은 단계의 연방제(2000) • 민족공조론(2001) • 민족해방 민주주의혁명(2010)	하층 통일전선에서 상층 통일전선(민주세력 공조)으로 전환
김정은 정권 (2011~2025)	• 당규약에서 민족해방 민주주의혁명 삭제(2021) • 적대적 두 국가론(2023)	상층 통일전선에서 통일 불가론으로 전환

(정대진, 2024: 143)

위의 〈표 2〉에서 보듯이 탈냉전기 이후(김일성 정권 말기 및 김정일 정권기) 북한은 '느슨한 연방제'와 '낮은 단계의 연방제' 주장을 통해 1민족 1국가 2제도 2정부를 내세우며 북한 체제와 정권 유지를 목적으로 한 통일정책을 추진하였다. 이는 우리 정부의 민족공동체통일방안과 달리 남북이 각각의 제도와 정부를 유지하자는 안을 제시하며, 체제 유지 및 수호에 집중하는 모습이었다.

김정은 위원장은 2024년 1월 15일 제14기 10차 최고인민회의 시정연설에서 "북과 남을 동족으로 오도하는 잔재적 낱말을 사용하지 않고, 대한민국을 제1의 적대국으로, 불변의 주적으로 확고히 간주해야 한다."라고 말했다. 이는 북한 권력이 한반도의 2개 국가 선언을 넘어 민족적 동질성마저 부정하는 2국가 2민족론을 제시한 것이다(이승열, 2024). 김정은이 '교전 중인 적대적 두 국가론'으로 남북관계의 근본적 전환을 선언했다.

2국가론을 천명한 이유로 한국 정부의 여하한 정책을 원천적으로 차단하고, 국제사회에서 독립적인 외교 공간을 확보하고, 핵 무력의 대남 사용 가능성을 높이고, 이를 통해 결과적으로 북한 자신의 안보를 확보하기 위한 것이라고 볼 수 있다(박인휘, 2024: 165). 따라서 북한의 '적대적 두 국가론'은 남북관계의 종국적 상태를 선언한 것이다. '적대적 두 국가론'이라는 비평화적인 정책으로 변경하려는 시도는 국제 평화와 안전 유지를 제1 목적으로 하는 유엔의 정신과 원칙에도 어긋난다.[2]

김 위원장은 대한민국의 '민족공동체통일방안'이 북한과 극명하게 상반된다며 "언제 가도 통일이 성사될 수 없다."라고 단정했다. 통일전선부 등 대남 사업 부문의 기구를 정리·개편하고, 투쟁 원칙과 방향의 전환을 주문했다. 고려연방제와 통일전선전략의 폐기를 지시한 셈이다. 김정은 위원장의 선언은 북한의 독립 선언이자 통일 포기 선언이라고 볼 수 있다. 후속 조치로 조평통, 민족경제 협력 기구(구 민경협), 금강산 관광국 등의 폐지, 북남경제협력법(2005)과 금강산국제관광특구법(2011년)의 폐기를 단

2 유엔헌장 제1조 제1항, "국제 평화와 안전을 유지하고, 이를 위하여 평화에 대한 위협의 방지, 제거 그리고 침략 행위 또는 기타 평화의 파괴를 진압하기 위한 유효한 집단적 조치를 취하고 평화의 파괴로 이를 우려가 있는 국제적 분쟁이나 사태의 조정·해결을 평화적 수단에 의하여 또한 정의와 국제법의 원칙에 따라 실현한다."

행하였다. 북한은 평양시 낙랑구역에 있는 '조국통일 3대 헌장 기념탑'을 철거했다. 동족 관련 낱말 사용 금지 등을 통해 북한 주민에게 대남 적대감을 고취하고 있다(박원곤, 2024a: 72-73).

그러나 북한이 2022년 9월 제정한 '핵 무력 정책법'은 핵 무력의 사명 중 하나로 '영토 완정'을 규정했다. 완정(完整)의 사전적 의미는 '나라를 완전히 정리해 통일함'이다. 1949년 당시 김일성 주석도 정권 수립 이후 첫 신년사에서 대한민국을 반동 세력으로 규정하고 "멀지 않은 장래에 국토 완정을 확신한다."라고 말했다. 1년 반 뒤 북한은 남침을 단행했다. 따라서 두 국가 선언은 대남 적화라는 기본 노선의 변화는 아니다. 실현 불가능한 북한식 평화 통일 방안인 고려연방제와 통일전선전략의 폐기를 의미한다. 국제사회는 인정하지 않지만, 북한이 사실상 핵무기를 보유했다는 점에서 무력 통일방안에 대해서는 과거보다 오히려 자신감을 가진 것으로 볼 수 있다(조한범, 2024).

> 한국 괴뢰 족속들을 우리의 전정에 가장 위해로운 제1의 적대 국가, 불변의 주적으로 규정하고 유사시 그것들의 영토를 점령 평정하는 것을 국시로 결정한 것은 우리 국가의 영원한 안전과 장래의 평화와 안정을 위한 천만 지당한 조치이다(건군절 김정은 연설, 2024. 2).

위와 같은 주장은 전쟁 발발시 한국에 대한 평정은 흡수 통일 추구를 명백히 표출한 것이다. 이런 무력에 의한 남한의 점령 또는 정복 이외에도 김 위원장의 주장은 평화 공존론이 아닌 교전 중인 2국가론이기 때문이다. 남북이 교전국 관계로 전환되면 전시 체제에 상응하는 고비용 구조가 형성되고, 군사적 충돌 가능성이 커진다(조한범, 2024). 북한의 '적대적 두 국가' 논리에는 한국을 배제한 채 미국이나 일본과 직거래하겠다는 의

도가 숨어있다.

그리고 민족의 동질성을 부정하고, 민족 대단결에 기초한 평화적 통일을 비난한 발언은 그동안 김일성과 김정일이 강조해 온 '조국 통일 3대 원칙'을 정면으로 부정하는 것이다. 3대에 걸친 세습 지도자들에게 민족 공조는 핵심 이익이 아니었고, 핵심 이익 유지를 위한 수단에 불과했다는 속내를 마침내 인정한 것이다. 김씨 세습 정권의 핵심 이익은 당이 아닌 수령 유일 지배 체제, 국내외의 위협으로부터 이를 수호하기 위한 군사력 배양 및 사회 통제, 그리고 이를 가능하게 하기 위한 경제력 유지 등이다(안호영, 2024).

그러므로 김정은의 '적대적 두 국가론'은 북한 역사에서 '통일', '화해', '동족'이라는 개념까지도 지우려고 하면서 김일성과 김정일의 통일정책까지 전면 부정한 것이다. 이와 같은 대남 정책의 대전환은 한반도의 안보 상황을 더욱 심각하게 악화하고, 남북 관계의 회복을 어렵게 하고 있다(정성장, 2024: 46). 북한의 적대적 두 국가론은 전시 무력 통일, 평시 대남 단절이라는 기조를 선보이며 통일 불가론을 최고지도자가 나서 제시한 것으로 평가할 수 있다. 우선 유사시에 무력 통일을 지향한다는 점에서 대남 인식에 기본적인 변화가 없어 보인다(정대진, 2024: 143-144).

북한이 이렇게 대남 통일노선 변화를 시도한 배경에는 우선, 남북한의 국력 격차와 체제 경쟁에서 패배로 인한 체제 유지 불안감에서 비롯되었다고 볼 수 있다. 최근 북한 지도부는 국제사회의 대북 제재 및 북한 인권 문제 제기 등으로 인해서 체제 불안정이 심각해졌다고 판단하고 있다. 이 문제에 있어 김정은 정권은 자유민주주의, 시장경제, 개인의 존엄과 인권을 보장하는 대한민국을 가장 중대한 체제 위협 요인으로 간주하고 있다. 이는 북한이 남한에 흡수될 수도 있다는 지배층의 두려움과 체제 경쟁에서 자신감을 상실한 결과에서 비롯되었다고 볼 수 있다(김영택, 2024). 그리고 장마당 세대의 등장과 사상 이완 등의 체제 근간에 대한 도전에 직면한 김정은은 내부 결속을 강화하기 위한 주적 개념을 고취하고자 한다.

또한 주적 개념을 한국에 적용하는 것은 북한 내부를 단속하고 결속시키기 위한 위기를 고취하고자 하는 목적에서이다. 한국의 진보나 보수 정부 구분 없이 북한의 정권 붕괴와 북한에 대한 흡수 통일을 추구한다면서 북한 주민에게 위기의식을 고양하기 위해서다. 현재로서는 북한에 대한 섣부른 관계 개선이나 강경한 대북정책을 추진하기보다는 냉정하게 현재 상황을 관리하고, 남북 관계의 회복을 위한 치밀한 준비와 계획이 필요하다.

3.2 최근의 북한 실상

김정은은 선대와는 다른 자신만의 통치 스타일을 부각해 왔다. '문명국', '인민생활의 향상', '후대사랑'(세대교체) 등 새로운 가치를 제시하고, 김일성과 김정일을 인용하면서도 사실상 '김정은 조선'을 강조해 왔다. 김정은은 강력하면서도 합리적인 지도자상을 구축하려 했으나 김정은에 대한 새로운 지도자 이미지가 각인되기 위해서는 실생활의 향상이 뒤따라야만 한다. 이러한 점에서 대북 제재 등으로 인한 경제발전의 부진은 김정은에게는 매우 곤혹스러운 부분이다. 2018년 이후 정상외교 실패, 대북 제재의 지속, 코로나19로 인한 자발적 국가 봉쇄, 수해 등은 김정은에게는 복합적인 위기로 작용할 수밖에 없었다(이수석, 2023: 3-4). 여기에서는 최근 북한의 경제·사회 실상에 대해 알아보도록 하겠다.

3.2.1 북한의 경제 실상

핵무기 개발에 대해 안보리와 미국 등이 경제제재[3]를 본격화하면서 북한의 배급 체계가 무너지게 되었고, 결국 주민들은 자신의 생존을 위해 스스로 시장을 만들기 시작한 것이다. 개방 없는 개혁을 선택한 김정은이 마음을 바꿔 개방이란 선택을 하게 하는 방안이 현재로선 없어 보인다. 외부에 북한 경제를 개방하지 않고 개혁만을 통해 경제적 부를 창출할 수는 없다는 사실을 김정은 자신이 깨닫기 전까지는 힘들다(김성한, 2023: 19-20).

이러다 보니 "나라가 언제 우리를 먹여 살린 적이 있단 말인가? 나를 먹여 살린 사람은 장마당에서 고생하시는 엄마"라고 생각하는 북한의 장마당 세대는 이제 1~30세에 이르는 북한 인구의 주력이 되었다. 장마당으로 대변되는 사(私)경제가 확산하고 있다. 2024년 2월 우리 통일부는 탈북자들을 대상으로 한 조사 결과 보고서『북한 경제·사회 실태 인식보고서』를 발간했다. 이 보고서에 따르면 김정은 체제(2016~2020년 기준)에서 국영 경제(23.5%)보다 사경제 종사자(37%)의 비율이, 공식 소득(23.8%)보다는 사경제 활동을 통한 비공식 소득(69.4%)이 훨씬 높은 것으로 나타났다(통일부, 2024).

경제 분야에서 2025년 말까지 5년 동안 1.4배 성장을 목표로 정했지만 2021년, -0.1%, 2022년 -0.2%로 역성장하였다. 대북 제재가 지속되는 한 대외경제 관계 확대의 효과는 제한적일 수밖에 없고, 북한의 경제 전략은 자력갱생의 틀을 크게 벗어나지 못할 것으로 전망된다. 북한의 경제

3 UN의 대북 제재의 해제가 요원한 상황에서 중국의 제재 준수 정도가 중요 변수일 수 있으나 미·중 전략경쟁이나 국제적 규범을 고려할 때, 중국이 대북 무역량을 대폭 증가시키거나 제재 이전 수준으로 회귀시키기는 어려울 것으로 보인다.

위기를 해결하기 위해서는 무엇보다 UN의 경제제재가 풀려야 한다. 그러려면 핵무기를 포기해야 하는데 그럴 수는 없는 악순환이 거듭되고 있다.

3.2.2 북한 주민의 생활상

북한 당국은 주민들의 소통을 막는 이중·삼중의 감시망을 가동 중이다. 당장 주민 의식의 변화가 봉기로 연결되지 않더라도 일탈과 통제의 반복이 언제, 어떤 방식으로 불만이 분출될지 모를 일이다. 이전과 달리 '손전화'로 불리는 휴대전화의 확산은 북한 주민들 사이에 은밀한 소통과 불만의 확산 수단으로 작용할 수도 있다(박원곤, 2024c). 폐쇄된 북한 사회에서는 얼마나 많은 외부 정보가 유입되느냐도 중요하지만 얼마나 빨리 광범위하게 퍼지느냐도 중요하다.

특히 극심한 경제난으로 인한 주민 불만과 사상적 이완이 심각하다. 북한 내 사상 이완을 막기 위해 반동사상문화배격법(2020.12), 청년교양보장법(2021.9), 평양문화어보호법(2023.1) 등을 제정하였다. 그 외에도 비사회주의, 반사회주의 척결 운동과 노동당 차원의 단속을 강화하고 있다. 이는 북한 정권의 선전·선동이 먹히지 않고 정권의 정통성마저 위협할 수 있음을 내포한 것이다.

2023년 11월 일가족과 함께 한국에 귀순한 리일규 전 참사는 '북한이 못살기 때문'에 탈출을 결심했다고 했다. 그에 따르면 북한의 간부든 일반 주민이든 "내 자식은 나보다 나은 삶이 돼야 한다. 답은 통일밖에 없다."라는 생각을 누구나 공유하고 있다고 했다. 자기 자신은 어쩔 수 없다 해도 자녀들까지 북한 체제에서 비참하게 사는 것을 바라는 부모는 없다는 것이다. 여기서 '못산다'는 건 경제적 빈곤만을 의미하지 않는다. 평생 계속되는 세뇌 통제와 광범위하고 무자비한 인권 탄압도 참기 어려운 지경에 이르렀다. 그래서 악몽을 끝낼 방법은 탈북 또는 통일뿐이라고 생각했다.

그야말로 북한 당국은 통일을 막으려 하고, 북한 주민은 통일을 강력히 원하는 이율배반적인 모습을 보인다. 주민 전체를 동원 및 감시·통제할 수 있는 역량을 제고하기 위한 노력을 지속적으로 추진하고 있다. 김정은 이 날로 공포정치와 이중삼중의 감시, 통제에 집착하고 있다. 거미줄처럼 겹겹이 얽힌 감시망은 주민들의 생각을 공유하는데 가장 큰 걸림돌이 되고 있으며 가장 잔인하고 무자비한 공포정치는 그들이 선뜻 행동으로 나서지 못하도록 하는 주요 요소이다(리일규, 2024: 82). 현재로서는 북한이 중요한 변화를 일으킬 내부 역량을 갖추고 있는 것으로 보기 어렵다.

그렇지만 한국으로 온 탈북민들의 증언을 토대로 최근 발간된 「북한 경제사회 실태 인식보고서」에 따르면, 북한은 느리지만 밑으로부터 상당한 변화가 진행되고 있다. 그런 변화의 사례로는 다음과 같은 것이 있을 수 있다.

① 장마당의 활성화와 시장화 현상이다. 북한 주민들은 1990년대 중반 '고난의 행군'을 겪으며 배급이 제대로 이루어지지 않자, 생계를 위해 시장 활동에 적극적으로 참여하기 시작하여 2000년대부터 급속한 시장화를 경험하고 있다. 특히, 2016~2020년간 사경제 전업 종사자는 2000년 이전과 대비하여 2배 이상 증가하였으며, 가족의 생계를 위해 접경 지역의 밀수에까지 뛰어드는 사례도 생겨났다.

② 한류의 확산과 정보화 현상이다. 북한 당국의 단속에도 불구하고, 외부 정보도 꾸준히 유입되고 있는 것으로 조사되었다. 북한 내 정보 기기 확산의 영향으로 2011년 이후부터 외국 영상물을 시청한 적이 있다는 응답이 80%를 넘어섰고, 외국에 관한 관심도 지속적으로 늘어났다.[4] 특

4 외국 영상물 시청 경험: (06~10년) 67.6% → (11~15년) 81.4% → (16~20년) 83.3%· 외국 관심에 대한 답변: (06~10년) 55.4% → (11~15년) 61.0% → (16~20년) 67.0% (황태희, 2024: 90-91).

히 한국 드라마와 TV 방송도 상당수 북한 주민이 시청하는 것으로 보이며, 지난해 탈북자의 전언에 따르면, 한국의 소식과 문화를 접한 것이 탈북의 주요 동인이었으며, "한국 드라마를 안 본 사람은 있어도 한 번 본 사람은 없다."라고 진술하였다.

③ 부패의 구조화 현상이다. 권력층에 의한 수탈이 만연해지며 북한 주민의 고통이 높아지고 있다. 북한 주민들은 생계를 위해 '처벌 완화', '장사 허가', '직장 승진' 등의 목적으로 뇌물을 제공한다. 뇌물을 준 경험이 있다는 사람이 무려 54.4%에 이를 정도이다. 뇌물이 성행함에 따라 자본보다는 권력을 선호하는 인식이 확산하고 있다(황태희, 2024: 90-91).

시장화, 외부 정보 유입, 부패의 만연 등 현상이 나타남에 따라 북한 주민들의 인식 역시 계속해서 변화하고 있다. 북한 주민의 의식변화 중 가장 눈에 띄는 특징은 개인주의 의식의 확산이다. 당과 체제에 희생하는 것보다 개인과 가족을 위해 일을 하는 것이 더 중요하다고 생각하는 비중이 증가하는 추세이다.[5] 아울러, 권력세습에 대한 부정적 인식 역시 증가하고 있으며, 김정은의 권력 승계뿐만 아니라 '백두혈통' 세습에 대해서도 부정적 응답이 절반을 넘고 있다. 또한 북한 주민들 사이 한류열풍이 불면서, 한국 사회에 대한 동경심이 확대되고 있다. 최근 탈북한 젊은 세대는 "한국 TV 방송을 통해 남한 주민들의 현실적인 삶을 보며 남쪽에서 삶을 꿈꿨다."라고 진술하고 있다(황태희, 2024: 90-91). 변하지 않는 세상은 없으며, 북한도 예외는 아니다. 정보의 빠른 확산과 정보 기기의 빠른 보급으로 통제와 폐쇄의 둑을 언제까지 막을 수 있을지가 관건이 되고 있다.

---

5 개인사 중시 답변: ('06~10년) 31.7% → ('11~15년) 48.7% → ('16~20년) 53.2%(황태희, 2024: 90-91)

3.3 북한의 핵 정책과 핵무기 개발

냉전 해체 및 동유럽의 몰락으로 경제적·외교적 측면에서 고립되기 시작한 북한은 가장 강력한 방위 수단인 핵무기 개발을 선택했다. 1994년에는 북한의 NPT 탈퇴 선언으로 불거진 1차 북핵 위기(1993)가 북·미 제네바 합의가 잠시 봉합되기도 한다. 이후 북한 핵 문제는 2차 북핵 위기(2002), 6자회담(2003–2007), 6차례의 핵실험(2006–2017) 등 공전을 거듭하고 있다. 1993년 이후 핵 개발을 생존전략 차원에서 전면에 내세웠다. 한국, 미국 및 국제사회를 상대로 협상과 파기를 반복적으로 진행해 왔고, 2017년 핵 무력 완성 선언 이후 핵무기 보유 의지를 분명히 밝히고 있다(박인휘, 2024: 165). 북한의 비핵화 거부 의지는 확고하다.

지난 1994년 이후 북핵 문제는 '협상 → 합의 → 보상 → 합의하기 → 위기 → 재협상' 악순환을 되풀이하였다. 이 기간 미국(민주당 ↔ 공화당), 한국(보수 ↔ 진보), 북한(김일성 → 김정일 → 김정은)에서 모두 지도부와 정책 변화가 꾸준히 있었지만, 북한의 핵 개발은 지속되었다. 주변국의 정권 교체와 정책 변화는 변수였지만 북한의 핵 개발은 상수였다. 2019 하노이 회담 결렬 이후, 북한은 핵 능력 고도화에 집중하였다(주형민, 2024: 56).

김정은은 집권 이후 도발과 협력을 혼합하는 군사전략을 채택했다. 재래식 군사력을 통한 도발을 일종의 탐색용으로 간간이 활용하면서도, 결정적인 우위를 지니는 군사 무기의 보유를 통해 남북한 간의 국력 균형을 일거에 역전시키려 했다. 경제적 궁핍의 문제를 자체의 포괄적 개혁·개방이 아니라 대남·대외 핵 협박을 통한 보상의 형태로 해결하려는 의도 역시 내재 되어 있다(이수석, 2023: 5).

김정은은 최고인민회의 시정연설에서 "핵은 국위이고 국체이며 공화국의 절대적 힘"이라고 규정하면서 "절대로 먼저 핵 포기란, 비핵화란 없으며, 어떤 협상도, 서로 맞바꿀 흥정물도 없다.”라고 단호하게 주장하고, ‘억제’뿐만 아니라 선제적 핵무기 사용도 가능하다는 점을 명확히 하였다(『조선중앙통신』, 2022; 김성한, 2023: 11). 최근 북한은 새로운 핵독트린을 발표했다. 핵무기의 ‘방어용’ 용도에서 벗어나 ‘공격형’으로 전환하겠다는 내용이다.

그동안 북핵은 ‘미제의 핵 도발 책동을 제압하려는 대미용’이며, ‘핵 개발은 방어용으로, 적대세력으로부터 자신의 체제를 지키기 위한 목적’이라고 주장해 왔다. 그런데 2023년 4월 25일 북한군 90주년 기념 열병식 연설에서 김정은은 국가의 근본 이익이 침탈된다면 핵 무력 사용을 결행하겠다고 말함으로써 핵무기가 공격용임을 천명했다. 전술 핵 개발은 미국을 겨냥한 것이 아니라 한국을 타격 대상으로 한 것이다.

한반도 최대 현안인 북한 비핵화를 위한 국제사회의 의지를 결집해야 한다. 북한 핵 문제는 90년대 초 1차 북핵 위기가 발생한 이후 현재까지 30여 년간 상황이 호전되기보다는 악화했다. 북한을 비핵화하려는 국제사회의 의지보다 핵무기와 그 운반수단을 개발하고 고도화하겠다는 북한의 의지가 더 강했기 때문이다(김성한, 2023: 11). 북한의 핵 무력은 과거와는 양상이 다른 새로운 위협으로 작용하게 되었다. 특히, 미국을 향한 압박용에서 벗어나 한국을 직접 공격 목표로 전환한 것은 중대한 변화이다.

북한은 핵 개발과 군사 능력의 발전이야말로 김정은 정권을 지속시킬 수 있는 유일한 수단이라고 믿고 있다. 그동안 북한이 강력한 국제적 대북 제재에도 불구하고 핵 능력의 고도화에 몰두한 것도 바로 이런 이유에서 비롯된다. 김정은 정권은 핵 보유를 기정사실로 하려는 목표를 갖고 있다. 김정은은 고도화된 핵전력을 바탕으로 핵보유국임을 분명히 하는 가운데 미국에 대해 평화협정을 요구하는 수단으로 활용하려 한다(이수석,

2023: 5).

탈냉전기 북핵 문제는 한반도 상황 관리에 있어서 국제사회의 개입을 초래했고 우리의 민족공동체통일방안의 구체적 추진을 위축시킬 수밖에 없었다. 핵을 가진 통일 국가가 한반도에 출현하는 일은 동아시아 안보 지형의 근본적인 변화에 해당하는 일이므로 통일에 앞서 북한 핵 문제 해결은 선행 혹은 병행되어야 할 필수 과제이다. 북핵 문제 해결을 위한 협상이 남북한 대화와 협력과 선순환되어 병행된다면 가장 이상적이겠지만 현실은 그렇게 전개되지를 않았다(정대진, 2024: 140).

북한은 군사적으로 핵 확전이 불가피하다는 인식을 지속적으로 외부에 발산하면서 중장기적으로 적대국인 한국과 미국의 정치적 양보를 꾀하고, 동맹국인 중국과 러시아로부터 정치 군사적인 양보를 달성하려는 시도를 지속하려 할 것이다(김태현, 2024: 34). 또한 현재는 북핵 문제의 중요성으로 인해 다른 어떤 영역의 대북 및 통일정책도 작동하지 않고 있는 역설적 상황이 발생하고 있다(박인휘, 2024: 169).

결론적으로 북한은 핵·장거리 미사일 개발을 통한 핵무력 완성과 사회주의 경제체제 중심의 경제발전을 동시에 추구하겠다는 것이다. 북한의 핵 병진노선은 김정은 집권 이후 국제적 대북 경제제재와 북핵의 평화적 해결을 위한 한국과 주변국들의 대화 요구에도 불구하고 추진되었다. 북한 핵정책이 과거 수세적 정권 보호 수단에서 벗어나 공격적 군사수단으로 변화하고 있는 것으로 판단된다. 핵이 과거 북한 체제 보장을 위한 안보적 수단이라는 방어적 핵전략에서 북한 핵·장거리 미사일 능력 고도화가 가시화된 김정은 위원장 집권 시기에는 보다 진일보한 공세적 외교 수단으로 발전하고 있음을 알 수 있다(홍석훈·나용우, 2017: 101-130).

이런 상황에서 통일을 본격적으로 추진하기보다도 북한 핵 문제 해결을 중심으로 한 상황 대응과 관리가 우선시되는 대외환경이 전개되었다.

점점 더 북핵 문제를 해결하려는 국제사회의 관심과 의지가 약화하고 있는 현실에서 국제사회의 협력을 통해 북한의 비핵화를 실현하기 위한 외교적 노력이 이루어져야 한다.

4. 남북관계의 변화

미중 갈등이 심화하는 가운데 북한의 국경 폐쇄와 대미 강대강 외교 추진은 남북 관계 단절과 한반도 정세의 불확실성을 가중시키고 있다. 2019년 이후 남북한 간 유의미한 대화나 교류가 없었다. 북한은 통일을 한국과 공통의 목표로서 보지 않는다(앤드류 여, 2024: 97). 최근 남북 관계는 '첨예한 대립 양상의 경색 국면'으로 평가해 볼 수 있다. 북한의 통일정책에 큰 변화가 발생하면서 남북 간의 상호 신뢰는 와해 되었다. 북한은 그동안 유지하고 있던 통일정책을 폐기하며 남한을 '적대적 관계' 또는 '전쟁 중인 국가'로 지칭하면서 우리를, 통일의 대상으로 여기는 것이 아니라, 핵 무력을 포함하여 군사적 정복의 대상으로 여기고 있다. 최근 남북 관계를 결정하는 요인은 이전과 다르게 주로 북한의 내부적 문제 즉, 김정은 정권의 정책 방향이 핵심적으로 작용하고 있다(김영택, 2024).

그동안 우리는 수동적이고 종속적으로 맞이했던 '분단'을 치유하기 위해 큰 노력을 기울여왔다. 하지만 최근의 북한 '적대적 두 국가론' 주장 등으로 인해 '분할'의 길로 접어들고 있는 듯하다. 특히 우리 내부의 통일에 대한 부정과 회피 의식도 확산하고 있어 남북한이 모두 '분할'을 선택하는 길로 가고 있는 듯하다(정대진, 2024: 162-163). 이처럼 남북한이 서로를 분단국가로 인정하고 두 개의 주권 국가가 장기간 공존을 수용하면 통일 국가 구상도 단일민족국가를 상상하는 것과는 달라질 수밖에 없다.

그러나 '적대적 두 국가론'이 북한의 일방적 주장이므로 이에 대한 즉각적이고 정책적인 대응을 새로운 통일방안으로 공식 제시하기보다는 북한 내부 추이를 살펴보며 탄력적인 대응을 할 필요가 있다. 북한이 동족, 동질 관계를 부인해도 남북 관계를 통해 이익을 확보할 수 있다면 남북 관계에 호응할 여지도 완전히 배제할 수는 없으며, 남북 관계에 새로운 접점과 출구가 생기면 북한이 제시한 두 국가 상태일지라도 국제사회에서 협력하고 동질성을 회복하고 관계를 복원하며, 궁극적으로 통일을 지향해야 한다(정대진, 2024: 149).

앞서 살펴본 바와 같이 남북기본합의서에 기반한 1991년 체제는 남북한 특수관계와 국제적 일반관계의 두 기둥으로 이루어져 있다고 할 수 있다. 2023년 말 북한 김정은의 '적대적 두 국가론' 발언으로 1991년 체제는 중대한 도전을 맞이했다(정대진, 2024: 129). 북한의 목적은 체제생존이었으며 필요에 따라 남한과의 약속과 합의는 쉽게 파기되었던 것이 사실이다.

한국은 민족공동체통일방안이나 남북한 특수관계를 공식 폐기하거나 북한의 주장에 동조하지 않은 상태이므로 인식론적으로도 남북한 사이에 합치된 완벽한 변화가 일어났다고 단정할 수는 없는 상태이다. 탈냉전기 유럽 냉전과 분단의 상징이던 동서독은 통일을 이루었지만, 동아시아 냉전과 분단의 상징이던 남북한은 통일을 구체적으로 추진한다기보다 상황 대응 및 관리에 더 많은 시간과 노력을 할애해야 하는 환경을 직면했다. 2022년 이후에는 폐쇄적인 현상 유지 구도가 지배적인 상황이다. 북한의 두 국가론은 현 단계에서 북한의 일방적 주장이지 국제법적으로 남북한 두 국가 관계를 설정하는 국제법적 효력을 새로이 창출한다고 보기 어렵다(정대진, 2024: 139, 147- 148).

남북 관계를 더는 '동족 관계'로 보지 않는다는 것은 김일성과 김정일의 대남 관에서 근본적으로 탈피한 것으로 그 의미를 냉정하게 평가할 필요가 있다. 남북 관계가 '나라와 나라 사이의 관계가 아닌 통일을 지향하는 과정에서 잠정적으로 형성되는 특수관계라는 것을 인정'한 남북기본합의서의 정신도 부정하는 것이다. 또한 '1민족, 1국가, 2제도, 2정부'에 기초한 북한의 고려민주연방공화국 통일 방안도 사실상 폐기하는 것이다. 그럼에도 불구하고 김정은이 남북 관계를 '동족 관계'가 아닌 '전쟁 중에 있는 두 교전국 관계'로 규정한 것은 유사시 한 민족인 남한에 핵무기 사용을 정당화하기 위한 것으로 판단된다(한기범, 2024: 5-6).

현재의 한반도 상황은 1948년 남북한에 분단 정권이 수립된 후 1950년까지 북한이 무력 통일의 방향으로 나아갔던 시기와 2008년 김정일의 건강 이상 이후 남북 관계가 급격히 악화하면서 대청해전, 천안함 폭침, 연평도 포격으로 연결되었던 시기의 상황과 매우 유사하다. 그러므로 김정은의 유사시 대남 '평정' 준비 지시를 단순한 허풍으로 간주하는 것은 매우 안이한 태도이다. 남북한 간에 힘의 균형, 핵 균형이 이루어지기 전까지 북한은 지금처럼 지속적으로 핵무기를 사용할 수 있다고 위협할 것이다(정성장, 2024: 65).

현시점에서 한국, 북한, 미국을 모두 만족시키는 협상 지점을 상상하기 어려운 상태다. 북한의 비핵화는 한국과 다수 국제사회에게는 당위이지만, 협상 타결이 가능한 영역 안에 있지 않다. 남북한 간의 작은 무력충돌이 단기간 내에 핵전쟁으로 확대될 가능성이 있다. 우리는 북한의 핵무기에 대한 억지 수단의 강화를 지속적으로 추진하는 동시에 북한이 촉발한 안보 불안을 줄이기 위한 접촉과 기제를 마련하고 사실상 핵 통제와 결합할 수 있는 '핵 봉쇄'를 위한 노력을 전개해야 한다. 이를 통하여 기술적 장벽 쌓기와 억지 수단의 강화로 인한 북한의 오판을 줄이면서, 장기적으로 북한의 변화로 이어질 수 있는 방법을 찾아야 한다.

5. 대외 환경 요인

앞선 독일 통일의 사례에서 보듯이 주변 국가들의 협력과 동의가 없으면 통일을 실현하기 어렵다. 동서독과 남북한 분단은 모두 2차대전 전후 처리 과정의 산물이다. 그러기에 양국의 통일은 국제사회의 협력과 합의가 필요조건일 수 있다. 여기에서 한반도를 둘러싼 국제사회와 주변국들의 입장을 중심으로 살펴보도록 하겠다.

5.1 국제적 요인

북한이 통일, 동족, 동질 개념을 부정하고 앞으로 헌법 개정을 통해 적대적 두 국가를 공식화한다고 해도 국제사회에 입장에서는 기존의 두 국가가 협조적, 경쟁적 관계를 지나 적대적 관계로 전환했다는 것을 인지하는 것 이상 이하의 의미도 아니다. 그리고 북한의 적대적 두 국가론은 국제사회 입장에서는 남북한이 두 국가라는 존재론적인 면에서는 큰 변화가 없으나, 인식론적인 면에서 남북한 관계가 화해와 협력 혹은 경쟁과 갈등 관계를 넘어 적대적인 관계로 변화하고 있다고 볼 수 있는 요인이다 (정대진, 2024: 143-146).

북한의 핵무장에 대한 국제사회의 응징으로 2017년부터 본격화된 유엔 제재에 따른 경제 파탄과 대북 원조 중단, 군사용 유류와 군량미 부족, 군 장비 노후화, 비축 포탄과 미사일의 대러시아 수출 등으로 전쟁 수행 능력이 고갈되고 있다. 북한의 동맹국인 중국과 러시아도 우크라이나 전쟁과 대만 문제로 인해 유사시 북한을 지원할 처지가 아니다.

그동안 유엔의 대북 제재는 그 본연의 임무인 북한의 비핵화를 이루지는 못했으나, 북한의 전쟁 수행 능력을 고갈시킴으로써 한반도에서의 전쟁 재발을 막는 중요한 기능을 수행 중이다. 이런 불리한 현상을 타파하려는 북한으로서는 '비핵화 없는 제재 해제'가 최우선 외교 목표다. 이는 김정은이 2017년 제6차 핵실험 이래 집착해 온 소망이며, 트럼프 정부 출범 이후 미·북 정상회담 속개를 갈망하는 이유이기도 하다(이용준, 2025).

현재 국제정세는 민주주의 대 권위주의라는 체제 경쟁의 와중에 있으며, 한반도의 통일도 변화되는 국제정세에 비추어 볼 때, 한반도 전체의 자유민주주의화라는 의미를 띨 수 있다. 그리고 한반도 통일의 국제협력이 특히나 중요한 이유는 북핵 문제 때문이다. 한반도 통일 문제에 대한 국제사회의 관심이 갈수록 저하되는 상황에서, 우리가 통일 문제와 북핵 문제를 지속적인 논의의 의제로 부각해 국제협력을 이끌도록 해야 한다.

현시점에서는 한국 정부가 북한을 협상 테이블로 유인할 유인책이 없는 상황이고, 현실적으로 국제협력은 가장 활용성이 높은 정책 수단임이 분명하다. 그러나 북핵 문제가 불거질 때마다 간헐적으로 등장하는 국제적 관심이 아니고서는, 한반도 통일에 대한 국제사회의 일관된 관심을 확보하는 데에 실패하였다. 한국 정부의 주도적인 역량이 부족한 측면도 있고, 동시에 국제사회의 일반적인 시각은 한반도 통일 문제가 미·중 중심의 게임이라고 이해하는 경향이 강하다(박인휘, 2024: 168).

앞으로 일본, 유럽 국가, 동남아 국가 등도 한반도 문제 해결에 고유한 역할을 부여받을 수 있도록 우리가 적극적으로 창의적인 노력과 정책 자산을 투입해야 한다. '독일 문제'의 사례처럼, 동아시아 지역 차원에서(주요국 중심 혹은 동아시아 역내 지역 기구 중심) 한반도 통일 문제가 지속적인 논의 의제로 정착시키는 외교력이 필요하다. 인도, 브라질 등을 포함하여 유럽, 아세안 국가, 캐나다와 같이 남북한 모두의 관점에서 정치적 민감성이 떨어지는 행위 주체를 적극 발굴하여 대북한 관여의 주체로 역할을 하도록 노력해야 한다.

따라서 북한 문제의 해결과 한반도 통일이 평화로운 방법을 통해서 이뤄지기를 희망한다면, 우리 스스로 먼저 평화를 실천하는 '자기 실천적인' 모습이 필요하다. 한국 사회 스스로 평화로운 방법으로 다양한 국내 문제를 해결하는 모습을 보여주고, 또한 국제사회의 각종 현안을 평화롭게 해결하기 위해 적극적으로 참여할 때, 한반도 평화 통일에 대한 국제사회의 지지 확보가 가능하다(박인휘, 2024: 168-170).

특히 다자 협의체(ARF[6], AP4[7])에서는 북한의 '두 국가론'에 기반한 북핵 문제에 대한 인식을 지속적으로 환기할 필요가 있다. 특히 유럽에서는 북핵 문제 해결에 대해 군사적 억지의 차원도 도움을 줄 수 있지만, 법적, 규범적 정당성 차원의 북핵 문제 해결에 더 많은 도움을 줄 수 있을 것이다. 이러한 역할 분담으로 북한 비핵화에 기여하는 다층적 국제환경을 조성하는 노력이 필요하다.

그 이유로는 1990년 독일 통일의 결정적인 계기는 소련의 안심과 유럽 국가들의 안보 우려를 해소함으로써 가능했다는 데서도 기인한다. 독일 통일이 지역 차원의 구조적 안보 환경과 긍정적으로 연계되었음을 알 수 있다. 남북한 통일도 국제사회와 주변 국가들의 평화와 안보에 긍정적으로 기여할 수 있다는 적극적인 설득 논리와 실천 가능한 조처를 세밀하게 마련해야 한다.

통일이 인류 보편가치인 자유에 근거하고 있는 만큼, 통일은 남북한뿐만 아니라 국제사회가 함께 책임 있게 협력하여 달성해야 할 과제이다. 이를 위해 우리는 글로벌 중추 국가로서의 위상에 맞게 세계의 여러 문제에 당당히 이바지하면서 국제사회의 지지와 협력을 통일의 핵심 동력으로

6 아세안지역안보포럼(ASEAN Regional Forum)의 약어이다.

7 아시아태평양파트너 4개국(Asia Partner 4, 한·일·호·뉴)의 약어이다.

삼아야 한다(황태희, 2024: 92). 대한민국 정부는 앞으로도 우방국과의 가치 연대와 역내 유관 국가와의 우리 주도의 통일에 대한 공감대를 확산해 나갈 필요가 있다.

5.2 동북아 요인

오늘날 남북한은 20세기 '구냉전'으로부터 21세기 '신냉전'으로 전환하는 과정에서 '이중 냉전'의 장막에 갇혀 있는 상황이다(정대진, 2024: 138). 북한의 대남 노선 변화는 북한의 포괄적인 대외 정책 재조정 과정의 일환이다. 이제 북한의 대외 관계에서 최우선 순위는 사회주의 국가와의 관계 발전이다. 남한에 대해서는 적대적인 공세가 예상된다. 국제정세의 변화와 미국의 상대적 무관심, 신냉전의 도래와 이를 활용한 중국과 러시아의 밀착으로 북한이 공격적 외교 전략을 펼칠 공간이 확보된 것이다(박원곤, 2024a: 69).

동북아의 국제정치는 한반도 통일의 반대 방향으로 작동하는 원심력이 커졌다. 미국과 중국이 대결 구도로 들어섰고, 상호 간에 경쟁과 불신의 강도가 높아졌다. 그래서 한반도 문제를 놓고도 서로 합의를 이뤄낼 여지가 적어졌다. 여기에서는 미국, 일본, 중국, 러시아의 대한반도 입장이 어떤가를 살펴보도록 하겠다.

5.2.1 미국

미국과 중국의 패권 경쟁이 동북아 안보 위기의 주요 동인이다. 양국은 가장 강력한 국제 블록을 구축하고 주도하기 위한 지정학적 경쟁을 벌이고 있다. 미국과 중국의 경쟁은 자유민주주의와 권위주의 사이의 대립이기도 하다. 이는 미·중 전략경쟁 시대는 대한민국에 안보와 경제 측면에서 도전이 되는 동시에, 우리가 지향해야 할 이념적·체제적 지향점이 무엇인지에 대해 정해야 하는 시간이 되기도 한다는 의미이다. 미국의 트럼프 2기 정부는 중국에 대해 강경한 입장을 유지하고 중국과의 무역 전쟁을 재개하여 중국의 군사적 및 경제적 확장을 견제하기 위한 다양한 조치를 내세웠다(홍석훈, 2025: 112).

미국은 여전히 아시아 해양 및 연안을 주도하는 강대국으로서 한국, 일본, 대만, 필리핀, 인도네시아, 싱가포르, 말레이시아, 태국과 같은 핵심 동맹국 및 파트너와 협력하고 있다. 미국은 안보 및 안정 유지에 대한 한국의 전략적 중요성을 인지해 역내 핵심 동맹으로 한국의 역할을 굳히려 한다. 미국은 내심 한국이 북한의 통일 불가론과 두 국가론을 현실로 받아들이고, 한·미·일 공조에 집중하기를 바랄 수 있다.

트럼프 정부는 대한반도 정책에 있어 대북 핵 프로그램 동결을 통한 제재 완화를 주장했다. 트럼프는 북한의 핵무기 개발을 완전히 중단시키는 대신, 핵 프로그램을 동결하고 새로운 무기 개발을 중지하는 조건으로 경제제재를 완화하는 방안을 고려하고, 이 과정에서 북한이 합의를 지키는지를 검증할 수 있는 시스템 구축도 포함될 수 있을 것으로 예상된다. 이에 대해 북한도 트럼프 정부가 획기적인 제안을 하지 않는 한 당분간 '선(先) 러·북 협력, 후(後) 미·북 대화'[8]를 염두에 두고 핵, 핵잠수함, 위성 등 전략 자산 증강에 매진할 가능성이 크다(홍석훈, 2025: 114, 132).

우리의 신정부도 한·미동맹에 기초하여 최종 목표가 군축이 아닌 비핵화로 설정되도록 미국과 소통해야 할 것이다. 한반도 및 동북아 지역의 안정을 위해서 비핵화는 필수이기 때문이다. 미국을 비롯한 주변 국가들

8 김정은의 대미 협상의 최종 목표는 자신의 핵 보유국 지위를 미국으로부터 용인 혹은 묵인받는 정치적 효과를 달성하는 것이다.

과 북한 비핵화를 위한 역할 분담을 설정할 필요가 있다. 한·미동맹의 경우 대북 억지, 한·미·일의 경우 좀 더 확장된 대북 억지, 제재 실천 및 감시, 신흥 기술 개발 및 활용 협력을 통한 장기적 군사협력, 인·태지역 내 다양한 안보협의체로의 진출 등을 생각할 수 있다.

5.2.2 일본

미국과 일본의 동맹과 자유민주주의 가치에 기초한 질서 유지는 공유되고 있다. 일본은 미국을 지원하고 중국의 영향력 증가를 상쇄하기 위해 재무장 및 방위 정책 재편을 진행하고 있다. 역사적 앙금으로 인해 한·일 안보협력은 답보 혹은 후퇴하는 양상을 보였지만, 2022년 북한이 핵을 고도화하자 미국을 중심으로 한·미·일 삼국의 안보협력 본격화되었다(박원곤, 2024b: 82). 일본은 한국을 한·미·일 진영의 일원으로 확고히 하는 것이 무엇보다 중요하다(위성락, 2024). 일본의 관점에서 본 한반도 정책으로는 평화 통일의 지향, 한반도 내 불안정과 불확실성의 해소 및 완화, 남한 주도의 통일, 비핵화 한반도, 일본과의 건설적인 관계의 확립 등이다(Nishno Junya, 2024: 39).

5.2.3 중국

중국은 군사 경제적 위상과 영향력을 키워가면서 미국 중심의 세계 질서에 도전하고 있다. 그러기 위해 중국은 북한, 몽골, 카자흐스탄, 키르기스스탄, 타지키스탄, 네팔, 라오스를 비롯한 인접 내륙지역에서 영향력을 키우고 있다. 또한 중국은 미얀마와 캄보디아 같은 연안 국가로 영향력을 확장하려 한다. 그동안 중국은 6자 회담 틀에서 북한 비핵화에 협력하던 중국이 북한의 유엔 안보리 결의 위반을 비난하는 안건 채택에 매번 거부권을 행사하고 있다(윤영관, 2024). 중국은 미국과의 대립이 심화하는 상황에서 자신 주변에 북한이라는 우호적 완충국이 있는 것이 유익하므로 북한에 동조할 가능성이 크다.

북한이 주장하는 2국가론이 기정사실로 되고, 국제법적 효력이 발생하게 되면 중국의 경우 39도선 이북으로 한국 또는 한미동맹의 진입을 적대적 행위로 간주할 근거가 된다. 그리고 북한 지역의 무정부 상태나 정권붕괴 때 중국은 한국의 북한 진입을 주권 국가에 대한 침략 행위로 선전하며, '조중 우호협력 및 상호조약'에 따른 개입을 정당화할 수 있다(박원곤, 2024b: 82). 따라서 북핵 문제 해결을 위한 중국과의 협의체를 구성함으로써 급변 사태 시 북핵 문제의 해결 등에 관한 논의의 장이 작동하도록 외교적 노력을 기울여야 할 것이다.

5.2.4 러시아

동유럽에서 미국의 영향력 확장에 대응하기 위해 러시아는 중국과 공조해 왔지만, 강대국의 야욕 때문에 중국의 리더십을 완전히 수용하는 것을 주저하고 있다. 2022년 러·우 전쟁을 계기로, 중·러의 반대로 시작된 북핵 관련 대북 제재의 이완과 붕괴는 한층 가속되고 있었다. 한·소 수교 이래 견지되어 온 러시아의 한반도 균형 정책과 부분적 한국 편향 정책이 다시 북한 편향으로 복귀한 것이다(박명림, 2024).

2024년 6월 러시아와 북한은 양국 간 새로운 '포괄적 전략 동반자관계에 관한 조약(Treaty on comprehensive strategic partnership)'에 서명했다. 푸틴은 '포괄적 동반자 조약은 무엇보다도 당사국 중 한쪽이 침략당할 경우 상호 지원을 제공할 것'이라고 약속했다(홍석훈, 2025: 133). 북한은 냉전체제의 와해 이후에 핵개발 추진 정책에서 중국과 러시아와의 반미 연대를 통한 신냉전 국제질서 형성에 편승하여 기존 한·미·일 안보협력에 새로운 안보 도전 구도를 형성하고자 한다.

그러나 북한과 러시아 간의 협력은 '편의에 의한 결합'이라고 볼 수 있다. 북·러는 반미와 1인 지배 권위주의 체제라는 특성만 공유하고 있을 뿐 이데올로기적 정합성과 상호 신뢰는 강하지 않다는 점이다. 특히, 북·러 관계는 우크라이나 특수로 인한 한시적 협력이지 러·우 전쟁이 마무리되면 러시아도 경제협력의 파트너로 북한의 효용성이 높지 않다고 판단할 것이다. "조·로(북·러) 관계를 우리 대외 정책에서 제1순위로 제일 최중대시하겠다."는 김정은(김정은, 2023.9)의 선언은 북·중 관계의 불편함을 드러냈다(박원곤, 2024a: 79).

지금까지 미·일·중·러의 대한반도 정책을 간단히 살펴보았다. 이를 토대로 한반도 주변국들과의 관계 설정에서 남한과 북한의 지향점을 살펴보도록 하겠다. 점차 고조되는 신냉전 국제질서는 한반도를 둘러싸고 '한·미·일과 북·중·러'의 갈등 구도로 표출될 가능성 높아지고 있으며, 구냉전과 마찬가지로, 한반도는 신냉전 시대에도 강대국 패권 갈등의 최전선에 위치할 가능성이 높다.

강대국 간 힘의 정치에 기인한 국제질서는 한국이 독자적으로 바꾸거나 거스르기 어려운 근본적 문제이므로 향후 한국이 활용할 수 있는 전략적 공간과 독자적 역할의 감소가 예상된다(주형민, 2024: 54). 한국은 지리적 위치와 정치적 이해관계를 고려했을 때 직접적인 충돌에서 가장 큰 피해를 당할 것이므로 오히려 미·중 패권 경쟁이 완화되면 오히려 이득을 취할 수 있는 여지가 생긴다.

그동안 한국은 북한의 위협에 대처하고 중국의 영향권으로 들어가는 것을 피하려고 미국과 공조해 왔다. 외교를 통해 북한의 비핵화를 위한 명분 쌓기와 실무적 대응을 하는 동시에, 한국은 드러내지 않게 핵잠재력을 유지할 필요성이 있다. 국제질서의 변동 폭이 매우 클 수 있다는 가정 아래 한국발 핵확산의 잠재성은 국제사회의 우호적 관여를 끌어내는 장점을 가지고 있다(조동준, 2024: 154). 이런 우호적 관여를 끌어내기 위해 차기 정부에서 외교적 노력을 통해 북한의 비핵화와 안보 위기 해소 방안을 마련해야 할 것이다.

최근 북한의 대남 노선 변화는 북한의 포괄적인 대외 정책 재조정 과정의 일환이다. 이제 북한의 대외 관계에서 최우선 순위는 사회주의 국가와의 관계 발전이다. 남한에 대해서는 적대적인 공세가 예상된다. 국제정세의 변화와 미국의 상대적 무관심, 신냉전의 도래와 이를 활용한 중국과 러시아와의 밀착으로 북한이 공격적 외교 전략을 펼칠 공간이 확보된 것이다(박원곤, 2024a: 69).

북한의 2024년 현재 미·중 경쟁의 격화, 러·우 전쟁의 장기화, 북·러 전략적 협력 강화와 한·미·일 안보협력 확대 등 대외 통일환경은 난관에 봉착해 있음을 부인할 수 없는 현실이다(정대진, 2021: 141). 한반도 평화 문제든 한반도 통일은 남북한 사이의 문제만이 아닌 만큼 필연적으로 다국적 협력이 필요하다. 한반도는 미·중 갈등 구조로부터 가장 큰 영향력 아래에 놓여 있다.

특히 한반도의 경우 북한 문제라는 특수한 요인으로 인해 미·중 갈등에 더욱 적극적으로 노출되어 있다. 대부분의 전문가는 북핵 문제 해결 및 한반도 통일을 위해서는 미국과 중국의 적극적인 협조가 필요하다고 생각한다(박인휘, 2024: 164-165). 그런데 현실은 거꾸로 가고 있다는 점에서 대외적 통일 환경이 악화하고 있다. 대북정책 차원에서 국내적 진영 논리를 벗어나 탈이념적, 실리적 정책이 고려되어야 하며, 한·미동맹을 근간으로 가치동맹의 확장 속에서 한·미·일 소다자 안보협력이 시급한 상황이며, 국제사회를 포괄하는 다자협력과 대북 압박 및 중·러·북의 국제적 연대를 동시에 견제해야 하는 상황에 놓여 있다(홍석훈, 2025: 135).

한반도를 둘러싼 동맹 형성의 역설은 세력 균형이 아닌 위협 균형론이다. 남북한의 경제적 격차 그리고 재래식 무기의 우위에도 불구하고 북한의 위협에 시달리는 남한으로서 압도적인 방어동맹이 필요하다. 그와 더불어 필요한 것은 외교를 통해 한반도 안정과 평화의 중요성, 그러기 위한 한반도 비핵화의 필요성을 설득하고 공감하는 노력을 펼쳐야 할 것이다.

6. 결론

지금까지 통일 환경으로 남북한 요인 및 남북관계 요인 그리고 외부적 요인을 살펴보았다. 통일 환경은 구조적으로 고착화된 면과 가변적인 요인이 상존한다. 구조적으로 고착화된 요인은 남북이 서로 자기 이념과 체제로 상대국을 흡수 통일하려는 노력을 포기한 적이 없다는 것이다. 대외적으로 굳어진 요인은 한반도를 둘러싼 서구 자유민주주의 진영은 남한을, 동구의 사회주의 진영은 북한을 각각 지지 및 지원을 했다는 점이다. 동북아로 국한해서도 중국과 러시아는 북한을 지원하고, 미국과 일본은 남한을 지원하는 신냉전 구도하에 여전히 놓여 있다는 것이다. 다른 한편으로 북한의 통일정책이나 대남 정책이 크게 바뀌고, 남한의 통일 의식이 점점 약화되는 점도 통일 환경을 악화시키는 가변 요인이다.

앞으로 우리의 통일정책은 미래 국가전략 기조하에 내적 기반을 공고히 해야 한다. 구체적으로 우리의 국가전략과 통일정책이 연계될 필요가 있다는 점이다. 대북·통일정책은 우리의 현재와 미래의 안보와 평화, 번영을 결정짓는 '국가전략'이라고 할 수 있기 때문이다. 남북문제를 정치화하거나 정책 주도 집단의 편향적 사고는 배제되어야 한다. 국내적 진영논리를 벗어나 국제정치의 근본적 변화에 관심을 두면서 한국의 생존과 미래를 위한 해법을 제시해야 할 시점이다(홍석훈, 2025: 136). 북한의 변화도 한국의 이러한 미래 한반도 통일상을 만들 때 그 효과가 커질 것이다.

이런 상황에서 북한의 2국가론을 주장하지만, 교류와 대화를 지속하려는 노력을 통해 한반도를 안정적으로 관리할 필요가 있다. 현재로서는 남북 관계가 더 이상 악화하지 않고, 힘들게 만들어 온 평화가 무너지지 않도록 하는 것부터 시작해야 할 것이다(정영철, 2024: 8). 다음으로 북한의 입장 변화가 뒤따라야 하지만 우리가 남북한 간 협력과 번영과 평화를 위한 방안 마련에 차분하게 준비해야 한다. 외교적으로도 우리가 할 수 있는 범위와 한계가 있지만 국제 외교와 동북아 4강 외교를 통해 우리의 통일에 대한 협력적 환경을 만들고 통일이 되면 동북아 및 세계의 항구적인 평화에 이바지할 수 있음을 설명하고 신뢰를 회복할 수 있도록 노력해야 한다.

통일교육도 통일 환경에 대한 가감 없는 사실에 입각한 교육을 해야 통일에 대한 어려움과 편익을 인식할 수 있으며, 통일에 대한 우호적 의식을 함양하도록 해야 할 것이다. 후속 세대에게 통일을 위한 대내외적 환경을 우호적으로 바꾸는 차분한 노력이 선행되어야 함을 알도록 해야 할 것이다.

참고 문헌

김병로(2024), “통일환경과 통일담론의 지형변화: 정부통일방안을 중심으로”, 『통일정책연구』, 26(1).

김성한(2023), “한반도 통일을 위한 외교 안보 전략”, 『국제관계연구』, 28(2).

김영택(2024), “북한의 대남 통일노선 변화와 우리의 대응 방향”, [KONAS], 5. 16.

김정(2024), “한국의 대북/통일정책 사이의 이율배반”, 통일부, 연세대학교 정치외교연구소, 연세대학교 동서문제연구원 공동 주관, 『2024 국제한반도포럼』, 9. 4.

김태현(2024), “북한의 공세적 핵전략과 ‘일반 핵강제’”, 통일평화연구원 창립 18주년 기념 학술회의 『넘어야 할 벽, 이루어야 할 꿈: 남북관계의 새로운 도전과 통일 전략의 비전』, 코리아나 호텔 7층 로얄룸, 5. 3.

리일규(2024), “북한의 대외관계, 북한체제의 변화가능성”, 통일부, 연세대학교 정치외교연구소, 연세대학교 동서문제연구원 공동 주관, 『2024 국제한반도포럼』, 9. 3.

박명림(2024), “공존과 평화: 두 번째 70년을 향해”, [중앙일보], 1. 26.

박원곤(2024a), “북한의 ‘헤어질 결심’과 ‘전쟁 결심’: 의미 및 한계”, 2024 전쟁기념사업회(KWO) 나지포럼 제 1회 학술회의, 『글로벌 전쟁 상황 평가와 안보정세 전망』, 2. 29.

박원곤(2024b), “북한의 ‘헤어질 결심’과 ‘전쟁할 결심’: 의미 및 한계”, 통일평화연구원 창립 18주년 기념 학술회의 『넘어야 할 벽, 이루어야 할 꿈: 남북관계의 새로운 도전과 통일 전략의 비전』, 코리아나 호텔 7층 로얄룸, 5. 3.

박원곤(2024c), “체제 이완 징후 있으나 김정은의 통제권 아직은 견고”, [중앙일보], 10. 11.

박인휘(2024), “한반도 통일과 국제협력: 한반도 문제의 정체성과 지금까지의 교훈”, 통일평화연구원 창립 18주년 기념 학술회의, 『넘어야 할 벽, 이루어야 할 꿈: 남북관계의 새로운 도전과 통일 전략의 비전』, 코리아나 호텔 7층 로얄룸, 5. 3.

서울대 통일평화연구원(2023), 『2023 통일의식조사』.

안호영(2024), “민족공조를 정권 세습에 이용해 온 북한 민낯”, [중앙일보], 2. 20.

앤드류 여(2024), “새로운 통일담론과 국민적 합의”, 통일부, 연세대학교 정치외교연구소, 연세대학교 동서문제연구원 공동 주관, 『2024 국제한반도포럼』, 9. 3.

위성락(2024), “북한의 반통일론에 더 적극 맞서야”, [중앙일보], 2. 14.

윤영관(2024), “통일의 꿈, 버릴 것인가?”, [중앙선데이], 5. 11.

이수석(2023), “북한 대내외 정세평가 및 전망”, 공감과 한반도 연구회, 『2023년 한반도 전략환경을 전망한다』.

이승열(2024), “조선노동당 제 8기 제 9차 전원회의 분석과 2024년 남북관계 전망”, 『이슈와 논점』 2177호.

이용준(2025), “미·북 정상회담 재개 가능성이 우려스러운 이유”, [조선일보], 3. 18.

정대진(2021), “남북관계와 평화체제”, 홍현익 외, 『공정한 국제질서와 한반도의 지속가능한 평화』, 서울: 시공사.
정대진(2024), "북한의 적대적 두 국가론과 남한의 통일방안", 『통일과 평화』, 16(2).
정성장(2024), "북한의 대남/통일정책", 통일평화연구원 창립 18주년 기념 학술회의 『넘어야 할 벽, 이루어야 할 꿈: 남북관계의 새로운 도전과 통일 전략의 비전』, 코리아나 호텔 7층 로얄룸, 5. 3.
정영철(2024), "북한의 '두 개 국가론': 민족/민족주의 개념의 변화를 중심으로", 『통일과 평화』, 16(1).
조한범(2024), "'두 국가론'이 대남 적화 노선 폐기는 아니다", [중앙일보], 3. 21.
조동준(2024), "북한 비핵화와 향후 대북정책", 통일평화연구원 창립 18주년 기념 학술회의 『넘어야 할 벽, 이루어야 할 꿈: 남북관계의 새로운 도전과 통일 전략의 비전』, 코리아나 호텔 7층 로얄룸, 5. 3.
존 에버라드(2024), "한국 역대 정부의 대북정책 및 향후 남북관계", 통일부, 연세대학교 정치외교연구소, 연세대학교 동서문제연구원 공동 주관, 『2024 국제한반도포럼』, 9. 4.
주형민(2024), "역대 한국정부의 대북통일정책과 새로운 통일담론", 통일부, 연세대학교 정치외교연구소, 연세대학교 동서문제연구원 공동 주관, 『2024 국제한반도포럼』, 9. 4.
통일부(2024), 『북한 경제 · 사회 실태 인식보고서』.
최규빈(2022), "서평: 한반도 평화를 위한 조건과 과제", 『통일과 평화』 14(1).
『조선중앙통신』(2022), "최고인민회의 제14기 제1차 회의 시정연설 현 단계에서의 사회주의 건설과 공화국 정부의 대내외 정책에 대하여", 9. 13.
최우선(2024), "2024년 국제정세 전망", 공감 한반도 연구회, 『2024년 한반도 전략 환경을 전망한다』.
한기범(2024), "북한의 대남정책 전환 '성격' 평가", 아산정책연구원 이슈 브리프 2024-06(2. 23).
홍석훈(2025), "북한 대외정책 변화와 트럼프 2기 대한반도 정책 전망", 『통일과 평화』, 17(1).
홍석훈 · 나용우(2017), "북핵 고도화와 새로운 대북정책의 모색: 공세적 핵전략으로의 진화와 우리의 대응방안", 『국가안보와 전략』, 17(3).
황태희(2024), "통일 준비를 위한 북한 실상 이해", 통일부, 연세대학교 정치외교연구소, 연세대학교 동서문제연구원 공동 주관, 『2024 국제한반도포럼』, 9. 3.
Nishino Junya(2024), "South Korean Government's Policies Toward North Korea and the Future of Inter-Korea", 통일부, 연세대학교 정치외교연구소, 연세대학교 동서문제연구원 공동 주관, 『2024 국제한반도포럼』, 9. 4.

제2장

묵자의 평화 사상

김병환(서울대학교 교수)

묵자의 평화 사상은 겸애(兼愛)와 교상리(交相利), 비공(非攻)이라는 일련의 주장으로 전개된다. 겸애는 침략 전쟁에 반대하며 국제 평화를 추구한 그의 평화 사상의 이론적 뿌리가 된다. 묵자의 겸애는 기존의 이해처럼 감성적인 사랑이라는 개념이 아니기 때문이다. 겸애는 교상리에 근거하기에 상호이익을 전제로 하는 개념이다. 통상 보편 사랑이라고 풀이되는 겸애가 실상은 냉철한 이익 계산에 근거한다. 이익 계산과 헌신적인 사랑이라는 관념은 어울리지 않는다. 겸애는 실리에 근거한 이타적 호혜주의 혹은 공리주의적 주장이다. 그래서 겸애 교리가 이익을 내세우는 국제 관계, 국제 평화에 적용될 수 있다. 묵자의 비공 사상은 오늘날의 국제윤리나 평화학에 해당한다. 비공의 평화론을 이해하기 위해서는 비공뿐만 아니라 공벌(攻伐)과 주벌(誅伐)을 알아야 한다. 묵자를 반전 평화주의자라고 생각하는 이들은 묵자가 주벌이라는 정의로운 전쟁이 필요하다고 주장한 점을 상기해야 한다. 묵자는 모든 전쟁을 반대하는 반전주의자가 아니다. 즉, 그는 약자를 돕는 정의로운 전쟁을 받아들인다. 칸트와 묵자를 비교했을 때 두 사상가는 차이를 보인다. 예를 들어 칸트는 평화가 구축된 뒤 상비군의 존재를 부정한다. 하지만 묵자는 상비군의 필요성을 강조한다. 마지막으로 본 장의 후반부에서 교과서와 EBS 수능 특강의 묵자 관련 내용을 분석해 오류를 지적한다.

오늘날 국제사회는 다양한 갈등과 분쟁에 직면해 있고, 갈등의 가장 심각한 형태인 전쟁이 지구촌을 뒤흔들고 있다. 강대국인 미국과 중국, 러시아는 지구촌의 평화가 아니라 자신들의 이익이 있는 지역의 평화 유지에만 관심이 있다. 이들 국가의 행태는 국제 평화보다 자국의 이익에 따라 군사 행동을 불사하는 자국 이기주의의 전형이다. 휴전 상태인 한반도에서 대만 해협의 군사적 갈등을 목도하고 있는 우리는 참으로 평화의 중요성을 실감한다. 이제 한반도 통일은 이념적으로 가능한 담론이지만 실제로는 이미 요원한 시대에 접어들었다. 한반도 통일의 시대는 가고 바야흐로 남북 간에 평화 담론의 시대가 도래했다.

서양의 평화 사상 연구는 다양한데 동양사상의 관점에서 평화 사상을 논한 연구는 많이 부족한 상태이다. 필자의 조사에 의하면, 동양사상에서 평화 사상을 논한 연구는 대부분 마음의 평화라는 내적 평화를 주제로 삼고 있다. 필자가 원고를 청탁받고 찾아본 자료 중 단행본으로 『평화사상과 통일의 길』이라는 국내 연구진이 공동 집필한 서적이 있다(박균열 외, 2020). 제목 그대로 평화와 통일을 주제로 연구하는 국내 연구진이 출간한 본서에 포함된 동양의 평화 사상은 유교와 불교의 평화 사상뿐이다. 그런데 본서의 주 독자층인 교사나 예비교사 모두에게 친숙한 교과서의 국제평화 단원에서 주로 논의되는 동양 사상가는 묵자이다. 동양의 평화 사상에 대한 다양한 논의를 통해 동양 평화 사상 논의가 다양해지고 풍부해져야 한다.

묵자의 평화 사상은 겸애(兼愛)와 교상리(交相利), 비공(非攻)이라는 일련의 주장으로 전개된다. 묵자의 평화 사상 전체를 관통하는 가장 핵심적인 관념은 겸애이다. 묵자에 의하면, 겸애는 하늘의 뜻[天志]에 근거한 것으로서 절대 존재인 천(天)이 인간에게 실천하기를 바라는 최고 원리이다. 겸애는 단순히 윤리학적 주장에 머무는 게 아니다. 겸애는 침략 전쟁에 반대하며 국제 평화를 추구한 묵자의 평화 사상의 이론적 뿌리가 된다. 그의 비공 사상은 오늘날의 국제윤리나 평화학에 해당한다. 실제로 2022 교육과정을 반영한 『현대사회와 윤리』 교과서를 보면 묵자의 비공을 '평화와 공존의 윤리' 영역에서 다루고 있으며, 비공의 기초가 되는 겸애와 교상리는 '평화와 공존의 윤리'나 '국가와 시민의 윤리' 영역에서 설명되고 있다. 위에서 언급한 바와 같이 비공의 사상적 기초는 겸애와 교상리에 있기에 묵자의 평화 사상을 논하려면 겸애와 교상리, 비공을 순차적으로 살펴봐야 한다. 본문의 논의는 이 순서에 따라 전개된다. 마지막으로 본 장의 후반부에서 본서의 주 독자층인 예비교사와 교사를 위해 2022 교육과정에 따라 집필된 교과서와 EBS 수능 특강의 묵자 파트의 내용을 검토하여 오류를 바로잡고자 한다. 본 장에서 독자는 겸애교리가 자국의 이익을 계산하는 국제 평화에 응용될 수 있다는 사실을 알게 될 것이다.

1. 비공(非攻)의 근거인 겸애(兼愛)는 '보편 사랑'인가?

오늘날 여전히 많은 이들이 겸애란 자신과의 친소 관계에 따라 다른 사람을 차별하지 말고 모두를 '똑같이' '사랑하라'는 의미로 풀이한다. 이는『윤리와 사상』이나『현대사회와 윤리』교과서의 설명 방식이기도 하다. 즉, 겸애를 차별적 사랑[別愛]과 반대되는 개념, 보편 사랑(universal love)이나 기독교적 박애(博愛)로 이해한다. 하지만 아래 논의에서 보듯이 이런 이해는 잘못된 것이다. 독자의 이해와 효과적인 논의 전개를 위해 필자는 일단 겸애를 '보편 사랑' 혹은 '모두에 대한 똑같은 사랑'이라는 일반적인 해석대로 진술해 나가겠다. 본문의 논의를 통해 겸애와 짝을 이루는 교상리 주장의 진의를 살펴보고 나면 겸애가 사랑과 같은 개념이 아니라는 점을 알게 될 것이다. 그리고 이에 근거해 묵자의 비공 사상을 검토해보면, 묵자의 평화 사상과 관련된 기존의 오해를 바로잡을 수 있다.

묵자가 활동했던 시기는 춘추전국시대로 매우 혼란한 시대였다. 묵자는 이러한 혼란상의 원인을 차등애[別愛]로 진단한다. 그는 한 국가의 평화가 무너지고 사회적 혼란이 야기되는 원인을 다음과 같이 설명한다.

» 혼란이 어디에서 일어나는지 살펴보면 서로가 사랑하지 않는 데서 일어난다. 신하나 자식이 군주나 부모를 사랑하지 않음을 이른바 혼란이라 한다. 자식은 자신만을 사랑하고 부모를 사랑하지 않는다. 그러므로 부모를 해치면서 자기 이득을 취한다. 아우는 자신만을 사랑하고 형을 사랑하지 않는다. 그러므로 형을 해치면서 자기 이득을 취한다. 신하는 자신만을 사랑하고 군주를 사랑하지 않는다. 그러므로 군주를 해치면서 자기 이득을 취한다. 이를 이른바 혼란이라 한다.「겸애 상」

인간이 자신의 이익을 먼저 추구하면 형제간에, 윗사람과 아랫사람 사이 등 모든 인간관계에서 갈등과 다툼이 생긴다. 이는 한비자가 냉철하게 지적한 것처럼 불행하게도 부모와 자식 관계에서도 마찬가지다. 한비자는「간겁시신(姦劫弑臣)」편에서 다음과 같이 말한다.

» 인간은 편안하고 이익이 되는 것을 취하고 위태롭고 해가 되는 것을 멀리하는 정서가 있다.

» 부모가 자식을 대할 경우에도 계산하는 마음으로 서로 대한다.

한비자와 묵자의 논의 방향이 다르긴 하지만 한비자나 묵자 둘 다 이익을 계산하는 마음[自爲心]에서 부자 관계를 포함한 인간관계를 논했다는 공통점이 있다(김병환, 2021: 179-181). 한비자의 이런 지적은 뒤에서 논할 묵자의 교상리와 유사한 맥락을 내포하고 있다. 유사하게 이런 이익을 계산하는 마음으로 자국의 이익을 추구하면 공동체나 국가 간에도 첨예한 갈등이 발생한다. 타국을 자국처럼 고려하지 않고 유린하면, 결국 국가 간에 크고 작은 전쟁이 발생한다. 지금도 현재 진행형인 우크라이나의 참극은 러시아가 자국의 이익을 위해 타국의 영토를 점령하려 하기 때문이다. 동시에 유럽연합과 미국도 자신의 이익을 계산해 개입의 정도를 조절하고 있기 때문이다.

이를 해결하기 위해 묵자가 제안한 게 겸애이다. 겸애에서 '겸(兼)'자는 벼(禾) 두 이삭을 손으로 쥔 모습을 글자로 나타낸 것으로 '한 부분과 다른 한 부분을 합친다'라는 의미를 지니고 있다. 『묵자』에서는 대상 전체를 '겸'이라 부르고, 부분을 '체(體)'라고 표기하고 있다. 『묵자』에서 '겸'은 부분인 '체'를 합치거나, 분리되기 이전의 전체를 의미한다. 즉, 겸애의 겸이란 '총체' 혹은 '전체'라는 의미가 된다. 그래서 겸애란 통상 모든 이를 아울러[겸하여] 사랑하라는 뜻으로 풀이된다. 그런데 정확하게 말하면, 겸애는 타인을 친소와 관계없이 동등하게 대하라는 의미이다(김병환, 2021: 62-62).

타인의 이익을 자신의 이익과 같이 배려하고 존중한다면 사람들 사이의 갈등은 사라질 수 있다. 타인을 자신처럼 배려하는 사람과 다툴 이유는 없기 때문이다. 이러한 논리를 계속 확장하여 국가 단위에도 겸애의 원리가 적용된다. 이것이 구체적으로 묵자의 평화 사상인 비공(非攻)이 된다. "만약 온 천하로 하여금 아울러 서로 사랑하게 하면 국가 간에 서로 공격하지 않을 것이다(「겸애 상」)." 묵자가 보기에 국가 간의 전쟁이나 갈등을 해소하는 방법은 자신의 국가와 남의 나라를 구별하며 자국을 중심으로 차별적으로 사랑을 베푸는[別愛] 게 아니라, 자국과 타국을 함께 사랑[兼愛]하는 데에 있다.

» 만약 온 천하로 하여금 모두가 아울러 서로 사랑하게 한다면 나라와 나라는 서로 공격하지 않을 것이다. (중략) 이와 같이 된다면 곧 천하가 다스려질 것[和平]이다. 「겸애 상」

묵자는 이렇게 모두가 서로를 자신처럼 사랑한다면 사회의 혼란이 사라질 수 있다고 주장한다. 즉, 당대 혼란했던 사회 문제를 해결하고 평화를 이룩하기 위해서는 모든 사람이 겸애를 실천해야 한다. 이 겸애는 인간 사이의 화평뿐만 아니라 비공으로 확장되어 국제 평화를 가능하게 한다. 겸애가 왜 보편 사랑이 아닌지를 이해하려면 그가 언급한 교상리(交相利)의 의미를 알아야 한다.

2. 교상리[交相利, 서로 이롭게 함]와 함께하는 겸애

『묵자』를 보면 겸애를 논할 때, 항상 교상리(交相利)를 함께 언급한다. 겸애는 서로를 이롭게 함이라는 측면에서 제기된 것이다. 다시 말해 겸애는 교상리와 짝을 이루는 개념이며 교상리를 통해서 구현된다. 묵자가 제시한 겸애의 '이른바 사랑[愛]'은 결국 '이로움[利]'의 획득이라는 논리를 통해서 실현됨을 알 수 있다.

» 무릇 천하에 환란과 찬탈, 원망과 한탄이 생겨나는 것은 서로가 사랑하지 않기 때문이다. 이런 까닭에 인(仁)한 사람은 그것을 그르다 한다. 이미 그르다고 한다면 무엇을 가지고 이를 바꾸어야 하는가? 묵자 선생은 '아울러 서로 사랑하고 번갈아 서로 이롭게 하는 방법으로 바꿔야 한다'고 말씀하신다.「겸애 중」

겸애에 대하여 논할 때 항상 이익을 함께 언급한다는 것은 그가 주장하는 겸애가 이익을 전제로 하고 있다는 점을 분명하게 보여준다. "남을 사랑하는 사람에게는 남도 반드시 그를 따라 그를 사랑하게 되며, 남을 이롭게 하는 사람에게는 남도 반드시 그를 따라 이롭게 해줄 것이다(「겸애 중」)." 이런 구절은 어떤 이가 먼저 겸애를 실천하게 된다면 사랑을 받은 상대도 그를 사랑할 것을 기대할 수 있고, 그래서 서로 이익을 얻을 수 있다는 묵자의 호혜적 구상을 잘 보여준다. 묵자는 다음처럼 말한다.

» 지금 내가 근본적인 것으로 든 '아우르는 것[兼]'이 낳는 결과는 천하의 큰 이익이 되는 것이다. 내가 근본적인 것으로 든 '차별을 두는 것[別]'이 낳는 결과는 천하의 큰 해가 되는 것이다. 그러므로 '차별하는 것은 그른 것이고 아우르는 게 옳다'라는 묵자 선생의 말씀은 그런 도리에서 나온 것이다. 「겸애 하」

» 서로 아울러 대하는 사람들은 결과적으로 천하의 큰 이익이 생기도록 하는 사람들이다. 그러므로 묵자 선생은 '모두를 아우르는 게 옳다'고 말씀하셨다. 「겸애 하」

묵자에게 옳음[義]과 이익[利]은 서로 분리되지 않는다["義, 利也"]. 우리에게 이익을 가져오는 게 옳은 것["義, 可以利人也"]이다. 모두를 아우르는 것[兼]은 이익을 가져오며, 바로 그래서 옳은 것이 된다. 그렇다면 모두를 아울러 사랑하는 일은 이익을 발생시켜 주기 때문에 도덕적으로 옳은 일이 된다. 이렇듯 묵자는 겸애와 이익을 결부시켜 사람들로 하여금 상호이익에 기반한 겸애를 실천하라고 강력하게 권고한다. 교상리에 기초한 겸애의 실천은 사회적 갈등을 해소하고 나아가 평화로운 국제사회를 건립할 수 있도록 해준다. 겸애의 실천은 타인에게 이로울 뿐만 아니라 자신에게도 이로운 일이다. 천하의 큰 이익은 사람들이 겸애하는 데에 있고, 천하의 큰 해악은 사람들이 서로 투쟁하는 데에 있다. 겸애를 통해 얻어지는 결과는 천하의 평화를 기대하는 모두에게 이로운 것이다. 이런 논리로 묵자는 침략 전쟁을 강하게 배격한다.

묵자는 일종의 공리적인 측면에서 겸애의 효용성과 필요성을 설명하고 있다. 즉, 묵자의 겸애교리는 공리에 바탕을 두고 있다. 여기서 공리란 공리(公利)와 공리(功利), 이 둘의 성격을 모두 지닌다.[1] 일반적인 오해처럼 묵자의 겸애는 자칫 보편적인 사랑을 의미하는 것처럼 보인다. 보편적인 사랑이라고 하면 일반적으로 그리스도교의 아가페나, 휴머니즘의 박애주의를 예로 들 수 있다. 아가페와 박애주의는 사람을 차별하지 않고 모두에게 베푸는 사랑으로서 '무조건적인 사랑'이다. 절대적인 사랑은 타인이 자신에게 이익을 주지 않더라도, 어떤 경우에는 오히려 해를 끼치더라도 타인을 사랑해야 한다는 의미이다. 묵자의 겸애 역시 표면상 모두를 두루 함께[兼] 사랑한다는 맥락에서 비슷한 면이 있는 것으로 통상 이해된다. 친소 구분 없이 모두 사랑한다는 해석이 아가페나 박애주의와 유사하게 보이도록 하기 때문이다.

그러나 위에서 살펴본 것처럼, 겸애는 교상리라는 상호이익에 기반을 두고 있다. 이는 당연히 무조건적 사랑과 부합하지 않는 개념이다. 그렇다면 겸애교리를 보편적인 사랑으로 설명하는 것은 잘못된 해석이다. 즉, 묵자에게 있어서 우리가 도덕적 삶을 살아야 하는 이유는 맹자가 그의 인성론에서 주장하듯이 인간의 선한 본성 때문이 아니다. 혹은 인간은 동물과 다른 존재로 도덕적 의무를 행해야 한다는 의무론적인 주장 때문이 아니다. 오히려 겸애를 통해 자신의 이익을 극대화할 수 있기 때문에 도덕적 삶이 정당화될 수 있다. 겸애는 상호 이로움에 의해 정당화된다. 의로

1 묵자의 주장을 공리주의 시각에서 분석해 보는 것은 흥미로운 일이지만 본문의 주제 상 다른 글을 기약한다.

움에 비해 이로움은 보다 객관적으로 가시적 결과를 계산할 수 있는 가능성이 크다. 벤담(J. Bentham)이나 밀(J.S. Mill)의 경우처럼 묵가는 도덕적 행위의 정당성 문제를 보다 객관적 기준의 형태로 제시하고자 한 것이다. 유교 사상은 결과주의적 성격도 갖고 있다. 하지만 일반적으로 유학자에게 옳음은 결과에 상관없이 도덕적인 행위 자체에 전제된 일종의 의무로 간주된다. 그런데 춘추전국이라는 전쟁의 혼란 속에서 자신의 생명과 재산 유지에 위협을 받던 사람들에게 당위적 옳음을 강조하며 대가 없는 희생과 사랑의 실천을 주장하는 일은 실효성이 없었을 것이다. 맹자의 인정처럼 묵자의 사상이 당시에 '현학(顯學)'으로 유행할 수 있었던 이유 중 하나를 여기에서 찾아볼 수 있다. 묵자는 한비자처럼 인간이 이익을 추구하는 존재라는 점을 인정하고, 사람들이 이익을 추구하는 방향에 맞게 겸애교리를 제시하였다. 이처럼 겸애교리는 이익과 도덕 질서를 함께 고려한 공리주의적 특색을 품은 개념이다. 이를 통해 장기적인 이익을 추구하고 공생할 수 있는 조화로운 사회와 평화로운 국제 관계를 묵자는 최종 목표로 삼았다.

이렇게 보면 흔히 한국어로 '사랑'이라 표기되는 겸애의 '愛'도 정서적인 의미의 사랑이 아니라는 것을 추론할 수 있다. 일반적으로 사랑이란 부모와 자식 간의 사랑, 남녀 간의 사랑 등 정서적인 성격의 것이다. 이러한 사랑은 감정에 특히 의존하며 이성적 담론과는 일정한 거리가 있다. 그러나 이런 정서적인 사랑의 의미는 겸'애'의 '애'와 결이 다른 맥락이다. 묵자는 겸애를 논하면서 합리적이고 논리적인 관점을 견지하고 있기 때문이다. 묵자에게 있어서 愛는 '비정서적 의지(unemotional will)'이면서 동시에 만인을 이롭게 하는 것이다(A.C. Graham, 1989: 41, 김병환, 2017: 167). 묵자의 '애'에는 합리성과 이익에 기반을 둔 이성적 판단이 전제되어 있다. 그래서 겸애는 단순히 '모두를 똑같이 사랑함'이 아니다. 교상리의 시각을 고려한 겸애에 대한 적절한 풀이는 '모든 사람들에 대한 공평한 관심(impartial concern for everyone)'이다. 혹은 '모든 사람들에 대한 공평한 배려(impartial care for everyone)'가 될 것이다.

흔히 겸애를 '내가 남의 자식에게 먼저 사랑을 베풀면, 상대방도 나의 자식에게 사랑을 베풀게 될 것이다.'라고 설명한다. 하지만 묵자가 의도한 본래 뜻은 '내가 남의 자식을 공평한 관심으로 대하면, 상대방도 그에 대한 보답으로서 나의 자식에게 공평하게 관심을 베풀 것이다.'라는 뜻이다. 이것이 묵자가 말하는 '두루 공평한 관심을 갖고[兼愛] 이를 실천하면 서로 이익을 얻을 수 있다[交利]'는 입장의 본래 의미이다. 이런 합리적 사유에 근거해 공평한 상호이익을 주장한 것이라 묵자는 "겸애의 실천은 쉽다"고 단언할 수 있었다. 정말로 겸애가 정서적인 사랑이라면 '내가 남의 자식에게 먼저 사랑을 베풀면, 상대방도 나의 자식에게 사랑을 베풀게 될 것이다'라는 묵자의 이 주장은 실천하기가 상식적으로 거의 불가능한 일이다. 나아가 냉혹하게 이익을 계산하는 국제 관계에서 평화를 위한 방안으로 활용될 수 없다. '愛'라는 한자어가 옥편의 풀이처럼 본래부터 정서적인 애정을 뜻하는 글자가 아니라는 점을 염두에 두어야 한다. 허신(許愼)의 『설문해자(說文解字)』에 의하면 '愛'字는 본래 걸어가는 모양을 형상화 한 글자이다. 허신은 '愛'字를 '사람이 천천히 가는 모습'을 나타낸 것["愛, 行皃. 从夊㤅聲."]이라고 해설한다. 현재 사랑 애자 하단의 천천히 걸을 쇠(夊)가 이를 보여준다. 이를 마음 심과 함께 생각해 보면, 자신이 가는 방향 반대편에 있는 어떤 일에 신경이 쓰여 빨리 가지 못하고 천천히 걷는 사람의 모습을 형상한 글자라 할 수 있다.

결론적으로 겸애는 풍우란 등이 『중국철학사』에서 소개하듯이 무조건적인 사랑이나 헌신이 아니다.[2] 필자는 겸애를 보답의 가능성이 있는 일종의 '호혜적 이타행위'라고 풀이한 적이 있다(김병환, 2009:34-36).[3] 사회에서 남에게 관심이나 배려를 갖고 행동하는 도덕 행위가 계속 유지 되려면 타인에게 혜택을 주는 행위가 자신에게도 이익이 됨을 인지해야 한다. 묵자가 보기에 이는 단순히 '사랑'이라는 정감에 기인해 실행될 수 있는 일이 아니다. 오히려 비정서적인 합리적 논리에 따라 자신이 남에게 혜택을 주면 타인도 혜택으로 갚음으로써 상호 시혜적인 관계가 형성될 수 있음을 알고 행할 때, 사회 내부와 국가 사이에 평화가 깃들 수 있다.

요컨대, 겸애교리는 기존의 '보편적인 사랑'보다 '보편 실리'라는 개념으로 설명하는 게 타당하다. 보편 실리란 대상 모두에게 실제적인 차원에서 이익이 됨을 뜻한다. 이에 사랑, 박애 등의 정서적인 개념과 구분되어야 한다. 즉, 정감적인 함의를 가진 단어보다 실리라는 용어로 설명해야 한다. 겸애교리에 내포된 호혜적 이타주의나 공리주의적 요소가 실리주의적 성격을 잘 보여준다. 겸애교리는 단순히 정당성이나 당위성 차원에서 제기되어 '사랑'이라는 정서에 호소한 주장이 아니다. 이익이라는 결과를 염두에 두고 공리적인 차원에서 제기된 담론이다. 나아가 사람들에게 이익을 고루 나누어주며, 이익 자체도 키운다는 점에서 묵자의 겸애교리는 관념적인 개념이 아니라 구체적인 실천을 전제한 이념이다. 실리를 위해 타인과 공생하는 삶을 제시함으로써 안정된 사회가 이룩될 수 있고, 이는

2 국내 연구자들, 신동준(2014), 박재범(1999), 안외순(2005), 박문현(2007, 2013) 등은 여전히 겸애를 절대적 혹은 헌신적 사랑이라고 풀이한다.

3 E. Wilson이 말하는 목적성 이타성, Peter Singer의 표현으로 호혜적 이타성이다. 호혜적 이타성은 자신과 같은 유전자를 가지고 있지는 않지만 장기적으로 자신이나 자신이 속한 그룹에 이익을 가져다 줄 것을 기대하면서 행해지는 이타적 행위를 의미하는 진화윤리학의 개념이다.

국제 관계에도 적용될 수 있기 때문이다.

3. 비공(非攻)의 평화 사상: 묵자는 비전(非戰) 평화주의자인가?

묵자가 주장하는 비공(非攻)은 타국에 대한 침략 전쟁에 반대한다는 뜻이다. 다만, 묵자가 모든 전쟁을 일률적으로 부정한 게 아니다. 다시 말해, 비공을 주장했을 뿐 '비전(非戰)'까지 주장하지는 않았다. 그런데 일각에서는 비공을 근거로 묵자를 반전(反戰) 혹은 비전 평화주의자로 해석하기도 한다. 만약 비공을 '공벌(攻伐)을 하지 않는다'라는 의미로 해석하게 되면, 묵자는 모든 전쟁 행위를 개인은 물론, 사회적 불행 혹은 불이익을 가져오는 것으로 규정한다고 오해할 수 있다. 그러나 비공을 전쟁에 대한 전면적인 반대로 해석하는 것은 묵자 사상을 오해하는 면이 있다. 그는 '창고에 쌓아둔 무기가 없으면 비록 옳더라도 옳지 못한 나라를 정벌할 수 없다'고 전쟁의 필요성을 강조하기 때문이다. 구체적으로 묵자는 공벌(攻伐)에 반대하지만 주벌(誅伐)을 인정하고 있다(김병환, 2021: 72). 공벌은 지배계급의 이익 때문에 다른 나라를 공격하는 침략 전쟁이고, 주벌은 덕 있는 지도자가 하늘의 뜻을 대신하여 무도한 군주를 징벌하고 도탄에 빠진 대중을 구제하는 의로운 전쟁이다. 묵자는 말한다.

» 지금 그 공벌하기 좋아하는 군주는 또 자기 주장을 꾸며 묵자 선생을 비난하여 말하기를, "당신은 공벌을 불의이며 모두를 이롭게 하지 못하는 것이라고 하는가? 옛날에 우는 유묘를 정벌하고 탕이 걸을 치며 무왕이 주를 쳤다. 그리고 이들이 모두 성왕의 지위에 올랐다. 이는 무슨 까닭인가?"라고 하였다. 묵자 선생이 말씀하셨다. 당신은 아직 내 말의 같은 유

형[類]을 살피지 않고, 아직 그 다른 이유[故]를 밝히지 못한 사람이다. [당신이 예로 들은] 저들은 이른바 공벌이 아니고 주벌에 해당한다.「비공 하」

위의 구절에서 묵자는 자신이 주장하는 바가 일체의 전쟁을 반대하는 비전 평화주의가 아님을 명확히 한다. 그는 주벌이 하늘의 뜻과 백성의 염원을 동시에 따르는 행위로서, 천하와 백성을 모두 이롭게 한다는 점에서 옳은 일이라고 강조한다(「비공 하」). 역으로 하늘의 뜻[天意]에 어긋나는 목적으로 이루어지는 공벌은 부정의(不正義)한 전쟁이다. 하지만 겸애교리의 실현을 위해 이루어지는 전쟁, 주벌은 정의롭다. 이처럼 비공의 논리를 전개하면서 묵자는 주벌과 공벌을 구분하였다. 또한, 묵자의 주벌을 방어 전쟁이라 이해하는 방식도 문제가 있다. 주벌은 불의한 국가를 정벌하는 적극적인 행위이기 때문이다. 따라서 묵자 사상에서 전쟁은 그 자체로 나쁜 게 아니다. 전쟁의 목적에 따라 해롭거나 이로운 전쟁이 된다. 그렇다면 묵자를 비전 평화주의로 보는 기존 해석은 타당하지 않다.

주벌이 필요한 이유는 주벌이 대중의 이익을 지키기 위한 전쟁이기 때문이다. 묵자가 일관되게 강조한 게 '대중에게 이익[利]이 되는 것은 옳음[義]'이라는 주장이다. 그는 대중의 이익을 지키기 위한 주벌의 예시로 하(夏)의 우(禹)임금, 상(商)의 탕(湯)임금과 주(周)의 무왕(武王)의 무도한 군주 정벌을 언급한다. "만약 이 세 성왕의 경우로 보면, 즉 이른바 공벌이 아니라 주벌이었다(「비공 하」)." 결국, 강대국의 침략으로 백성들의 삶이 침해받는다면 적극적으로 응전해 백성들의 이익, 즉 옳음을 지켜야 한다. 이렇게 보면 묵자는 백성의 이익을 지키기 위한 전쟁을 필요악으로 여기고 있음을 알 수 있다. 요컨대, 묵자는 지배계급과 강대국의 이기적인 침략에 맞서는 적극적인 평화주의자이다.

묵자가 공벌은 비판하되 주벌은 지지한다면, 묵자 사상에서 주벌과 비공이 동일한 의미를 지니는가? 주벌의 시행이 곧 비공의 구현을 의미하는가? 묵자에게 있어 비공은 평화 상태를 함의하는 것으로 해석해야 한다. 주벌은 비공을 실현하기 위해 필수 불가결한 요소이다. 주벌을 통해 무도한 군주가 사라지고 비공이 구현되어 겸애교리의 정신이 실현되는 게 평화이기 때문이다. 이러한 태평 시대에는 하늘의 뜻에 따르지 않고 공벌을 일삼는 군주가 더 이상 존재하지 않는다. 그렇다면 더 이상의 주벌이나 타국의 침략에 대항하는 방어 전쟁 역시 남아있지 않을 것이다. 공벌뿐만 아니라 주벌마저도 필요하지 않은 상태에 이르러야 비로소 묵자가 의도한 비공의 실현 상태이자 진정한 평화라 할 수 있다.

» 그러므로 곳간에 비축 식량이 없으면 흉년을 대비할 수 없다. 창고에 쌓아둔 무기가 없으면 비록 옳더라도 옳지 못한 나라를 정벌할 수 없다. 성곽의 방비가 완전하지 못하면 스스로를 지킬 수 없다. 마음속에 미리 대비할 생각이 없으면 갑작스러운 사건에 대응할 수 없다. 「칠환」

묵자는 각 국가가 견고한 방어 전략을 수립함으로써 타국의 침략에 대한 방비를 완벽히 갖춘다면, 겸애를 저버린 무도한 군주의 욕망이 분쇄되어 침략 전쟁이 자연스럽게 사라질 것이라고 본다(황성규, 2018: 210). 주지하듯 선진 제자학 중 묵자 학파는 강력한 실천력을 겸비한 무사 집단이었다. 묵자의 비공과 평화사상은 한갓 이론으로만 주장된 게 아니다. 그들은 실제로 새로운 병기를 연구하고 위험을 무릅쓰며 전쟁에 뛰어들었다. 묵자가 제·진·초·월나라 등을 직접 찾아가 제후들로 하여금 약소국을 공격하지 말 것을 촉구하고 설득한 기록이 전해지고 있다. 그 중 가장 기록이 상세하고 성공한 사례는 송 나라를 침략하려는 초 나라 군주를 묵자가 설득해 전쟁을 단념하게 한 일화이다. 과학 기술의 명인이자 군사 전문가인 공수반(公輸般)이 초 나라를 위하여 성을 공격하는 '구름 사다리[雲梯]'를 만들어 송 나라를 침략할 준비를 끝냈다는 소식을 들은 묵자는 즉시 노 나라에서 초 나라까지 열흘을 꼬박 달려가 공수반과 초나라 군주를 만났다. 묵자는 초 나라의 송 나라 침략은 강도짓과 같다고 설득한다. 하지만 이미 운제라는 신형 무기를 준비한 초의 군주는 핑계를 대며 묵자의 논변을 회피한다. 이에 묵자는 방법을 바꾼다. 일종의 전쟁 게임을 초 나라 군주 앞에서 펼쳐 보이게 된다. 그는 공수반의 공격을 아홉 번이나 막아내는 전쟁 시뮬레이션 게임을 초의 군주 앞에서 시현해 보임으로써 공수반을 제압한다. 또 이미 자신의 전략을 익히고 있는 금골리(禽滑釐) 등 제자 300명을 송 나라에 보내두었다고 밝힌다. 즉, 공수반의 계략에 따라 그 자리에서 자신을 죽이더라도 동일한 전략을 익히고 있는 일당 백의 묵자 무리 300명을 송 나라 군대와 함께 상대해야 한다는 것이다. 결국, 초 나라 군주는 송 나라 침략을 포기한다(『공수』). 위 일화는 실제로 묵자를 중심으로 구성된 일종의 평화유지군이 침략 전쟁을 막는 성과를 올렸다는 역사적 사실을 전해 준다. 이런 예시는 묵자가 주장한 비공의 주장이 단순히 평화 이론으로만 제안된 게 아니라 실제 국제 분쟁에서 효과를 거둔 사례이기에 주목된다. 묵자의 겸애, 교상리, 비공의 사상은 실제 삶의 현장에서 약자를 돕는 실질적 성과를 거두었다. 사실 묵학의 실천력은 당시 다른 학파에 비해 월등했다. 묵자는 자신의 주장을 구체적 분쟁 현장에서 구현해 당시 사람들의 호응을 받았던 것이다.

묵자에 의하면 주벌은 불가피하고 방어를 위해 각 국가는 상비군이 필요하다. 그렇다면 상비군은 언제까지 존속되어야 하는가? 모든 국가가 국가 안보를 위해 상비군을 비롯한 방어 전략을 적절하게 수립하게 되면 각국의 군주들은 섣불리 전쟁을 일으킬 수 없을 것이다. 즉, 공벌의 가능성이 사라진 후에도 여전히 침략 전쟁의 발생 가능성을 가정하는 상비군이 계속 존재하여야 하는가? 상비군을 유지하려면 규모에 따라 다르긴 하겠지만 당연히 재정적 부담이 따르기 마련이다. 그러다 보니 이런 문제는 오늘날에도 국가 안보상의 주요 주제이기도 하다. 묵자의 입장을 정리하면, 침략 전쟁이 종속된 이후에도 상비군은 계속 필요하다. 선제적 방어 전략과 주벌을 통해 비공이 구현된 이후에 상비군을 폐지한다면 포악한 군주가 다시금 침략 전쟁인 공벌을 시도할 수 있기 때문이다. 오늘날의 러시아 군주 푸틴이 보여주듯이 실제로 역사상 이런 실례는 많다. 묵자가 보기에 타국의 침략 가능성을 경계하고 선제적으로 자국 방어가 이루어져야 한다. 따라서 상비군은 비공의 평화 상태를 구현하고 유지하기 위해 계속 필요하다.

그런데 이런 점은 칸트가 영구평화론에서 상비군의 존재를 부정한 점과 대조된다. 현행 교과서를 보면 국제 평화를 설명할 때 칸트를 묵자와 비교하는 경우가 있다. 본서의 주 독자층이 예비교사와 교사임을 생각할 때, 여기서 묵자와 칸트를 비교해 보는 일은 의미가 있다. 주지하듯, 칸트는 국제적 평화 실현을 논할 때, 상비군의 필요성 여부에 대해 묵자와 다른 주장을 한다. 칸트는 『영원한 평화』의 '국가들 사이의 영원한 평화를 위한 예비 조항들'의 세 번째 조항에서 영구평화를 위해 "상비군은 점차 완전히 폐지되어야 한다(칸트, 2013: 31, 105)."고 명시하고 있다. 칸트는 아래처럼 언급한다.

» 왜냐하면 상비군은 언제나 전쟁을 위해 무장되어 있는 준비상태를 보임으로써 다른 국가들을 끊임없이 전쟁으로 위협하기 때문이다. 상비군은 한계를 모르는 군비의 양에서 서로를 능가하도록 국가들을 자극하고, 이에 지출되는 비용으로 인해 평화가 마침내는 단기간의 전쟁보다도 더 부담

스러운 것이 되기 때문에, 상비군 자체가 이 짐을 벗어나기 위한 침략 전쟁의 원인이 된다(칸트, 2013: 104-105).

위의 구절에서 칸트는 상비군의 존재 자체가 영원한 평화를 이룩하지 못하도록 한다고 지적한다. 상비군은 결국 전쟁을 위한 조직이기 때문이다. 그는 자신의『영원한 평화』중 '국가들 사이의 영원한 평화를 위한 예비 조항들'에서 영원한 평화 실현에 방해가 되는 요소들을 언급해 이를 금하고 있다. 또한, '국가들 사이의 영원한 평화를 위한 확정 조항들'에서 영원한 평화를 실현하기 위해 지켜야 할 내용을 나열하고 있다. 나아가 칸트는 상비군을 '죽이고 죽임을 당하기 위해서 [국가에] 고용되어 있는 것'으로 간주한다. 그가 보기에 이런 상태는 인간을 국가의 소유물 즉, 한갓 기계와 도구로서 간주하는 일로서 "우리 자신의 인간성의 권리와 합일될 수 없다(칸트, 2013: 105)."[4] 인간을 목적으로 대우하라는 그의 주장을 생각할 때 인간성 자체가 수단으로 간주 되는 상비군은 그의 영구평화론에 들어설 자리가 없다.

또한, 칸트는 정복 전쟁이나 징벌 전쟁을 반대하고 오직 방어 전쟁만을 허용한다. 방어 전쟁의 경우에도 칸트는 독살이나 암살, 간첩 파견, 거짓 정보 유포 같은 교활한 수단을 사용해서는 안 된다고 주장한다. 이런 교활한 수단은 지속적인 평화 확립에 필요한 국가 간의 신뢰를 파괴하기 때문이다. 지나치게 이상적인 주장이지만 전쟁 당사자 간의 상호 신뢰가 지속적인 평화 건립에 필요한 점은 사실이다. 이렇게 보면 묵자가 주장하는 비공이 정의로운 목적하에 이루어지는 전쟁을 용인하고, 상비군의 필요성

4 흥미롭게도 칸트는 이 부분에서 다른 국가의 선제공격을 받을 수 있다며 재화의 축적도 반대한다.(칸트, 2013: 105).

을 강조하는 것과 차이가 있다.

또한, 근본적으로 칸트 사상에서의 '영원한 평화(pax perpetua)'는 국가연합을 통해서나 가능한 '국제법의 마지막 목표'로서 그 목표에 끊임없이 다가서야 하는 과제로 설정되어 있다. 그는『법이론의 형이상학적 기초원리』에서 영원한 '평화(pax perpetua)'를 "확실히 하나의 실현될 수 없는 이념"이라 표현하기도 한다(칸트, 2013: 28). 물론 이 이념은 공허한 게 아니며 이념에 따라 점진적으로 개혁을 해 나가다 보면 영원한 평화에 점진적으로 다가갈 수 있다는 맥락이다. 하지만 칸트가 보기에 정치와 도덕이 합일되어야 영원한 평화가 성취될 수 있다. 이는 당연히 위대한 이념이며 그의 책 부제처럼 "철학적 기획"이다.

반면에 묵자가 실현하고자 하는 국가 간의 평화는 현실에서 지금 실현되어야 하는 실제적인 사태이며, 최종 목표로 제시된 영원히 다가가야 할 이념이 아니다. 묵자가 보기에, 현실적으로 상비군이 폐지된다면 약소국을 침략하려는 정복욕이 강한 군주가 다시 등장하여 침략 전쟁이 발생할 가능성이 농후하다. 그러면 다시금 평천하는 요원해진다. 천하 대란을 미리 막고 비공을 실현하며 평화를 유지하기 위해 상비군의 유지는 불가피한 일이다. 또 적극적인 평화의 실현을 위해 무도한 군주를 제압하는 불가피한 전쟁도 필요하다. 물론 이런 차이가 칸트와 묵자의 주장 중 어느 한쪽의 우월성을 보여주는 게 아니다. 두 사람이 처한 시간과 공간, 지향하는 바가 달라서 각자의 대처 방식이 다른 것일 뿐이다.

칸트는 국제 평화 사상을 주장하면서도 국제 평화는 실현 불가능한 것으로 규정하고, 영원히 접근해야만 하는 과정의 연속이라고 본다. 실제 칸트의 평화 사상을 사회에 적용한다면, 국제법의 존재 하에서도 전쟁의 발생 가능성이 완전히 종식될 수 없다. 반면 묵자는 겸애교리의 구현에 따른 비공의 평화 사회로의 이행을 단순히 이상적 목표로만 제시하지 않았다. 그는 초 나라에서 공수반과 모의 전쟁을 벌이고 결국 초의 군주로부터 송나라에 대한 공격 즉, 공벌을 포기하도록 하는 등 겸애교리에 근거한 비공의 평화 실천을 몸소 보여준다(황성규, 2018: 207). 이러한 묵자의 적극적 평화주의는 교상리, 즉, 실리주의에 따라 국제 관계를 구축하도록 유도하는 등 국제 평화를 실현 가능한 것으로 설정하고 있다. 동시에 현대사회에서 각국의 이해 관계를 조정하여 평화가 지속적으로 유지될 수 있도록 하는 현실적인 방안으로서 기능할 수 있다.

4. 교과서와 EBS 교재의 묵가 사상 내용 검토

여기서는 앞서 논의한 묵가의 평화 사상이 현행 교과서에서 어떻게 설명되고 있는지 살펴보고자 한다. 이를 위해 먼저 씨마스, 미래엔, 비상, 지학사, 천재교육 총 다섯 출판사의 『현대사회와 윤리』 교과서 중 묵자에 대한 언급이 있는 부분, 예를 들어 국제 평화 관련 단원을 검토해 보자. 위의 교과서들을 살펴보면, 다섯 출판사의 교과서 중 지학사 교과서는 묵가 사상을 포함하고 있지 않았다. 천재교육 교과서는 Ⅳ. 민주시민과 윤리 3-1. 분배적 정의의 의미와 윤리적 쟁점들 부분에서 공리주의의 옳음을 설명하면서 묵자가 "혈연 중심의 사랑을 극복할 수 있는 원리로 의(義)를 제시(천재교육, 2025: 134)"하였다고 간단히 기술하고 있다. 여기서 묵자가 거론된 것은 맞지만 평화 사상에 대한 언급은 없다. 씨마스의 경우에 Ⅰ. 현대생활과 윤리 2. 다양한 삶의 이론은 현대사회의 윤리 문제에 어떠한 지혜를 제시하는가? 부분에서 묵자의 평화 사상을 유가와 불교와 함께 간단히 게재하고 있다(씨마스, 2025: 19). 그런데 이 내용은 2015 교육과정에 의한 씨마스 『윤리와 사상』의 Ⅳ. 사회사상 6. 세계 시민과 세계

평화는 가능한가? 210쪽에 게재된 내용과 같다. 비상, 미래엔 교과서에서 묵자의 평화 사상 관련 내용을 찾아볼 수 있다. 비상 교과서는 갈퉁과 칸트의 평화 이론을 상세히 설명하고 묵자의 비공(비상, 2025: 199)을 언급한다. 미래엔 교과서 역시 갈퉁의 평화 이론을 설명하고 칸트와 묵자가 국제 평화를 위해 '상호 존중과 관용의 자세를 강조'했다고 기술(미래엔, 2025: 192)하고 있다.

이처럼 현재 묵가 사상이 『현대사회와 윤리』 국제 평화 관련 단원에서 교과서마다 적은 분량으로 언급되거나 아예 다루어지지 않고 있는 실정이다. 묵가 사상이 포함되어 있지 않은 지학사와 분배적 정의를 설명하면서 묵자의 의(義)를 간략하게 언급한 천재교육 교과서는 갈퉁의 평화 이론과 칸트의 영구평화론을 중심으로 국제 평화에 대해 설명한다. 그러나 2022년 개정 도덕과 교육과정에는 도덕과의 목표 중 하나가 동·서양의 윤리 및 사상을 고루 이해하는 데에 있다고 명시되어 있다. 그렇다면 평화 단원 내용 기술에 있어서 동양의 평화 사상도 포함되어야 한다. 묵자의 겸애교리를 공평한 관심에 기초한 상호이익 추구로 해석하지 않다 보니 국제 평화에 넣을 내용이 없는 게 아닐까 추측해 본다. 국가 간에 사랑으로 국제 평화가 가능하다는 내용은 아무래도 설득력이 떨어지고 학습자나 교수자의 공감을 받기 어렵다. 이러한 서술은 잘못된 이해를 유발할 수 있기에 바로잡을 필요가 있다.

『윤리와 사상』 교과서의 묵자 관련 서술도 살펴보면, 상황이 『현대사회와 윤리』 교과서와 대동소이하다. 먼저 2015 도덕과 교육과정에 의한 『윤리와 사상』 교과서의 서술을 찾아보면 "너와 나의 구별 없이 모든 사람이 차별 없이 사랑하는 겸애"(미래엔, 2024: 39)라는 서술이 보인다. 2022 개정 도덕과 교육과정에 의한 『윤리와 사상』 교과서도 유사한 설명이 반복되고 있다.

» 진정한 사랑은 자기를 사랑하듯 모든 사람을 가리지 않고 똑같이 사랑하는 것입니다(천재교육, 2025: 13).

» 한 국가는 다른 국가를 자기 국가와 동일시하고, 한 가족은 다른 가족을 자기 가족과 동일시하고, 개인은 타인을 자기 자신과 동일시해야 하지요(천재교육, 2025: 156).

위에서 보듯이 개정된 『윤리와 사상』에서도 겸애를 사랑이라고 해설하고 있다. 이는 『현대사회와 윤리』 교과서에서 "묵자는 자국을 사랑하듯 타국을 사랑하라는 겸애사상을 주장하였다"(미래엔, 2025: 192)라고 서술한 것과 같은 문제점을 보여준다. 이러한 서술들은 학습자로 하여금 사랑을 통해 국제 평화를 이룩한다는 의미로 오독하기 쉽게 만든다. 또한, 묵자의 원문을 제시하는 경우에도 정확한 이론적 기초와 충분한 설명 없이 서술되어 사랑을 일반적인 애정이나 좋아함의 의미로 해석할 여지가 크다. 그렇게 되면 이익을 추구하는 현실적인 국제 정세 관계에 익숙한 학생들은 묵자의 겸애를 현실과 너무 동떨어진 무의미하고 거의 황당한 이론으로 오해할 수 있다. 이런 문제는 묵자의 겸애를 감성적인 함의의 '사랑'이라고 단순하게 서술한 데서 기인한다. 실제적인 맥락에서 상호이익의 도모를 추구한 묵자의 겸애[교리]의 주장과 우리가 흔하게 사용하는 '사랑'이라는 단어는 아무래도 맥락상 상당한 거리가 있다. 물론 교과서의 설명에서 서로 이로움을 추구하는 교상리가 배제된 것은 아니다. 하지만, 묵자 사상에서 교상리는 항상 겸애와 함께 언급되고 이는 이론적으로 밀접하게 연관된 개념이다. 그러므로 이런 이론 구조 자체가 명확하게 설명되지 않는다면 실리를 전제로 하는 묵자의 본의를 정확히 드러낼 수 없다. 즉, 『윤리와 사상』이나 『현대사회와 윤리』 교과서 저자들은 겸애가 '상호이익에 기반한 비정서적 의지이자 공평한 관심'이라는 점을 제대로 분명하게 언급해야만 한다. 그래야 겸애교리가 국제 평화에 적용될 수 있는 이론임을 교수자가 쉽게 설명할 수 있다.

물론 여기에 반드시 묵자가 말하는 겸애의 본래적인 의미, 혹은 비공이나 비전 등의 내용이 포함되어야 한다는 뜻은 아니다. 선진 제자학에는 묵자 이외에 도가의 부쟁론(不爭論) 등 다양한 평화 담론이 있다. 또 선진시대 이후의 사상에서도 평화 담론이 발굴될 수 있다. 이민족의 침략에 시달렸던 송 나라의 경우 금 나라와의 국제 관계에서 실제 여러 번의 전쟁을 겪었다. 신유학자들은 국가 안보와 국제 평화를 주제로 주전론자와 주화론자로 나뉘어 첨예한 논의를 진행하기도 했다.

요컨대, 묵자의 겸애와 비공을 기술하고 있는 교과서들의 설명은 전체적으로 겸애를 만인에 대한 똑같은 사랑으로, 비공을 모든 전쟁을 반대했다는 맥락으로 해석될 여지가 있게 진술하고 있다. 이는 개선되어야 한다. 이런 문제점은 교사와 고등학생이 교과서처럼 신뢰하는 『수능 특강: 윤리와 사상』(2026년 대비)』 교재에서도 대동소이하게 발견된다. 이를 살펴보면, 『수능 특강: 윤리와 사상』(2026년 대비)』 역시 동양의 평화 사상 부분에서 겸애와 비공을 중심으로 설명하고 있다. 다음은 올해 『수능 특강: 윤리와 사상』(2026년 대비)』 '15. 평화 사상과 세계 시민 윤리' 중 '동양의 평화 사상'에서 서술된 묵자 사상의 내용이다.

» 가) 유교에서 강조하는 인(仁)은 존비친소(尊卑親疏)를 구분해서 실천하는 차별적 사랑으로 사회 혼란을 초래한다고 보고, 모든 사람을 똑같이 사랑해야 한다는 겸애(兼愛)를 주장함.

» 나) 타국을 정복하거나 침략하기 위한 전쟁을 반대하는 비공(非攻)을 주

장하며, 통치자는 천하의 이익을 일으키고 해악을 제거해야 하므로 침략 전쟁은 정의롭지 못하다고 봄.

» 다) 전쟁은 침략하는 나라와 침략당하는 나라 모두에게 정치적 혼란과 경제적 손실을 초래하므로 정의롭지 못함(『수능 특강: 윤리와 사상』, 2025:159).

본문의 논의 전개를 충실하게 이해한 독자라면 위의 설명은 묵자 사상을 잘못 이해하였거나 학습자의 오해를 일으킬 수 있는 내용들로 구성되어 있음을 어렵지 않게 파악할 수 있다. 논의의 편의를 위해 EBS 교재에는 없지만, 위 인용문에 가), 나), 다)를 추가하고, 위로부터 순서대로 가), 나), 다)라고 부르자. 먼저 가)는 교과서와 동일하게 겸애를 사랑이라고 설명하고 있다. 이런 기존 설명은 학습자가 겸애를 정서적인 사랑으로 오해하도록 만든다. 묵자의 사랑은 정서적 감정이 아니라 비정서적 의지로, 박애 같은 보편적 사랑이 아니다. 겸애는 서로 이롭게 한다는 교상리를 전제로 한 호혜적 이타주의와 유사하다. 묵자는 겸애를 통해 서로의 이익을 추구하고 전체 공동체의 이익 규모를 늘려나가는 게 합리적이라고 보았다. 그의 최종 목표는 상호이익에 기초한 천하의 화평에 있다. 이는 묵자에 대한 가장 대표적인 오해로 풍우란 등이 『중국철학사』에서 오래 전에 잘못 설명한 내용을 무비판적으로 반복하는 잘못이다. 본문에서 밝혔듯이 묵자가 말하는 겸애의 '愛'는 본래 오늘날처럼 정서적인 맥락에서 사용한 게 아니다. 현대적 옥편 류의 설명에 근거해 고전의 의미를 단정하는 실수는 이제 그만 해야 한다. 게다가 여기서 '똑같이 사랑해야 한다'라는 문구에서 '똑같이' 역시 잘못된 해석이다. 묵자가 '남의 나라 위하기를 자기 나라 위하는 것과 같게'라고 하면서 차별애[別愛]를 문제 삼는 것은 사실이다. 그러나 본문의 논의에서 보듯이 모두를 '똑같이' 사랑하라는 뜻은 아니다. 만약 겸애가 모두를 '똑같이' 사랑하라는 의미라면 국제 영역에서 모든 국가를 '똑같이' 사랑하라는 의미가 된다. 그런데 묵자처럼 이익을 강조한 실리주의자가 냉혹한 국제 질서에서 남의 나라를 자국과 똑같이 사랑하라고 주장했다는 것은 그의 교상리 논리와 부합하지 않는 면이 있다. EBS 교재와 교과서의 설명처럼 겸애가 남의 나라를 자국과 똑같이 사랑하라는 뜻이라면 오늘날의 국제 관계에 겸애를 어떻게 적용할 수 있겠는가! 겸애는 상호이익에 기초한 공평한 관심이다. 공평한 관심으로 자국뿐만 아니라 타국의 문제도 다루어야 한다는 뜻이다. 이스라엘 군대에 의해 학살이 일어나고 있는 가자 지구에서 이스라엘 사람들이 가자 지구 사람들을 사랑해야 한다고 하는 말은 공허하다. 상호이익을 고려하면서 타국 사람들을 대할 때 자국 사람들과 같은 관심을 갖고 공평하게 대해야 한다는 주장이 분쟁 당사자들에게 더 설득력이 있다. 이런 맥락에서 현대 국제 관계에 겸애를 활용할 수 있다. 가)의 설명은 학생들은 물론 동양사상을 잘 모르는 교사들의 오해를 일으키고, 나아가 잘못된 지식을 퍼트리는 데에 일조하는 일이라 당연히 시정되어야 한다.

나)는 묵자의 비공 평화론을 공벌에 집중하여 설명한 것이다. 주벌에 대한 언급이 없는 이런 설명은 묵자의 평화 사상을 오해하게 할 수 있다는 점에서 논의의 여지가 있다. 묵자는 모든 전쟁을 반대하는 반전이나, 타국을 정벌하고자 하는 모든 전쟁을 반대하는 비전을 주장하지 않았다. 본문의 논의에서 구명한 것처럼, 묵자가 반대한 전쟁은 포악한 군주가 약소국을 침략해 타국의 영토와 민중을 유린하는 전쟁 즉, 공벌이다. 그는 오히려 공벌을 일삼는 불의한 정치 지도자를 징벌하려는 목적의 주벌을 명시적으로 지지하였다. 예를 들어, 러시아의 우크라이나 침공은 공벌이기에 묵자는 유럽연합이나 미국의 참전을 주벌이라는 개념으로 받아들일 것이다. 묵자에게 주벌은 적극적 평화의 실현 수단이다. 이는 공벌과 달리 천하의 이익을 일으키고 해악을 제거하여 평천하를 이룰 수 있는 불가피한 전쟁이기 때문이다. 이렇게 보면 나)는 묵자의 비전, 비공, 공벌, 주벌을 구분하지 않은 채로 기술된 것임을 알 수 있다. 이런 단편적 설명은 묵자의 평화 사상에 대한 오해를 양산한다.

이런 점은 다)에서 보다 분명해지는데, 다)의 내용 역시 학습자로 하여금 묵자 사상을 오독하게 한다. 다)는 전쟁 일체가 정의롭지 못한 이유를 설명하고 있으나, 묵자 사상에서 전쟁은 주벌 혹은 공벌의 목적에 따라서 그 정당성 여부가 달라진다. 그리고 내용상 다)는 나)와 연결된 전쟁이나 국제 평화 관련 내용이다. 나)의 설명에서 문제를 제대로 인지하지 못한 독자라도 다)를 보면서 묵자의 비공을 잘못 기술하고 있음을 알 수 있게 된다. 필자가 보기에 묵자에 대한 가), 나), 다)의 서술은 수정되어야 한다. 이처럼 교과서와 EBS 교재에 서술된 묵자 사상은 개념적으로 틀렸거나 부정확하다. 혹은 맥락이 생략되어 있어 묵자의 평화 사상을 학생들이 올바르게 이해하는 데에 방해가 된다. 따라서 앞서 제시한 바와 같이 묵가 사상의 본래 의미를 반영하는 서술과 내용으로 수정 보완해야 한다. 특히 오늘날 국제 평화와 세계 시민 교육의 중요성을 생각하면 묵자의 평화 사상을 학습자에게 제대로 교수하는 일은 중요하다.

참고 문헌

畢沅(1995), 『墨子』, 上海: 上海古籍出版社.

墨翟, 이운구 옮김(2012), 『墨子』 1, 서울: 길.

墨翟, 윤무학 옮김(2015), 『墨子』 2, 서울: 길.

The Mozi.(2015), *A Complete Translation*, Ian Johnston tr., Hong Kong: Chinese University Press.

常巧章(2004), 「論墨子的“非攻”思想及其當代意義」, 『墨子研究論叢(六)』, 北京: 北京圖書館出版社.

김병환(2009), “유가의 친친윤리와 묵가의 겸애윤리에 대한 다원주의적 독해”, 『汎韓哲學』, 34-36.

김병환(2017), 『생명공학과 유가윤리사상』, 서울: 새문사.

김병환(2021), 『김병환 교수의 동양윤리사상강의』, 서울: 새문사.

박균열 외(2020), 『평화사상과 통일의 길』, 진주: 경상대학교출판부.

박문현(2007), “묵자의 겸애와 비공의 평화론”, 『통일전략』 7(3), 257-292.

박문현(2013), 『묵자: 사랑과 평화의 철학』, 파주: 살림.

박재범(1999), 『묵자』, 서울: 홍익.

신동준(2014), 『묵자』, 파주: 인간사랑.

안외순(2005), 『묵자』, 파주: 타임기획.

윤무학(2017), “묵자 겸애의 원리와 실천”, 『한국철학논집』, 55, 221-245.

임마누엘 칸트, 백종현 역(2013), 『영원한 평화』, 서울: 아카넷.

Immanuel Kant(1796), *Zum ewigen Frieden - Ein philosophischer Entwurf, Neue vermehrte Auflage*, Königsberg.

황성규(2018), “묵자의 반전 평화에 관한 이론과 실천 재조명”, 『한국철학논집』, 191-214.

Carine Defoort, N. Standaert(2013), ed., *The Mozi as an Evolving Text: Different Voices in Early Chinese Thought*, Leiden: Brill.

Graham, A. C.(1989), *Disputers of the Tao: Philosophical Argument in Ancient China*, La Salle, Ill: Open Court. 『도의 논쟁자들: 중국 고대 철학 논쟁』, 서울: 새물결.

제3장

공화주의 이념에 기반한 통일교육

조주현(국립목포대학교 교수)

통일교육은 가르치는 교사부터 통일에 대한 확고한 신념과 올바른 통일관을 갖추고 이를 학생들에게 뜨거운 마음과 냉철한 이성으로 전달해야 그 목표를 성취할 수 있다. 이 장에서는 특별히 공화주의 이념에 기반한 통일교육에 주목하고자 한다. 공화주의는 플라톤의 철인통치론에서 보듯이 냉철한 이성을 강조하면서도 동시에 루소의 애국심에서 알 수 있듯이 뜨거운 마음 또한 강조한다. 남한의 헌법 제1조 1항을 보면 "대한민국은 민주공화국이다." 라고 규정하고 있다. 아울러 북한의 공식 명칭은 주지하다시피 '조선민주주의인민공화국'이다. 남북한 모두 공화주의를 국가정체성의 최고 규범으로 간주하고 있는 셈이다. 이에 남북한 정치철학의 최소공배수라고 할 수 있는 공화주의 이념에 기반하여 우리가 추구해야 하는 통일교육의 방향에 대해 논의하고자 한다.

전쟁과 정전 이후 현재의 분단 상황에 이르기까지 남과 북은 서로를 적대 관계로 규정한 채 냉전과 분열의 소모전을 이어 왔다. 이러한 상황 속에서 남북한이 공통적으로 자신의 국호나 헌법에 공화주의를 명시하고 있음은 아이러니하지 않을 수 없다. 두 나라는 과연 제대로 된 공화주의 이념을 추구하고 있는가 라고 의심하지 않을 수 없다.

현재의 분단 상황을 극복하기 위해서는 통일역량 함양 및 강화에 힘써야 한다. 평화통일 기반을 구축하여 남과 북이 보다 나은 미래를 위해 함께 살아갈 수 있는 능력을 갖추는 것이 우리에겐 꼭 달성해야 하는 과업이다. 이기고 지는 통일이 아니라 서로 함께 살아가는 통일을 이뤄내, 통일된 나라 속에서 자랑스러운 미래 공동체를 만들어나가야 한다. 그러기 위해선 오랜 분단의 후유증을 털어내고, 서로 달라진 생활양식과 사고방식을 동질화해 가는 마음의 통일, 사람의 통일이 필요하다.

통일된 나라를 만들어내는 역량을 키우는 교육이 통일교육이라고 할 때, 공화주의는 과연 남북한이 통일을 이룩하는 과정에서 뿐만 아니라 통일로 하나된 조국 이후에서도 중요한 키워드로서 그 역할을 제대로 할 수 있을 것인가. 남북한이 공화주의 이념을 통해 제대로된 통합과 통일을 이룰 수 있으려면 어떤 점에 주안점을 두고 통일교육을 실시해야 하는 것일까. 본 장에서는 먼저 공화주의 이념이란 무엇인지 살펴본 후, 공화주의 이념이 남북한 통일 및 통일과정에서 어떻게 작동하는 것이 바람직한 통일교육의 방향인지 제시하고자 한다.

1. 공화주의란 무엇인가?

그간 우리 학계에서는 자유주의와 공동체주의라는 두 가지 지배적 견해들에 국한되어 시민성(citizenship) 논의를 전개해온 것이 사실이다(곽준혁, 2008: 127-135). 최근 자유주의와 공동체주의라는 두 이론 간의 긴장은 공화주의 이론의 등장으로 새로운 국면을 맞이하고 있다.

공화주의 이념의 출발점은 시민으로서의 개인이 비(非)자족적이며, 동시에 사회적 존재라는 것이다. 이것은 개인들이 자신들의 정체성을 그들이 수행하고 있는 사회적 역할로부터 이끌어내는 문제 이상을 의미한다. 그렇다고 샌델(M. Sandel)이 말하는 '구성적 공동체'에서처럼 개인의 정체성이 공동체에 의해서 전적으로 구성되는 것을 의미하는 것도 아니다. 공화주의가 전제하는 시민 개인은 개별성을 가진 일정 수준의 이성적 존재로서 시민으로서의 삶은 자신의 삶의 목표를 자신과 타인, 자신과 공동체의 조화로운 관계적 통합 속에서 조화를 이루기를 원하는 삶이다. 그러므로 자신이 속한 공동체 내에서 '공유된 선(shared good)'을 수용한다는 것을 의미한다. 이 공유된 선은 경제학도들이 시장의 실패의 대표적 재화로 거론하는 공공의 재화(public good)와는 다르다. 공공의 재화는 공동체에 필요한 재화이기는 하지만, 이른바 무임승차행위의 유혹을 줄만큼 수단적 성격이 강하다. 이에 비해 공유재는 목적적 성격이 강한데, 그 대표적인 것이 사랑과 우정이다.

이처럼 공동체의 존재가 개인의 정체성의 전체는 아니더라도 시민의식과 시민윤리를 결정하는 요소라면, 정치공동체 안에서 삶을 살아가는 개인들 사이의 관계는 시장에서 만나게 되는 생산자와 소비자의 관계, 혹은 고용인과 노동자의 관계, 혹은 한 노동자와 다른 노동자와의 관계와는 다른 특성이 있음을 공화주의자들은 강조한다. 그 관계는 공동체 속에서 자신의 행복을 추구하는 개인들이 공유하는 소속감과 일체감의 근거가 되는 것이다. 이번 장에서는 통일교육이 성공하기 위해서는 단순히 토론과 비판을 위한 이성에만 의존할 것이 아니라 자유와 정의, 공공선과 같은 공화주의적 가치나 공동체의 사랑, 시민적 우정과 같은 시민적 덕목이 필수적이라고 생각한다. 통일 교육에서 공화주의 이념에 주목해야 하는 이유는 통일을 위한 공동체적 가치나 덕목이 자유주의(liberalism)나 공동체주의(communitarianism) 패러다임보다는 공화주의(republicanism) 전통에서 나오는 개념이기 때문이다.

공화주의 이념을 제대로 이해하기 위해 다음 축구의 상황을 가정해보자. 현재 국가대표 축구팀에는 A, B, C, D, E 이렇게 다섯 명의 축구선수가 있다. 해외에서 홀로 축구유학을 다녀온 A는 개인기가 뛰어난 선수로, 팀 내에서 가장 많은 득점을 올리는 만큼 연봉도 최고대우를 받고 있다. B와 C, 그리고 D와 E는 각각 환상적인 콤비 플레이어로 공격과 수

비를 누빈다. 그런데 A는 팀 내 주 공격수이고 가장 많은 득점을 올리기는 하지만 상대팀의 전담 수비로 슈팅찬스를 만들기가 쉽지 않다. 그 때 빈 공간의 동료 선수에게 패스를 하면 결정적인 찬스가 생길텐데 그럼에도 혼자서 플레이를 하니 번번히 골 기회를 놓치고 만다. 더군다나 팀 패배의 원인을 동료 선수 탓으로 돌린다. 또한 B와 C, 그리고 D와 E는 각각 고향 선후배 사이라서 그런지 그들끼리는 패스도 잘하고 환상적인 팀워크를 보여준다. 하지만 자기들끼리만 패스를 잘 하고, 정작 고향이 다른 지역 출신 동료에게는 패스를 잘 안하다 보니, 이 때문에 팀 승리로 이어지지 못한 적이 한두 번이 아니다.

이 가상적 사례는 본 연구에서 자유주의 또는 공동체주의와 차별되는 공화주의 이념의 강점을 알기 쉽게 설명하기 위하여 제시한 것이다. 즉 A는 자유주의의 문제점을, B와 C 및 D와 E는 공동체주의의 문제점을 나타내고 있다. 개인기와 부분적인 팀웍을 중시하면서도 동시에 팀 전체를 위해, 즉 팀이 이기는 경기를 할 줄 아는 것이 공화주의 사상의 장점이라고 할 수 있다. 서구 학계에서 벌어진 자유주의와 공동체주의의 논쟁은 자유주의의 승리로 귀결된 것처럼 보이지만 그것은 KO승이 아닌 판정승에 불과한 것으로서, 여전히 자유주의가 가진 대표적 문제인 개인이기주의와 공동체주의의 대표적 문제인 집단이기주의는 우리 사회가 좋은 질서를 가진 공동체로 나아가는 데 걸림돌이 되고 있다. 이 점에서 공화주의적인 대안이 유력하게 제기되고 있는 것이다. 즉 자유주의의 장점과 공동체주의의 장점은 포용하되, 그것의 한계를 공공선을 강조하는 공화주의 사상으로 극복해보고자 하는 시도이다. 이러한 공화주의의 이념은 통일교육에도 유효하게 기여할 수 있다는 관점이 본 장에서 기본적으로 취하는 입장이다.

1.1 공화주의의 전통

최근 국내외를 막론하고 공화주의에 대한 관심이 뜨겁다. 공화주의의 부활 움직임이 보다 활발한 서구사회의 경우, 미국의 건국정신에서 공화주의를 재발굴한 포콕(Pocock, 1975), 근대 유럽 정치사상의 토대로서 공화주의를 파헤친 스키너(Skinner, 1978), 자유주의와 공동체주의 논쟁 이후 공화주의 논쟁을 불러일으킨 페팃(Pettit, 1997), 근대 초기 이탈리아 도시국가의 공화주의 부활을 주장한 비롤리(Viroli, 2002) 등이 공화주의에 관한 대표적인 학자라고 할 수 있다.

사실 공화주의는 새롭게 창안된 이론이라기보다 부활된 이론이라고 보는 것이 맞다. 공화주의의 기원은 서구 지성사의 출발점인 고대 그리스와 로마로 거슬러 올라간다. 고대 그리스의 대표적인 학자 플라톤(Plato)과 아리스토텔레스(Aristotle)는 자국인 아테네 민주정의 폐단을 비판하면서 이웃나라인 스파르타의 공화정을 염두에 두고, 각각 철인통치론과 중장보병(hoplites)의 혼합정을 이상적 국가의 정치모델로 제시한 바 있다. 또한 로마를 대표하는 정치사상가 키케로(Cicero) 역시 플라톤과 아리스토텔레스의 사상을 계승하여 오늘날 공화국(republic)을 의미하는 'res publica'를 창안하면서 로마 제정으로 넘어가는 위기의 순간, 공화주의를 사수하며 로마 공화정의 마지막 수호자가 되었다.

그런가 하면, 중세 말기 새로운 근대 사회를 꿈꾸는 유럽 르네상스의 시기에 공화주의는 그 부활의 중심에 있었다. 실제로 14-16세기 유럽 르네상스의 중심지였던 이탈리아의 피렌체와 베네치아에서는 공화주의가 정치적 실체로 존재했고, 16세기 피렌체의 마키아벨리(Machiavelli)는 『로마사논고』를 통해 공화주의적 상상력을 유감없이 발휘하였다. 17세기 영국에서 홉스(Hobbes)가 『리바이어던』을 통해 자유주의적 상상력을 펼치기 시작할 때에도 해링턴(Harrington, 1992)은 공화주의 미래의 청사진으로서 『오세아나 공화국』을 출판하였고, 홉스의 뒤를 이어 로크(Locke)가 『통치론』을 통해 자유주의적 사회계약을 얘기할 때에도 루소(Rousseau)는 『사회계약론』을 통해 공화주의적 사회계약론을 펼쳤다. 뿐만 아니라 18세기 미국의 독립혁명 당시에도 건국의 아버지들(founding fathers)은 미국의 건국 정신을 자유주의로 할 것인지 공화주의로 할 것인지에 대해 치열한 논쟁을 벌였다(Nelson, 2004: 195-233). 프랑스 혁명과 미국 독립혁명의 원동력 중 하나가 바로 공화주의였던 것이다.

1.2 공화주의 용어의 기원

오늘날 널리 사용되는 공화(republic)라는 용어를 최초로 창시한 학자는 로마의 키케로였다. 그는 국가 공동체를 처음으로 '레스 푸블리카(res publica)'라고 규정하면서, 그 핵심 개념으로 '공공선'과 '정의'를 제시한다(『법률론』 1.28-1.30). 즉, 국가는 'res publica' 공공의 것(일)이자 'res populi' 모든 시민의 것(일)이라고 하면서, "시민이란 단순히 인간의 집합체 모두를 말하는 것이 아니라 법에 대한 합의와 공동의 이익으로 결합된 인간의 집합을 말한다(populus non omnium hominum coetus quoquo modo congregatus, sed coetus multitudinis iuris consensu et utilitatis communione sociatus)(『국가론』 1.39)"고 설명한다. 키케로에 따르면 공화국이란 '법'에 대한 합의(juris consensus)와 '공동의 이익(utilitatis communio)'으로 구성된 시민들의 특수한 모임인 것이다.

사실 로마인들이 이상적인 국가를 건설하기 위해 주요 모델로 참고했던 나라는 고대 그리스였을 정도로, 그리스 최고의 지성이었던 플라톤의 대화편은 로마의 학자들에게 단순한 읽을거리 그 이상의 의미를 가지고 있었다. 키케로 자신도 초기에는 플라톤의 '국가(Politeia)'라는 용어를 그대로 사용하다가 『법률론』에서부터 그리스어 'politeia'를 라틴어 'res publica'로 번역하여 표현한 것이다. 플라톤의 『국가(Politeia)』는 그의 제자 아리스토텔레스가 플라톤의 대화편을 명명한 것이고, 몇 세기 후 플라톤의 편집자인 트라실루스(Thrasyllus)가 '정의에 대해서(On Justice)'라는 부제를 붙인 것이다(Nelson, 2004: 1).

로마 키케로가 공화주의 개념을 정립시키면서 고대 그리스의 플라톤과 아리스토텔레스 사상을 유입시킨 것은 중대한 사건이었다. 플라톤은 "국가를 설립함에 있어 가장 주안점으로 삼아야 할 것이 시민들의 행복이(『국가』 420b)"기 때문에 국가의 목표는 "시민들이 행복한 삶을 이끌 수 있는 법을 가르치는 것이(『법률』 858d)"라고 반복해서 강조하고 있다. 아리스토텔레스도 "행복은 모든 행동의 목표이자 최상의 목적이(『니코마코스 윤리학』 1097a)"기 때문에 "바르게 행동하는 사람이 행복한 나라가 가장 좋은 국가(『정치학』 1323b)"라고 말한다. 요컨대 플라톤과 아리스토텔레스에 따르면, 국가가 지향해야할 목표는 시민의 행복이고 그러한 행복의 실현은 덕을 통해 가능하다는 것이다.

1.3 공화주의의 분류

지금까지 살펴본 바와 같이 공화주의는 그 비전이나 실체가 뚜렷한 개념임에도 불구하고, 사실 공화주의의 기원이나 본질적 구성 요소가 무엇이냐에 대해서는 의견이 분분하다. 아렌트(Arendt)나 포콕은 고대 그리스의 아테네에서 그 정수를 찾아야 한다는 신아테네 공화주의(neo-Athen republicanism) 또는 시민적 공화주의(civic republicanism)의 입장이고, 스키너나 페팃은 그리스보다 로마를 선호하기 때문에 신로마 공화주의(neo-Roman republicanism)의 입장이다. 그런가하면 그리스와 아테네를 모두 공화주의의 고전적 기원으로 폭넓게 인정하는 입장을 고전적 공화주의(classical republicanism)라고 부르기도 한다(Weinstock & Nadeau, 2004: 1-4).

신아테네 공화주의에 따르면, 폴리스(polis)는 덕의 수양을 통해 인간의 본성을 완성하게 하고 각 시민이 절제 속에서 각자의 특별한 덕목을 수양할 수 있을 때 그 목표가 가장 잘 발휘된다(Pocock, 1975: 66-80). 플라톤이 보기에 이런 일을 가장 성공적으로 수행한 시민은 다름 아닌 소크라테스였다. 어떻게 보면 소크라테스는 공화주의 시민성의 창시자이자 훌륭한 모델인 셈이다. 스트라우스도 "아테네 민주주의와 그 정치철학적 유산은 현대 공화주의의 원천 중 하나"라고 주장하면서, "공화주의를 이해할 때 아테네가 기여한 점은 공론장(public sphere)과 공적 토론(public debate)의 중요성이(Weinstock & Nadeau, 2004: 2)"라고 강조한다. 아렌트와 같은 시민적 공화주의자나 하버마스(Habermas)와 같은 심의민주주의자가 초점을 맞추는 것이 바로 이러한 그리스 아테네의 로고스에 기반을 둔 공적 삶에의 참여였던 것이다. 다만 여기에서 짚고 넘어가야 할 점은 아리스토텔레스도 강조하였듯이, 이러한 심의는 단순한 심의가 아닌 시민적 우정(philia politike)을 가진 시민들 사이의 심의이어야 한다는 것이다(Schwarzenbach, 1996).

신로마 공화주의 입장은 그리스 아테네와 달리 개인의 사유재산 보호를 강조하는 로마 키케로의 공화주의 사상과 그것을 이어받은 근대 초기 이탈리아 도시국가의 공화주의 개념에 주목한다. 개인의 소유권을 보장하는 국가의 목표로부터 각자에게 그의 몫을 주는 정의관을 도출하고, 그러한 정의관을 위한 지배로부터의 자유(non-domination) 개념을 중시하며, 그러한 자유가 덕의 원천이 되면서 다시 정의를 열망하게끔 만들어준다는 것이다. 이런 식으로 사익과 공익이 일치하는 가운데 공공선(commune bonum)이 피어나고, 시민간의 대승적 사랑(concordia)과 평화(pax)가 형성되며, 국가는 번영(gloria)에 이르게 된다는 것이다. 따라서 비지배로서의 자유가 확보되어야만 시민들은 자신의 안전, 품위, 명예를 유지하면서 동료 시민들과 가족들에 대한 의무와 공공의 일에 대한 수행을 다할 수 있다는 것이다(Skinner, 1978).

1.4 공화주의적 시민

공화주의에 따르면 시민이란 단순히 지리적으로 도시에 거주하는 사람의 무리를 의미하는 것이 아니다. 마찬가지로 국민이라고 할 때에도 단순히 물리적 공간인 국가(영토)에 거주하는 사람들을 의미하는 것이 아니다. 공화주의 관점에서 시민은 국가 공동체라는 도덕적 공간의 구성원이자 동시에 정의와 공동의 이익을 지향하며 인간답게 살아가기로 동의하고 노력하는 자유인들의 특수한 모임이다. 국가와 시민이라는 용어는 짐승의 세계처럼 강자가 약자를 지배하는 체계를 나쁜 것(악)으로 보고 그렇게 살지 않겠다는 도덕적 의미가 이미 들어가 있는 개념인 것이다. 루소도 강조하였듯이, 권리(자연상태에서 힘의 행사)와 의무(자연상태에서 복종)라는 용어는 강자가 약자를 힘으로 복종시키는 자연상태의 체계로부터 자유롭고 평등한 시민들의 공동체 질서로 바뀌면서 도덕적으로 전환된 개념인 것이다(Rousseau, 2014: 160).

이처럼 공화주의에 따르면, '국가'와 '시민'은 양자 모두 그 자체로 도덕적인 개념이다. 루소는 "자연상태에서 사회상태, 즉 국가로의 이행은 사람에게 매우 주목할 만한 변화를 가져왔다(Rousseau, 2014: 172)"고 주장한다. 그것은 다름 아니라 "사람의 행위에서 본능을 정의(正義)로 바꾸어 놓고, 그때까지 빠졌던 도덕성을 그 행동에 부여한다(Rousseau, 2014: 172)"는 것이다. 즉, 그에게 있어 '국가를 이루는 것'은 도덕적인 일반의지(general will)의 질서로 전환하는 것을 의미한다. 다시 말하면 강자가 힘을 행사하고 약자는 그것에 복종하는 주인과 노예의 비도덕적인 세계로부터 자의적인 힘과 복종을 각각 도덕적인 권리와 의무로 대체하는 것이다.

마찬가지로 국가의 구성원인 '시민이 된다는 것'은 무엇을 의미하는가. 그것은 폭력이나 자의적인 권력을 행사하여 힘으로 동료를 예속시키는 것을 거부하고, 오직 정의로운 법에만 복종하면서 도덕적인 권리와 의무의 질서 아래에서 자유롭게 살아가겠다는 의지를 의미한다. 아리스토텔레스도 "좋은 인간의 삶은 폴리스의 구도 밖에서는 영위될 수 없다(『정치학』 1252a)."고 주장한다. 왜냐하면 "법의 지배를 받는 폴리스(국가)라는 바로 그 특별한 맥락 밖에서는 어떠한 참된 정의도 존재할 수 없(『정치학』 1253a)"기 때문이다. 덕의 실현을 통한 행복 추구는 폴리스(국가)의 법적, 정치적 체계의 맥락 안에서만 가능하다고 본 것이다. 덕은 좋은 시민을 만들고, 좋은 시민은 다시 정의로운 법을 만든다. 이렇게 도덕적인 시민은 도덕적인 국가 안에서 완전한 인간적 삶이 가능해진다.

따라서 '국가와 시민' 두 개념은 상호 의존적 관계에 있다. 어원적으로도 시민이란, 그리스어로 'polites'인데 국가(polis)로부터 나오는 개념이다. 로마에서도 마찬가지였다. 라틴어로 시민은 'civis'인데 역시 국가(civitas)로부터 어원을 가진다. 이렇게 시민을 규정하는 정체성은 국가로부터 나오며, 국가와 시민이란 개념 속에 이미 공동체가 들어 있다. 따라서 시민은 단순히 도시에 거주하는 사람들이 아니라 도덕적 의지와 목표를 가지고 국가라는 정의와 법의 질서 안에서 살려는 특수한 사람들의 집합이다. 그렇기 때문에 시민이란 도덕적 용어를 적극적으로 사용할 필요가 있으며, 시민이라고 하면 물리적 거주민이 아닌 '시민다움(citizenship)'을 우선적으로 떠올릴 수 있어야 한다.

그런가하면 자유주의에서처럼 국가나 시민을 수동적 존재로만 바라보는 것은 문제가 있다. 자유주의에 따르면 개인과 국가를 대립적인 구도로 간주한다. 예를 들면, 국가는 개인의 자유와 권리를 보호해야 하고 국가는 국민의 복지를 보장해야 한다는 식이다. 루소가 지적했듯이, "공화국이라는 공적인 인격은 수동적으로는 구성원들로부터 '국가'라고 불리고, 능동적으로는 '주권자'라고 불린다.(Rousseau, 2014: 170)" 이처럼 공화주의에 따르면, 국가는 능동적으로 제 3자가 아닌 주권자 자신이다. 즉, 능동적인 차원에서 시민의 자유는 주권자인 시민 자신의 노력으로 달성되는 것이지, 국가에게 달려 있는 것이 아니다. 복지도 마찬가지다. 공론과 민주적 절차를 거쳐 주권자인 시민이 복지의 범위와 수준을 결정하는 것이다. 결국 진정한 시민은 "하나의 전체로서 '인민'이고, 주권에 참여한다는 의미에서 '시민'이며, 국가의 법률에 복종한다는 의미에서 '신민'이다(Rousseau, 2014: 170)." 이 세 가지 시민의 속성을 모두 가지는 개념으로서 공화주의 시민을 공민(公民)이라고 부르기도 한다.

1.5 공화주의의 시민적 덕성

공화주의 이념은 '모든' 시민에게 좋은 시민으로서의 자질과 책임 및 덕목을 요구한다. 마키아벨리는 국가가 아무리 좋은 법과 제도를 가지고 있다고 하더라도 시민의 덕성, 즉 질료가 부패하면 아무 소용이 없다고 하였다(『로마사논고』 1.18). 특히 공화주의의 역사적 기원이라고 할 수 있는 고대 로마에서는 귀족과 같은 지도층에게는 일반 시민보다 더 높은 수준의 덕성인 노블레스 오블리주(noblesse oblige)를 요구하였다. 공화주의에 따르면, 시민적 덕성(civic virtue)은 공공선만큼이나 중요하다. 폭력과 부패를 막고 사기를 북돋아 시민을 단합시키며 자유를 유지하도록 시민을 항상 능동적으로 깨어있게 해주기 때문에, 위대한 국가로 나아가는 데 있어 필수적이다. 따라서 공화주의 이념은 모든 시민에게 시민적 덕성을 갖출 것을 요구한다.

영어로 덕을 표시하는 '벌추(virtue)'란 단어는 그리스어 '아레테(arete)'의 라틴어 번역에서 나온 것으로 어간 '비르(vir)', 즉 남자라는 의미를 갖고 있는데, 즉 남성적인 탁월함을 의미한다. '아레테'란 개념 자체는 시민윤리 이전으로 거슬러 올라가며, 호메로스의 영웅적 전사사회 에토스에 그 어원학적 뿌리를 두고 있다. 칭송의 의미를 가지고 있는 그 사회의 어휘에서 '아레테'는 '아가토스'를 규정하는 실체의 개념이다. 그와 같은 탁월함은 좋은 남성을 결정한다. 그러나 이러한 개념들 중 그 어느 것도 아직 어떤 윤리적 함의를 지니고 있지 않았다. 이미 지적한 것처럼 "이런 개념들에 의해 칭찬되는 대상은 일차적으로 군인의 용감함이며, 호메로스에게는 전쟁에 기여하는 기술과 구분이 되지 않는 성공과 더불어 전쟁에서의 성공을 촉진시키는 기술들이기" 때문이다.

따라서 원래 '아레테' 는 성공과 성취, 그리고 그것을 가져오는 데 필요한 투쟁 및 경쟁, 즉 '아곤(agon)'과 관계가 있다. 물론 시민윤리가 시대를 거듭하면서 발전한 것처럼 성공과 성취를 추구하는 일의 종류도 변하고, 나아가 점차 윤리적 덕목으로 바뀌게 된 것이다.

구체적으로 고전적 공화주의자인 플라톤은 좋은 질서를 가진 국가를 위해 지혜, 용기, 절제, 정의라는 네 가지 덕을 시민들에게 요구하는데, 그 가운데 나머지 덕들의 규제적(regulative) 덕으로서 특히 '정의'를 강조한다. 아리스토텔레스도 정의를 비롯하여 '덕 보따리'라고 불릴 만큼 수많은 덕을 강조하는데, 특히 시민들간의 우애, 즉 필리아(philia)를 사회 생활과 정치 생활에 있어 최고의 덕으로 강조하였다(『니코마코스 윤리학』 1155a;『정치학』 1280b). 키케로 역시 네 가지 기본적인 덕인 지식(지혜), 정의, 용기, 인내를 제시하면서, 이러한 덕들을 포함하는 개념인 오네스툼(honestum)을 강조하였다. 키케로는 실제 사회 생활에서 오네스툼이 구현된 데코룸(decorum), 즉 시민적 품위를 강조하였다(『의무론』 1). 마찬가지로 근대 초기 이탈리아의 대표적인 공화주의자 마키아벨리도 키케로의 주장을 재구성하여 비르투(virtù)라는 그만의 독특한 시민적 덕성 개념을 창안하였다.

그런데 이 지점에서 눈여겨 볼 점이 있다. 공화주의에서는 시민적 덕성을 강조할 때에, 특정한 선관에 근거하여 덕성을 변호하는 공동체주의와는 달리 규제적 덕인 정의에 근거하여 시민적 덕성을 설명한다(Rawls, 1988: 272-273)는 점이다. 또한 공화주의가 시민 모두에게 시민적 덕성을 갖출 것을 요구하는 것은 맞지만, 시민이 누구이냐에 따라 요구하는 덕성의 수준이 다르다는 점이다. 공화주의의 역사적 기원이라고 할 수 있는 고대 로마에서는 일반 시민과 달리 로마의 귀족과 같은 특권 계층에게는 노블리스 오블리제라고 하여 더 높은 수준의 덕성을 요구하였다. 다시 말해, 모든 시민은 하나의 법아래 모두가 평등하면서 동시에 시민적 우정을 공유하는 친구이지만, 경험칙 상 모든 시민이 공동선에 기여하는 정도가 같을 수 없기 때문에 기여하는 정도에 따라 특권도 부여하고 그에 걸맞는 수준의 의무와 덕성을 지혜롭게 요구했던 것이다. 이 점에서 공화주의는 모든 개인이 똑같은 권리와 의무를 가진다는 자유주의와 차이가 있다.

공화주의는 '주인'이나 '독재자'를 거부하지만, 공동체를 위해 특별한 공동선을 수행하는 '지도자'에 대해서는 그에게 특권과 노블레스 오블리주를 부여한다. 플라톤은 철인통치론을 통해 철인들에게 통치의 특권을 부여하지만, 동시에 동굴의 비유에서 철인들에게 동굴 안으로 들어갈 것을 요구하는 윤리적 의무와 지혜 및 정의의 덕을 강조하고 있다. 아리스토텔레스도 분배정의를 말하면서 공공선과 관련하여 "같은 것은 같게, 다른 것은 다르게"의 원칙을 강조하였다(『니코마코스 윤리학』 1131a). 정의를 말하면서 평등의 원칙뿐만 아니라 왜 비례의 원칙도 강조했는지 곱씹어보아야 할 대목이다. 마키아벨리 역시 공화국의 시민 전체에게 시민적 덕성을 요구하였지만, 정치 지도자의 비르투와 대중의 비르투를 구분하면서 전자를 후자보다 중요하게 취급하였다(『로마사논고』 1.16-1.18).

대부분의 성공적인 공화주의 정체는 시민에게 훌륭한 교육과 '훌륭한 덕성'을 제공했다(Harrington, 1992: 30). 공화주의에서 국가는 단순히 개인의 이익과 권리를 보장하고 간섭하지 않는 이익의 공동체를 넘어서서, 하나의 개인이나 집단이 비로소 진정한 시민으로 '변화'되는 장이다. 그 변화란 사적인 영역, 사적인 관심 사이에 초점을 맞추고 삶을 살아가는 자유주의적 개인으로부터 공적인 범주 즉 공동체에 관심을 가지고 살아가는 공동체적 시민으로의 변화이며, 쾌락과 편함에 길들여져 공동체적 의무와 책임을 소홀히 하는 비도덕적 인간으로부터 자신의 이익을 공동체 전체의 이익으로 확장할 수 있는 공공선과 시민적 덕성으로 무장한 도덕적 존재로의 변화인 것이다. 사욕을 공공선으로 변화시키는 공화주의 이념의 원리는 공화주의자 해링톤의 '두 소녀의 우화'에서도 잘 발견된다(Harrington, 1992: 172).

» 두 명의 소녀가 그들 사이에 아직 나누어지지 않는 케이크를 가지고 있다. 두 소녀 모두 이 케이크를 더 많이 갖고자 않다면 어떤 방법이 가장 공평하게 나누는 방법이라고 할 수 있는가? 이때 한 소녀가 다른 소녀에게 이렇게 말한다. "내가 나누고 네가 선택하든지, 아니면 네가 나누고 내가 선택하든지 하자." 그 이유는 그렇게 할 경우 공평하지 않게 나눈다면 다른 사람이 더 큰 부분을 가지게 될 것이고 나누는 사람은 손해를 보게 될 것이다. 그러므로 (나누는 사람과 선택하는 사람을 구분할 경우)

소녀는 똑같이 나눌 것이고 둘 다 공평하게 될 것이다.

1.6 공화주의적 애국심

공화주의에서 애국, 즉 나라사랑이란 정확히 말하자면 정치공동체와 동료시민들에 대한 사랑으로 그리스인들은 '필리아(philia)'라고 했으며 로마인들은 '카리타스(caritas)'라고 표현했다. 그리스인들은 공동체에 대한 사랑을 '필로폴리스(philopolis)' 혹은 '폴리토필리아(politophilia)'라고 불렀고 로마인들은 '카리타스 파트리에(caritas patriae)' 혹은 '카리타스 레이푸블리케(caritas reipublicae)' 라고 불렀다. 이 '필리아'와 '카리타스' 개념은 그리스 로마시대에 형성되어 중세시대 지역공동체의 자치를 지지했던 스콜라 정치이론가들의 저작으로 이어지기도 했다. 예컨대, 루카의 프톨레미(Ptolemy of Lucca)는 조국에 대한 사랑은 사익을 공익 위에 두기보다 공익을 사익 위에 두려는 '카리타스'에서 자라나는 것이라고 강조했다.

게다가 '필로폴리스'나 '카리타스'는 정의와 이성의 원리를 존중하므로 '이성적 · 합리적 사랑'이라 불릴 수 있을 경우에도 공동체에 대한 사랑은 보편적 사랑이 아닌 특정 공동체와 그 시민들을 대상으로 시현되는 특수한 사랑과 헌신, 애착으로 간주되었다. 이러한 공동체사랑과 애착은 특히 공동체의 수많은 중요한 가치들, 즉 법, 자유, 공회당, 광장, 친구와 적, 희망과 두려움을 공유하는 자유공화국, 혹은 자유공동체의 시민들 사이에서 나타난다.

무엇보다 사회적 · 정치적 평등이 전제되어야 이러한 공동체사랑이 가능한데, 이 애착은 공공의무의 이행과 공공선에 대한 헌신과 애착의 형태로 구현된다. 결국 '카리타스 파트리에'나 '카리타스 레이푸블리케'로 표현되는 공동체에 대한 사랑과 애착은 시민들에게는 시민적 의무를 수행할 힘을 주고 정치지도자들에게는 공동체의 자유 수호에 따르는 과중한 책무를 감당할 수 있는 용기를 주는 등, 모든 공동체구성원들의 영혼에 힘을 불어넣어주는 역할을 한다. 공화주의자들의 저술에서 전형적으로 나타나는 이러한 공동체 사랑은 오늘날 영어로는 '로얄티(loyalty)'로 표현할 수 있다.

공화주의에서 애국심은 단순히 문화적·종족적 통합을 의미하는 것이라기보다 공동의 자유와 공동의 이익이 존재하는 정치 공동체, 즉 국가에 대한 사랑을 의미한다. 여기에서 애국은 정치 공동체인 국가는 물론 시민 동료들에 대한 사랑이라고도 말할 수 있으며, 파당적 사익이나 집단 이익에만 함몰된 것이 아니라 자유·평등·인권과 같은 공공선을 지향하는 사랑의 감정과 실천인 것이다. 건강한 토론은 이러한 공화주의적 애국심을 향해 작동할 때에야 비로소 가능하다. 그것이 없다면 토론이 소피스트나 선동가들에 의해 비판을 위한 비판이나 공공선을 가장한 파당적 논리로 흘러가는 것을 막을 수 없기 때문이다. 애국심은 집단적으로 강제되는 것이 아니라, 시민 각자가 내면적인 숙고 과정을 통해 자발적으로 도달할 때에 그 숭고한 도덕적 의미를 지닐 것이다.

애국심은 시민적 덕에 힘을 불어넣는 가장 큰 열정이자 자유수호에 따르는 과중한 의무를 수행하고 감당할 수 있는 용기를 불어넣어주는 마음이다. 애국심은 특정 공화국과 그 시민들에 대해서 보이는 사랑의 감정이기도 하지만, 진정한 애국심은 나의 조국을 위해 기꺼이 희생과 헌신하겠다는 자발적 의지의 발로라고 할 수 있다. 동기는 어떤 행위의 실천을 유도하는 원천이기도 하지만 도덕적 판단의 중요한 요소이기도 하다. 애국심의 동기를 특별한 감정이나 타율적 의무로부터 구할 수도 있겠지만, 진정한 애국심이란 외부의 강제에 의해서가 아니라 궁극적으로 애국심을 실천할지 말지 개인 각자의 자유로운 이성적 선택에 의해서 이루어지는 것이다. 여기에서 애국심을 하나의 덕으로 간주하는 의미론적 근거를 발견할 수 있으며, 어떻게 해서 칭송받을 만한 숭고한 행위인지에 대한 단초가 있는 것이다.

1.7 공화주의의 시민적 우정

아리스토텔레스는 인간을 본래 다른 사람들과 고립되어 살아갈 수 없는 정치적인 동물로 보고, 인간은 공동체의 삶 속에서 가장 인간다운 삶을 살아갈 수 있다고 보았다. 공동체 생활 속에서 인간은 정의와 우애와 같은 덕을 배우게 되는데, 정의는 공평하고 합법적인 것을 가리키고, 우애는 각종 인간관계에서 지켜야 할 관심과 배려를 가리킨다. 아리스토텔레스는 우애를 사회생활과 정치 생활에 있어 최고의 덕으로 보았다.

우정의 필요성을 강조하는 아리스토텔레스의 논리에서 보았을 때 중요한 것은 인간의 자족성이다. 좋은 삶은 자족성의 성격으로부터 나오기 때문에, 그 자체로 자족적이지 못한 개인의 좋은 삶을 위해서는 타인의 존재와 밀접한 상호작용이 요구된다. 『니코마코스 윤리학』에서는 이 점을 분명하게 지적한다. "... 우리가 자족적 삶을 영위하기 위해서는 자아만 가지고는 부족하다. 사람은 본성상 사회적 및 정치적 존재이기 때문에 자족적 생활을 한다는 것은 고립적인 삶을 산다는 것을 의미하지 않으며, 일반적으로 부모, 자녀, 아내, 친구, 동료 시민들과 함께 사는 삶을 의미한다."(『니코마코스 윤리학』1097b) 결국 개인은 완벽한 삶을 살기 위해 주변에 친구가 있어야 한다.

정치공동체는 이런 유형의 우정이 반드시 필요한 것인가. 또한 필요하다고 해도 그런 우정이 가능할 것인가. 이 점에 있어 아리스토텔레스는 매우 적극적이다. 그 해법과 관련, 우정의 범주에 속하면서도 '개인적 우정'과는 다른 형태의 우정에 주목하고 있는데, '공동체적 우정'이 그것이다. 가정과 마을 생활의 연장으로서 폴리스의 생활은 인간의 자족적인 삶을 위한 좋은 터전이 된다는 것이다.

이렇게 시민과 시민을 결속시켜주는 '공동체적 우정'을 아리스토텔레스는 『니코마코스 윤리학』에서 '시민적 우정(philia politike, civic friendship)'이라고 부른다.(『니코마코스 윤리학』 1155a, 『정치학』 1280b) 시민적 우정, 즉 '필리아 폴리티케'는 가장 좋은 동료시민들이 서로에게 느끼는 상호관심과 이해로 나타난다. '시민적 우정'을 통해 친구가 되는 시민들은 타인의 선을 소망하고 타인을 위해 행동하게 된다. 물론 시민적 우정에서는 개인적 우정에서 느낄 수 있는 친밀한 정보나 지식, 혹은 친근한 감정적 결속까지 찾아보기는 힘들다.(『니코마코스 윤리학』 1160a) 그럼에도 불구하고 비교적 감정의 측면이 돋보인다는 것은 매우 중요한 특징이 아닐 수 없다.

진정한 민주공동체라면 잠정적이거나 단순한 합의가 아닌 화합이 중요하다. 공화주의에서는 시민적 우정이 공동체의 화합에서 의미심장한 역할을 할 수 있다고 주장하고자 한다. '좋은 삶'에 대한 비전이 다원성을 넘어서서 모순성을 띠고 있는 다원주의 사회에서 중요한 것은 '합의의 정치'보다 '화합의 정치' 혹은 '우정의 정치'라고 생각되기 때문이다. '우정'의 정치를 옹호할 수 있다면, '합의'보다 '화합'이 민주공동체의 근본적인 가치가 되어야 한다고 주장할 수 있을 것이다. '우정'의 정치에서는 서로 다른 집단들에게 자신들의 방식에 따라 자신들의 가치를 추구하도록 허용하는 매우 중요한 것으로 판단한다. 압박과 무시, 혹은 모욕을 당하지 않는 한, 사람들은 자신들의 소신이나 가치관과 다르다고 하여, 이웃을 공격한다거나 불화를 일으키게 될 일을 벌이지는 않을 것이기 때문이다.

그런 의미에서 시민적 '우정'은 평화와 공존의 원칙에 따라 이웃들에게 어떻게 살아야만 하는가를 권위 있게 가르쳐주고 싶은 욕구를 자제하거나 절제하는 정치라고 할 수 있다. 같은 공동체를 살고 있다고 해서 같은 정의관을 공유하거나 같은 종교를 믿을 필요는 없다. 중요한 것은 우리들 가운데 그 누구도 강압적인 방식으로 상대방을 변화시키려 시도하는 것은 금지된다는 점이다. 바로 이것이 시민적 우정의 의미이다.

물론 그렇다고 해서 각자 자기가 원하는 방식으로 살아갈 수 있다는 것을 의미하는 것도 아니다. 화합, 즉 '호모노이아(homonoia)'를 지향하는 정치가 중시하는 규칙이 있다면, 서로가 평화롭게 공존하면서 살아갈 수 있도록 해주는 규칙이다. 이 규칙은 '합의의 규칙'도 아니고 '정의의 규칙'도 아니며, 다만 '우정의 규칙'일 뿐이다. '우정의 규칙'의 정당성은 어디에 있는가. 이것은 화합이 이루어지지 못할 경우에는 공동체가 해체될 수도 있다는 점을 깨달을 때 비로소 그 가치를 인정하고 존중할 수 있는 규칙이라고 할 수 있다. 당연히 '우정의 규칙'은 관용을 함의하는 규칙이다. 이 경우의 관용은 어떠한 경우이든 표현의 자유나 사상의 자유를 권리로 인정하는 것과는 다르다. 표현의 자유를 절대적 권리로 인정할 경우, 이를 제한할 수 있는 근거가 미약하기 때문이다. 이 점과 관련, 강조해야하는 부분이 있다. 표현의 자유가 공동체의 화합과 충돌할 경우 이를 제한할 수 있다는 것이다. 이웃에게 명예를 훼손하고 모멸감을 주는 경우, 그의 표현의 자유는 시민적 우정의 차원에서 제한되는 것이 타당하다. 예를 들어 누군가 지역차별주의를 조장하는 주장을 하고자 할 때, 그의 표현의 자유를 제한하는 것이 시민적 우정의 관점에서 올바른 일이라고 생각된다.

문제는 그렇다고 차이를 인정하는 관용을 무제한으로 허용할 수 없다는 점이다. 공동체는 차이 못지않게 같은 것, 즉 같은 가치와 신념체계를 가지고 살아가는 실체로 보아야하기 때문이다. 중요한 것은 종교인으로서의 정체성이 다르고, 혹은 이념에 따른 정체성 즉 자유주의냐 공동체주의냐에 따라 정체성이 다르고, 그에 따라 정의관이 다르다고 하여도 시민으로서 갖는 정체성이 있다면 바로 이들 사이에 차이를 이어주는 가교 역할을 할 수 있을 것이라는 점이다. 특히 종교가 다르다고 해서 서로 다투고 충돌하기보다는 시민적 우정을 가지고 그 종교적 차이를 뛰어넘는 공동체 의식을 지니고 살아갈 수 있어야 한다.

1.8 공화주의적 공공선

공공선이란 지극히 추상적인 개념이라 구체적으로 무엇을 의미하는지 파악하기가 쉽지 않다. 일반적으로 공공선(公共善)이란 영어로 'public good'을 의미하는데, 공공재, 공익, 공동선 등으로 번역되기도 한다. 영어로 'public'은 앞서 언급한 바와 같이 키케로가 창안한 개념인 라틴어 'res publica'을 어원으로 두고 있다. 따라서 공공선이란 '공공의 일' 또는 '공공의 것'을 '나의 일' 또는 '내 것'처럼 아끼고 소중히 여기며 존중하고 사랑하는 것이다.

공공의 것(일)에는 우리나라 국가 대표팀이나 공공도서관, 국립공원, 미풍양속, 고유음식, 의무교육, 국가 상징물, 우리나라 역사와 같은 사회 문화적 요소에서부터 시작해서 법, 정치, 외교, 주권, 국방, 치안, 도로, 예산, 세금, 화폐, 대중교통 등 정치 경제적 요소에 이르기까지 매우 다양하다. 하지만 수많은 공공선 중 가장 중요한 요소는 무엇인가. 하나의 공간인 조국과 법치 아래에서 자유나 평등, 정의(공동의 이익)와 같은 보편적 가치들을 동료 시민들과 함께 지키고 가꾸어 나가겠다는 도덕적·정치적 정체성과 의지이다.

무형의 공공선 중 대표적인 것으로 사회 통합이 있다. "뭉치면 살고 흩어지면 죽는다" 라는 문구를 굳이 상기하지 않더라도 사회 통합은 공동체의 생존이나 번영 및 윤리적 차원에서도 매우 중요하다. 가장 작은 공동체인 가정에서도 가화만사성(家和萬事成)을 가훈으로 삼고 금과옥조로 지키고자 하는데 가장 상위의 공동체인 국가 공동체가 공화(共和)를 강조한다고 해서 전혀 이상한 일이 아닌 것이다. 어찌됐든 수많은 집단 사이의 경쟁이나 갈등은 불가피하고 필요하다. 하지만 동시에 같은 국가 공동체의 시민으로서 절제하고 예의를 지키며 결과에 승복하고 때로는 상대방을 위해 양보할 줄 아는 통합적 가치를 과연 우리는 지니고 있는가.

한편, 공적 삶에 대한 참여 역시 중요한 공공선이라 할 수 있다. 오늘날 이기주의와 쾌락주의가 만연하고 공적 삶에 대한 참여가 저조해진 원인이 개인의 이익과 권리를 지나치게 강조하는 자유주의 패러다임에 있음을 부정하기는 어렵다. 공화주의 시민성에 따르면 개인의 이익, 즉 사익과 권리가 공동선의 중요한 부분이기는 하나 결코 전부는 아니다. 특히 사익과 권리는 그것들이 서로 충돌할 경우에 문제 해결이 쉽지 않다. 문제의 해결을 위해서는 결국 권리를 제한하거나 충돌하는 사익을 중재할 상위의 가치가 필요한데, 이 때 개인이 속한 공동체의 공공선(공익) 개념이 유용하다.

그런가하면 공공선은 거시적인 것뿐만 아니라 미시적인 것도 포함하고, 유형의 것뿐만 아니라 무형의 것도 소중하다. 미시적인 것 중 대표적인 예로써 공항이나 기차안, 거리, 강의실과 같은 공공장소가 있다. 공공장소는 공공재, 즉 우리 모두의 것이기 때문에 어느 누구도 사유화해서는 안되는데, 우리 사회에서는 주변 사람은 아랑곳하지 않고 아무렇지도 않게 소음(핸드폰, 대화)이나 소란(아이들의 장난)을 방치하는 경우를 어렵지 않게 목격할 수 있다. 이런 일이 비일비재하게 일어나고 있고 그것을 전혀 이상하게 생각하지 않으며 시민 모두가 무감각해져 있다면, 공공장소를 공공선으로 인식하고 그에 걸맞는 태도에 이르지 못한 '공공선의 실패' 상황이 아니고 무엇이겠는가.

그렇다고, 공공의 것이 우리 모두의 것이라고 해서 그 범위가 인류 전체로 확대되는 것은 아니다. 국립공원이나 우리나라의 문화재가 공공의 것이긴 하지만 그렇다고 해서 외국인의 것은 아니다. 우리 영토에서 우리 군대가 활동할 수는 있어도 외국 군대가 마음대로 주둔할 수는 없다. 이 점에서 우리는 공화주의와 세계시민주의가 다르다는 사실을 잘 알 수 있다.

우리 교과서를 읽다 보면 한 편에서는 사익과 공익이 상충하기 때문에 사익과 공익의 조화가 필요하다고 하면서, 다른 한 편에서는 사익보다는 공익을 우선시해야 한다는 상호 모순적 내용이 동시에 서술되어 있음을 목격한다. 이렇게 모순되는 내용이 동시에 서술되어 있는 이유는 무엇인가. 근본적으로 개인과 국가의 관계를 바라보는 관점이 상이하기 때문이다. 자유주의에 따르면 개인의 이익에 최고의 가치를 부여하기 때문에 공익은 불편하거나 최소화하여 추구해야 할 대상이다. 개인의 자유와 권리가 침해될 것을 우려하여 기본적으로 국가 권력을 의심한다.

하지만 공화주의자인 키케로에 따르면 사익과 공익은 충돌하지 않으며, "개인의 이익과 전시민의 이익은 동일하다.(『의무론』 3.26)" "왜냐하면 만약 개인이 공동선에 귀속되어야 할 것을 자신의 이익추구를 위해 가로챈다면 모든 인간의 결속은 깨지기 때문이다.(『의무론』 3.26)" 개인이 공동선에 귀속되는 것을 거부하는 자들은 "자기와 다른 시민과는 아무런 법적 관계도 맺고 있지 않으며, 공익을 위한 사회적 관계도 전무하다고 단정하는데, 이런 생각은 모든 국가 사회를 파괴하는 것이다.(『의무론』 3.28)"

따라서, 개인이 공동선에 귀속되는 것을 거부하는 자들은 공동체의 '암적인 존재'라고 할 수 있다. 생명을 파멸에 이르게 하는 암은 자기 세포가 이상 증식하는 병이다. 개체가 전체와의 유기적인 관계를 끊고 개체만 중시한다면, 암처럼 전체는 파멸되고 결국 그에 따른 개체도 소멸되고 마는 것이다. 개인 없이 공동선은 불가능하며, 공동선 없이 개인은 불가능하다. 눈이나 콩팥 없는 우리 몸을 상상할 수 없듯이, 몸 없이 눈이나 콩팥이 무슨 소용이 있겠는가. 이와 같이 공화주의의 관점에 따르면, 사익과 공익은 충돌하는 것이 아니라 유기적으로 연결된 개념인 것이다. 다만 공화주의에서도 사익과 공익이 충돌하는 것처럼 보이는 아주 예외적인 경우가 있다. 예를 들어 일시적으로 위장(胃腸) 장애가 있는 경우, 위의 회복을 위해 굶는 것이 나은지 아니면 위에 부담이 되더라도 전체 활동이 중요하니까 먹어야 하는지 판단이 쉽지 않은 경우가 있다. 위가 사익을 의미한다면, 전체 활동은 공익 내지 공동선을 의미할 것이다. 이것을 사익과 공익의 충돌이라고 표현한다면, 공화주의의 관점에서 볼 때에는 과장이라는 것이다.

1.9 공화주의적 자유

공화주의 이념에서 자유란 결코 사소한 주제가 아니다. 수많은 사람들이 동서고금을 막론하고 자유를 위해 피를 흘리며 싸웠다. 이 때의 자유란 무엇을 의미하는가. 자유주의자들의 주장처럼 소비나 여행과 같이 어떤 행위를 함에 있어 방해받지 않고 개인이 원하는 대로 결정할 수 있는 불간섭(non-interference)을 의미할까. 아니면 공화주의에서 강조하듯이, 시민 위에 군림하려는 독재자나 노예로 삼기 위해 침략하는 외국에 맞서서 결코 그들의 자의에 예속되거나 지배되지 않는 것(non-domination)을 의미하는가. 공화주의자들은 정치적 자유로서의 도덕적 의미는 전자보다 후자가 더 확실한 개념이라고 주장한다(Pettit, 1997: 19; Weinstock & Nadeau, 2004: 121-122).

따라서 민주 시민 교육이나 통일 교육을 할 때 '개인의 자유'만 서술할 것이 아니라, '시민의 자유'에 대해서도 가르쳐야 한다. 국가가 개인의 자유와 권리를 보장하고 여러 이익과 혜택을 제공하는 만큼 개인도 국민의 의무와 책임을 다해야 한다는 자유주의 방식으로만 가르칠 것이 아니라, 자유란 시민이 능동적으로 지켜나가는 것이며 이를 위해 시민의 덕성이나 리더의 초과의무가 중요하다는 점에 대해서도 가르쳐야 할 것이다. 그렇지 않으면 개인의 자유와 권리가 어떻게 얻어질 수 있는지는 모른 채 무조건 제일 중요하고 최대한 보장해야한다는 권리만능주의를 양산할지도 모른다. 뿐만 아니라 권리와 의무는 주고받는 계산적 거래의 개념이고, 권리나 혜택을 받지 못한다면 공동체를 위해 의무나 책임을 다할 필요가 없다는 왜곡된 시민이 양산될 수도 있다.

공화주의자인 키케로는 자유(libertas)를 "주인이 없을 때 존재한다(『국가론』 2.43)"고 설파한다. 공화주의 시민성은 자유주의자들처럼 불간섭(non-interference)이 자유의 본질이라고 보는 소극적 자유관 대신, 비지배(non-domination)로서의 자유 개념을 지향하면서, 시민적 덕성이 있어야 자유를 지킬 수 있다고 강조한다. 마키아벨리도 자유를 법의 지배, 공공선(commune utilità)을 지향하는 정부, 공적인 일과 사적인 일 모두에서의 자기절제와 동일시했(『로마사논고』 1.1-1.2)음을 강조한다.

마키아벨리가 이상적 국가의 모델로 로마를 주목한 이유도 같은 맥락이라고 할 수 있다. 고대 그리스의 사상가 플라톤과 아리스토텔레스가 자국인 민주정체의 아테네보다 이웃 국가인 공화정체의 스파르타를 흠모했음에도 불구하고, 마키아벨리는 스파르타보다 로마를 가장 이상적인 정체로 선택한 것이다. 즉 로마의 소란스러움이 스파르타에 비해 더 큰 자유와 위대함을 가져왔다(『로마사논고』 1.4)고 간주하는 것이다. 로마는 귀족파와 평민파의 갈등으로 인해 소란스러웠지만, 결국 평민파가 귀족파를 견제할 수 있는 정치적 권한을 부여받았고, 그로 인해 귀족의 '지배'로부터 벗어날 수 있었기 때문에 시민적 자유를 달성했다고 보는 것이다.

오늘날 우리 사회가 형식적 민주주의를 달성했다고는 하지만 노동 현장이나 국제 관계 등 적지 않은 영역에서 자유를 억압하는 지배와 피지배의 권력 관계가 얼마나 많은가. 소위 '갑질'이 자행되는 인권의 사각지대(死角地帶)를 보더라도 특별한 간섭은 없었다고 해서 자유가 존재했다고 보기는 힘들 것이다. 더군다나 우리는 세계 그 어느 곳보다 독재 하에서 자유가 억압되어 있는 북한과 대치 중이다. 이러한 경우라면 오히려 간섭을 통해 비지배적 조건을 실현하는 것이 자유가 증진되었다고 말할 수 있지 않을까.

1.10 공화주의적 교육: 시민윤리로서의 파이데이아

그리스의 폴리스에서 젊은이들에게 가장 먼저 가르치는 것은 공동체의 독특한 삶의 방식에 친숙해지라는 것이었는데, 이것을 뒷받침하는 규범이 시민윤리였다. 교육이야말로 공동체에 대한 사랑과 헌신을 가르친다는 것의 진정한 의미였던 것이다. 이런 방식의 삶의 방향을 유도하기 위해 매우 열정적인 교육방법인 '파이데이아(paideia)'가 제도화되었다. 파이데이아의 취지는 시민윤리의 주요 법들과 시민윤리의 기본 정신을 가르치는 데 있었다. 플라톤은 『국가』에서도 이 파이데이아의 중요성을 강조하고 그 내용을 상세화 하였다.(『국가』 376c-412b) 또한 『법률(Laws)』에서도 '파이데이아'는 "어릴 때부터 덕을 교육시키는 것이다. 이것은 사람들로 하여금 어떻게 하면 정의롭게 통치하고 또한 통치받을 것인가를 이해하는 완전한 한 사람의 시민이 되기를 소망하게 만들고 또 사랑하도록 만들어 준다."(『법률』643e)

이러한 관점에서 볼 때 '법', '정의', '통치'는 물론이지만 '사랑'과 '욕구',

'열망'의 개념들조차 이 시민윤리의 핵심적 특징이라고 할 수 있다. 그렇기 때문에 이 시민윤리는 우선 종교적인 성격의 도덕과는 대비되는 정치적 성격의 윤리로 간주될 수 있다. 그런 의미에서 후대의 마키아벨리가 시민들이 가져야할 덕목을 '정치적 덕목'이라고 표현한 것과 궤를 같이한다. 그렇다면 시민으로서 지켜야할 규범을 왜 단순히 '시민 에토스'라고 규정하기보다는 시민윤리로 규정하는 것일까. 다시 말해 보편적 의미를 함의하는 윤리라는 이름으로 부르는 것일까. 그 이유는 간단하다. 시민의 삶을 살아가는 데 요구된다고 규정한 규범들은 윤리라고 불러도 손색이 없을 만큼 고양되고 승화된 범주, 그리고 합리적인 성격을 가지고 있는 규범이기 때문이다. 지혜와 용기, 절제와 같은 덕목들은 시민의 삶을 규정하는 데 필요한 에토스였다. 하지만 그들은 오늘날 어떤 공동체를 막론하고 시민이라면 가져야할 보편적 성격의 윤리적 덕목으로 규정하는 데 전혀 어려움이 없다.

물론 '파이데이아'는 윤리적 덕목들에만 관심을 가졌던 것은 아니다. 그 이외에도 공동체안에서 살아가는 데 필요한 삶의 기술의 모든 측면들을 다루었다. 따라서 사냥, 체력 연마와 경기를 통한 신체적 용감성, 그리고 예술적 능력, 특히 음악, 시, 그리고 연극에서의 예술적 능력을 강조했다. 수사학은 공동체의 삶을 살아가는 데 반드시 필요한 발언이나 자기주장을 할 수 있는 정치적 역할을 준비하는 데 있어서 핵심 역할을 했다. 확실히 '파이데이아'는 적절한 사회적 역할도 가르치기를 요구했으며, 이 가운데는 나이든 사람과 젊은이 사이의 관계에 대한 가르침도 있었다. 그러나 무엇보다도 그것은 젊은이들을 교육시켜 궁극적으로는 완전한 시민들로서 공동체 생활에서 자신들의 역할을 충실히 수행하도록 하고, 나아가 공동체수호의 의무와 정치적 삶을 원만하게 영위하도록 하며 그러한 생활을 통하여 공동체의 법이 요구하는 모든 것을 준수하도록 하는 데 관심이 있었다.

2. 공화주의 이념과 남북한

남북이 분단되기 전 일제에 저항하는 우리 민족의 항일 투쟁 시기는 공화주의의 관점에서 보면 비지배를 향한 여정이었다. 나라를 빼앗은 일제는 우리 민족의 역사와 언어도 빼앗고 성씨마저 빼앗을 정도로 가혹한 식민지정책을 폈다. '내선일체(內鮮一體)'라고 하여 민족의 얼을 말살하고 일본에 동화시키려 한 것이다. 하지만 우리는 일제 치하에서도 민족의 정체성을 보존하고 자유와 국권을 찾기 위해 부단한 항일운동을 벌였다. 우리의 선대는 식민통치에 순응하고 협조하기를 한사코 거부했던 것이다. 물론 항일의 방법은 여러 가지였다. 따라서 일제 강점기야말로 민족 고난의 시기였으면서도 이에 굴하지 않고 나라를 되찾으려고 목숨 바쳐 싸운 항일투쟁의 역사이다.

그 가운데 대표적인 것이 1919년에 일어난 3·1운동이다. 고종의 장례식을 기해 우리 민족은 남녀노소를 불문하고 방방곡곡에서 태극기를 들고나와 "대한 독립 만세"를 외쳤다. 약 1년 동안 전국각지에서 평화적으로 전개된 3·1운동은 일제의 총칼에 의해 진압됨으로써 독립을 가져오지는 못했으나, 민족의 독립 의지를 만방에 과시함으로써 제2차 세계 대전 이후 국제사회의 도움을 받아 일제로부터 해방되어 독립 국가를 수립하는 발판을 마련하였다.

3·1운동 이후 우리 독립운동가들은 여러 임시정부를 세웠다. 이 가운데 상하이 임시정부는 행정부와 의정원을 두고 헌법까지 제정하여 민주공화국의 형식을 갖춤으로써 대표적인 임시정부가 되기에 충분했다. 물론

임시정부였기 때문에 주권·국민·영토가 없고 국제적인 승인도 얻은 것은 아니었으나, 우리 민족 역사상 최초로 공화주의 체제를 국헌으로 규정한 역사적인 사건이었다.

이처럼 항일 투쟁 시기에 우리 민족은 빼앗긴 나라를 되찾아 독립을 쟁취하겠다는 비지배를 향한 의지와 열망은 충만했다. 이러한 공화주의적 의지와 열망은 헛되지 않아 1945년 우리는 일제로부터 해방을 맞이하였지만, 그러나 광복 이후에 우리 민족은 곧바로 남과 북의 분단국가로 전락하고 말았다. 남한은 미국과 유럽을 위시로 하는 자유주의 진영의 지지를 받으며 UN을 통해 승인받은 한반도의 유일한 합법 정부를 수립하였고, 북한은 소련과 중공을 중심으로 하는 공산주의 진영의 후원을 받으며 김일성을 중심으로 하는 사회주의 정권을 단독으로 수립하였다.

이렇게 남한은 대한민국 정부를 수립하면서 민족사상 처음으로 자유롭고 평등한 시민들이 주인이 되는 공화국을 세웠다. 광복 후 남한이 비록 단독 정부수립이긴 하지만 자유민주주의와 입헌주의를 지향하는 '공화국'을 세웠다는 것은 국가적 차원은 물론 개인적 차원에서 볼 때에도 의미심장한 것이다. 민주공화국의 수립은 공동체의 구성원들에게 명령과 지시를 내리는 중앙집권적 권력기제가 수립되고 또 특정한 정치·사회세력이 다른 세력과 경쟁하여 승자가 됨으로써 정치권력을 장악했다는 사실 이상의 의미를 함축한다. 공화국이란 서로 다른 이해관계를 갖는 개인과 사회집단을 '위계적인 방식'보다 '자유롭고 평등한 관계에 입각한 방식'으로 통합하는 정치적 기제로서, 이러한 성격의 정치체제가 출범했다는 것은 단순히 치안과 질서의 문제를 해결하기 위한 기제로서 정부라는 기능적 권력체의 수립을 넘어서는 의미를 가진다.

당연히 대한민국의 정부 수립을 계기로 하여 '개인'의 위상도 달라졌다. 공화주의 이념에서 보면, 유교적 왕조국가 아래에서 신민으로서 삶을 살았던 전근대적 '조선인'이 자유와 평등을 누리는 시민으로서의 근대적 '한국인'으로 탈바꿈한 것이다. 개인들이 직면하는 사회적 협력과 경쟁, 소통과 통합의 논리와 게임 규칙이 달라졌으며, 자유와 평등에 기초한 새로운 질서의 규칙이 도입되었다. 집단과 분리된 개인은 타인에게 양여할 수 없는, 이른바 천부적 권리를 가진 존엄한 존재가 됨으로써 아리스토텔레스가 말한 것처럼, "번갈아가며 통치 받고 통치하는", 본원적 의미의 '정치적 존재'가 출현한 것이다.

물론 북한에서도 '공화국'이란 말을 사용하고 있다. 그러나 북한이야말로 공화주의 이념이 가장 혐오하는 전제정 국가라고 할 수 있다. '조선민주주의인민공화국'이라고 하면서도 1인 절대 지배와 말 한마디 제대로 할 수 없는 냉혹한 감시체제를 통해 김일성·김정일·김정은으로 이어지는 절대권력의 세습화를 명문화하고 있다. 전제정의 본질은 통치자의 무제한적 권력에 대해 법적으로나 제도적으로 비판을 제기할 수 있는 통로와 기회가 존재하지 않는 데 있다. 전제정에서 질서의 궁극적 원리는 '공포'로서, '공포' 이외의 모든 감정들은 철저히 억압된다.

따라서 북한이 자기 체제를 표현하는 용어 가운데 가장 어울리지 않는 것이 바로 국호 속에 들어있는 '공화국'이란 단어다. 공화국은 앞서 언급한 바와 같이 로마의 키케로가 『국가론』에서 지적한 대로 '레스 푸블리카'이다. 그는 그 뜻을 "res publica est res populi."라고 설명한다. 즉, "공화국은 공동체 구성원 전체의 것"이라는 뜻이다. 이처럼 공화국은 '한 개인의 것'이 아니라 공공의 것으로 대중 전체의 소유라는 의미이다. 그리고 바로 이어 "공화국이란 단순한 인간의 집합체가 아니라 정의에 대한 합의와 공동의 이익으로 결합된 인간의 집합체"라고 설명하고 있어 그 의미는 결코 가볍지 않다.

우리는 '용인하기 힘든 불평등관계'를 지적할 때, 종종 '지배'를 뜻하는 영어의 'domination'이라는 개념을 사용한다. 이것의 어원은 라틴어의 '도미누스(dominus)'로서 노예에 대해 노예주가 자의적으로 휘두르는 절대적 의미의 지배권을 뜻했다. 그러나 그로부터 상당한 세월이 지난 오늘날에도 '독재'라는 단어나 '전체주의'라는 용어가 사용되고 있다는 사실은 무엇을 의미하는가. 그것은 권력현상에 대한 인간의 실존의식에서 위압적 지배라는 공포스러운 느낌의 현저함이 여전히 줄어들고 있지 않음을 나타내는 하나의 표징이라고 할 수 있을 것이다.

3. 바람직한 통일교육을 위한 공화주의의 핵심 요소

3.1 국가정체성

공화주의 이념은 비지배를 대내적 차원과 대외적 차원 모두 중요하게 생각한다. 대내적 비지배란 어느 개인이나 집단이 다른 개인이나 집단을 강압적으로 종속시켜 자유를 억압하는 상태를 용납하지 않는 것을 말한다. 또한 그에 못지않게 대외적 지배를 피해야 함도 동시에 강조한다. 대외적 지배란 어떤 국가가 다른 국가를 종속적으로 지배하는 것을 말한다. 따라서 공화국은 대외적 관계에서도 다른 국가로부터의 종속을 피하고 자주 독립을 유지하기 위해 안보를 강조하게 된다. 요컨대 공화주의 이념에서 국민의 생명과 재산의 보호는 물론, 국토수호를 위한 국가안보는 그 무엇과도 바꿀 수 없는 가치이다. 국가안보를 위해서는 군사력도 중요하지만, 국가 정체성이나 나라사랑의 덕목을 통한 정신력 강화가 반드시 갖춰져야 한다는 것을 깨닫는 것이 중요하다.

무엇이 국가를 만들고 무엇으로 국가는 이루어지는가. 흔히들, 국민,

영토, 주권만 있으면 국가가 된다고 주장하기도 한다. 맞는 말이지만 그것만으로는 부족하다. 그렇다면 경찰이 있고 군대가 있으면 국가가 되는 것일까. 형태는 국가이겠지만, 제대로 된 국가가 되기 위해서는 국가를 움직이는 정신과 영혼이 필요하다. 요컨대, 공화주의에 따르면 제대로 된 국가라면 국가를 움직이는 정신과 영혼이 있어야 하면 그것들이 바로 서야 한다. 그것이 곧 '나라사랑'이고 연대의식이며 국가를 위한 헌신의 정신이다.

구성원들이 나라의 영토를 지키고 나라의 대의와 이상을 구현하겠다는 공동 의지를 굳건히 가지고 있느냐의 여부에 따라 '살아있는 국가'도 되고 유명무실한 '죽은 국가'가 되기도 한다. 자유와 평등의 나라에 살면서 정의가 실현되고 동료 시민들 간의 사랑과 우정이 넘칠 뿐만 아니라 구성원들이 그 대의와 이상을 자랑스럽게 생각하면서 그러한 아름다운 나라를 목숨을 다해 지키겠다는 결의가 넘쳐흐른다면 그 나라는 '살아있는 나라'가 될 수 있을 것이다. 하지만 자유와 평등이 보장되지 못한채 강자와 권력에 의해 정의가 무너지고 부정부패가 만연하거나 폭력이 만연해진다면 대의와 이상은커녕 구성원들은 죽지 못해 삶을 영위하는 노예나 소속감이 없는 뜨내기처럼 살아갈 수밖에 없게 되고 결국 그 나라는 '죽은 나라'가 되고 말 것이다.

공화주의 이념에서 '나'와 '국가'를 하나로 묶어주는 국가정체성 함양은 국가 구성원에게 꼭 필요하다. 즉 내가 어디에 속해 있고 어떤 공동체에서 살고 있는가를 알게 해주는 교육이 필요하다. 다시 말해 내가 속한 '나라'가 어떤 나라이며 어떤 역사를 통해 지금에 이르고 있으며, 무엇을 지향하고 있는지를 일깨워주는 교육이 중요하다. 그리고 그 나라를 내가 아끼고 사랑해야 한다는 자각과 감성을 키우는 나라사랑교육 또한 요청된다. 그를 통해 나라의 구성원으로서 어떤 규칙과 규범을 지키며, 국민으로서 해야 할 일과 무엇을 국가에 요구해야 하는가를 자각한다. 그런 가운데 나 혼자만이 아니라 '우리'공동체를 꾸려나가는 방법과 지혜를 배울 수 있다. 한편 국가 보훈 교육을 통해서도 나라를 위해 목숨 바쳐가면서 헌신한 분들이 누구이며, 왜 그런 행동을 했는가를 배우면서 같은 운명공동체임을 자각하는 의식을 키워주는 것도 중요하다. 바람직한 통일교육을 위해서는 이렇게 국가정체성을 함양하고 국민통합을 형성·강화해 가는 작업을 소홀히 해서는 안될 것이다.

3.2 자유

대한민국이 헌법 제1조 1항에 민주공화국을 정치적 이상으로 삼았다는 사실에는 의미심장한 메시지가 담겨 있다. 사람들이 자유롭게 평등한 존재로 서로 소통하고 자신들의 운명을 합의나 설득에 의해 결정하는 정치체제를 만들었다는 뜻이 가장 중요하다. 이것을 아우르는 화두가 '자유'이다. 공화주의적 자유 개념에는 중차대한 의미가 배어있는 만큼, '자유주의'라는 하나의 이데올로기로 불리어지는 진부한 범주나 혹은 '사회민주주의'나 '공동체주의'와 대비되는, 이른바 '안티테제'의 개념으로서 이해하기보다는 인간의 보편적 이상으로 간주될 필요가 있다. 자유라는 이상은 로마의 여신 '리베르타스(Libertas)'의 이름을 딴 '리버티(liberty)', 혹은 노예가 아닌 가정경제의 주인을 지칭한 독일어에서 유래된 '프리덤(freedom)'이라고 불렀던 현상으로 상징된다. 북한 이탈 주민 상당수가 '자유아시아방송'을 들으며 탈북을 결심했다고 할 때의 자유가 바로 이와 같은 의미이다.

자유의 가장 큰 특징이라면 '자유인'이라고 부를 때 뜻하는 것처럼, '자기 정체성'을 의미하는 개념이라는 점이다. '자유인'이라고 부를 때는 단순히 '지금 여기서' 우연한 계기에 자유를 향유하는 사람이라는 뜻을 넘어, 자유를 자신의 존재이유로 삼는 사람이며 '노예'와의 차별성이 두드러지는 주인의식을 가진 존재이다. 정체성을 부여하는 자유의 역할에 주목할 때, "자유 아니면 죽음을 달라."는 미국 독립 당시 패트릭 헨리의 절규에서 나타나는 것처럼, 우리 헌법에서의 자유란 국가의 간섭 유무보다는 지배·종속관계와 대비되는 것이다. 신 이외의 인간 누구에게도 무릎을 꿇지 않으며, 신처럼 행세하는 통치자 밑에서 구차한 삶을 살지 않겠다는 결의의 표현이다.

이처럼 노예의 삶은 가당치 않다며 굴종으로부터의 자유를 갈구했기에 독립 운동가들은 일제 굴레로부터의 광복을 위해 임시정부를 세우는 등, 목숨까지 바치며 헌신했으며, 6·25전쟁 때도 그런 자유수호 의지가 결연했기에 북한 공산주의자들 앞에 무릎을 꿇지 않았다. 물론 남한이 민주공화국의 헌법 질서를 표방했다고 해서 자유의 훼손이나 왜곡, 권위주의, 억압과 같은 저질스러운 역사가 없었던 것은 아니다. 이러한 반(反)공화적 사건들이 있을 때마다 지배를 거부하고 자유를 수호하려는 운동이나 저항은 권위주의 정권 하에서 민주화라는 이름으로 계속되었다. 이것은 달리 표현하면 북한의 김일성·김정일·김정은 중심체제와 같은 전제정의 노예처럼 살 수는 없다는 결연한 의지와도 맥을 같이 한다고 볼 수 있다. 이렇게 자유는 공화주의의 핵심가치이면서도 대한민국 가치의 골간이 되었으며, 통일 이후 하나된 조국에서도 보편적으로 지속되고 추구해야 할 중핵적 이상이자 이념인 것이다.

3.3 나라사랑

공화주의의 핵심 가치 중 하나인 '나라사랑'을 통일교육에서 강조하기 위해서는 진정한 나라사랑의 의미를 이해하는 일이 선행되어야 할 필요가 있다. 왜냐하면 애국심이 마치 일본제국주의의 가미가제 특공대처럼 군국주의 또는 전체주의를 미화하는 요소로 악용되는 측면이 있기 때문이다. 앞서 살펴본 바와 같이 공화주의 이념이 강조하는 진정한 의미의 나라사랑은 전체주의가 악용하는 그런 의미가 결코 아니다. 또는 붉은 악마가 대한민국 축구대표팀을 열성적으로 응원하는 문화적 의미나 민족적 의미를 갖는 사랑에 그치는 것도 아니다. 그것은 다름 아니라 구성원들 사이에 자유와 정의 및 공동선에 대한 합의된 결의가 존재하는, 가치 공동체라고 할 수 있는 '민주공화국'에 대한 헌신과 사랑이라고 할 수 있다.

이처럼 공화주의에서 강조하는 애국이란 자유와 평등을 지향하는 가치 공동체인 조국에 대한 사랑을 의미하는 것은 물론이지만, 동시에 시민 동료들에 대한 유대와 사랑을 포함하는 것이기도 하다. 그러한 모습은 마치 오케스트라에서 다양한 악기들을 연주하는 것처럼 '함께', 또 '따로'의 모습으로 나타난다. 따라서 개인의 존엄성이나 개성이 소멸되는 '국가주의'나 '전체주의'와는 전혀 다르며, 개인의 가치가 존중되는 자유·평등·인권과 같은 큰 뜻과 공동의 이익을 지향하는 '공적 사랑'의 감정과 실천이 나라사랑이다. 남북한이 통일로 하나되어 추구하는 공화주의적 애국심은 바로 이런 성격과 모습이 될 수 있다.

그럼에도 우리가 남북한의 통일을 지향하는 과정에서 나라사랑에 대한 오해가 있을 수 있다. 남한에서는 개성을 가진 개인과 개인의 권리가 중요시되는 상황에서 나라사랑에 역점을 두는 것이 시대착오라고 치부하는 경향이 있을 수 있다. 또한 나라사랑을 강조하면 국가에 대한 맹목적 복종을 강요하거나 국가주의나 전체주의를 옹호하는 것으로 오해받을 수도 있다. 같은 맥락에서 나라사랑은 호전적 애국주의나 맹목적 애국주의처럼 배타적으로 흐를 수 있다는 비판을 제기할 수도 있다. 그런가 하면 나라

사랑과 민족사랑은 어떤 관계에 있는지 궁금해 하는 사람도 많을 것이다. 특히 우리가 남북으로 분단된 상황에서 나라사랑의 열정을 발휘하게 되면 민족사랑은 엷어지는 것은 아닌가하는 우려도 있다.

그러나 이러한 주장이나 우려는 대부분 오해일 뿐 진실은 아니다. 모성애나 부성애 혹은 부부애나 효심이 때로는 빗나갈 수 있다고 해서 가족사랑이 필요 없다거나 위험하다고 할 수는 없는 노릇이다. 나라사랑에는 법과 정의, 자유에 대한 공유된 인식뿐만 아니라 친구와 적에 대한 이해, 승리와 패배에 대한 기억, 희망과 두려움을 같이 나누겠다는 공유의식이 국가적 차원의 내러티브로서 포함되는 것이다. 나라에는 국경선이 있다고는 하나, 나라사랑 없이는 결코 지켜질 수 없다. 나라사랑이 있어야 비로소 나라가 위기에 처했을 때 나라를 지키겠다는 의무를 이행하겠다는 결의가 분출하고, 자신의 이익과 공동체에 대한 공익이 충돌할 때 공익을 우선하겠다는 공동선에 대한 경외심이 생기게 마련이다. 평등과 자유의 정신이 넘쳐흐르는 국가일수록, 또 구성원들이 이런 국가에 대한 자긍심과 지속 가능성을 염원할수록, 이런 국가에 대해 강력한 소속감과 지지, 충성심으로 이루어질수록 나라사랑은 더욱 충만해진다.

나라사랑은 개인의 사익을 공동체의 공익 위에 두는 것이 아니라 공익을 사익 위에 두려는 '선공후사' 혹은 '멸사봉공'의 성격을 갖는 '공적 사랑'으로서, 서구 중세의 학자들이 '카리타스'(caritas)라고 불렀으며, 오늘날 '자선'(慈善)을 뜻하는 영어 '체리티'(charity)의 어원이 되는 열정의 뿌리에서 비롯된 것이다. 나라사랑은 특히 자신의 나라와 자신의 동료 시민들에 대해 애틋한 형태로 가지게 되는 각별한 사랑과 애착을 뜻하기도 한다. 이 뜻은 로마의 세네카가 "누구도 국가가 위대하기 때문이 아니라 자신의 나라이기 때문에 사랑할 뿐"이라고 설파하였다.

이러한 나라사랑을 가르치는 일은 왜 중요한 일인가. 한마디로 국가가 있어야 국민이 있고, 국가를 사랑하는 국민이 넘쳐날 때 그 나라가 융성하고 국민주권을 지킬 수 있기 때문이다. 특히 통일교육을 실시할 때 나라사랑에 관해서는 다음 두 가지 특징에 유의할 필요가 있다. 첫 번째는 나라사랑에는 공화주의적 보편적 가치인 평등과 자유의 정신이 전제된다는 점이고, 두번째는 정성스럽게 가꾸어 나가야 할 인위적 감정이 나라사랑이라는 점이다. 특히 후자의 관점에 따라 공화주의적 가치나 통일 교육은 인위적인 교육의 필요성이 요청된다. 그것은 우리 사회에서 그간 민주시민 교육이 필요했던 이유와 그 맥을 같이 한다.

먼저 나라사랑은 평등과 자유의 정신과 떼어놓고 생각할 수 없다. 주인의 속박 아래 있는 노예나 만인지상의 상전인 군주의 지배 아래 살아가는 신민과 같은 존재가 어떻게 자발적으로 사랑을 할 수 있겠는가. 사랑은 강제로 할 수 있는 것이 아니라 자유의지에 의해서 비로소 할 수 있는 것이라면, '자유인'만이 할 수 있는 것이다. 18세기 몽테스키외(Montesquieu) 등, '백과전서파'로 불리는 프랑스의 계몽사상가들이 펴낸 『백과전서』에서는 이 점을 강조하여, "조국이란 일반적으로 생각하듯 우리가 태어난 장소를 의미하는 것이 아니라 우리가 구성원이 되고 법이 우리의 자유와 행복을 지켜주는 그런 자유로운 국가"를 의미한다고 단언하고 있다. 즉, 조국은 우리가 단순히 태어난 곳이라는 점을 넘어서서 시민들이 함께 구성하고 법에 대한 존경심을 표현하는 곳이라는 의미이다. 이 점에 루소도 착안하여 전자는 프랑스어로 '뻬이(pays)'라고 하는 반면, 후자는 '빠트리(patrie)'라고 부르고 있다. 영어로는 전자는 'country'가 되고 후자는 'fatherland'가 되는 셈이다.

따라서 진정한 나라사랑의 대상이 될 수 있는 조국은 자유와 평등을 지향하는 민주공화국 안에서만 비로소 실현가능한 것이다. 이런 점에서 남한은 북한보다 공화주의적 가치를 실현함에 있어 조금 앞서있다고 볼 수 있지만 아직 갈 길은 멀다. 북한처럼 김씨 일가의 3대 세습 독재 상황이 여전한 상황에서 참주나 폭군, 절대군주의 압제 아래 살아가는 주민들은 보호받을 수도 없고 공적인 삶에 자유롭게 참여할 수 없으며, 마치 노예나 이방인처럼 살아갈 수밖에 없다. 공화주의 이념에서 조국은 단순히 태어난 곳이라는 의미를 갖는 땅덩어리의 범주를 넘어 지속적으로 우리가 만들고 지키며, 가꾸어 가는 화단과 같은 곳이다.

뿐만 아니라 조국에 대한 나라사랑은 결코 자연스러운 감정은 아니다. 그보다는 좋은 법과 좋은 습관, 좋은 교육 및 좋은 정치와 공동체의 일에 참여하면서 육성되는, 인위적 감정이며 동시에 만들어지는 열정이다. 흔히 '인위적'이라고 하면 주입이나 훈육의 이미지를 떠올린다. 그 결과 배려윤리에서처럼 인위적 감정보다는 자연적 감정이 더욱더 고매하고 가치 있다고 치부하는 경향이 있다. 그러나 조금만 더 치밀하게 살펴보면 그렇지 않다는 것이 드러난다. 이러한 이치에 정통해 있던 우리 조상들은『심청전』처럼 목숨을 바쳐 효를 실천한 효녀의 감동적인 이야기들을 들려주기도 하고 혹은 지극한 효의 정신을 행동으로 보여준 사람들에 대해 동네에 효자비를 세우는 등 끊임없이 인위적 선양노력을 통해 효의 가치를 일깨우고 교육했던 것이다. 게다가 영화 '마이파더'를 보면 친자식이나 친부모보다 입양아나 양부모에 대한 사랑이 때로는 더 진한 감동을 줄 수 있고 진정하고도 고귀한 사랑이 될 수 있음을 잘 보여주기도 한다.

이런 식으로 나라사랑이 후천적이며 인위적 노력에 의해 만들어지는 열정이라면, 적극적인 노력에 의해 한 공동체 내에 넘쳐흐를 수도 있고, 반대로 적극적인 노력을 게을리 할 경우 흔적도 없이 사라질 수 있음을 우리는 경계해야 한다. 좋은 습속과 교육, 좋은 법과 정치의 지혜가 이 나라사랑을 왕성하게 만들 수도 있는 반면, 이것들이 결여된 경우, 나라사랑은 약화될 수밖에 없다.

그런가 하면 조국은 민족을 기반으로 하면서도 또 민족을 넘어선다. 이것은 나라사랑이 민족사랑을 기반으로 하면서도, 한편으로는 민족사랑을 넘어선다는 뜻이 될 것이다. 이러한 점은 앞서 축구의 비유에서 언급했듯이 공화주의가 자유주의나 공동체주의의 장점을 일정 부분 받아들이면서도 그것을 넘어선다고 지적한 바와 맥락을 같이 한다. 이 점을 강조하는 이유는 우리가 동족이면서도 대한민국과 북한이라는 두 개의 정치체제로 나누어져 있기 때문이다. 대한민국은 '자유민주주의국가'인데 비해 북한은 '조선민주주의인민공화국'이라고 하면서도 3대째 세습을 하고 있는 사실상의 '왕조국가'가 되고 말았다. '나라사랑'과 '민족사랑'을 어떻게 구분하고 이해해야 하는가 하는 문제가 중요한 관심사항이 될 수밖에 없는 이유이다.

북한주민은 우리와 한 민족이기 때문에 민족의 이름으로 포용할 수는 있겠으나, 북한 권력층의 반인권적인 통치와 탄압정책까지 포용할 수는 없는 일이다. 통일이 우리 앞에 놓인 민족적 대과제라는 점은 누구나 공감하는 명제이지만, 자유와 평등, 인권과 정의라는 보편적 가치문제를 도외시하고 통일만이 최고의 가치라고 하는 '통일지상주의'는 경계할 필요가 있다. '통일지상주의'는 통일 자체가 '지고의 선'으로서 다른 모든 가치들을 압도할 정도로 절대적 의미의 선이라고 하는 주장이다. 분명 남북한의 통일은 민족에 부여된 성스러운 과제이다. 그렇지만 통일은 어디까지나 자유와 평등, 인권, 민주주의라는 보편적인 가치가 실현되는 과정이어야 한다. 공화주의 이념이 통일에 있어 강점을 가지는 이유 또한 자유나 평등, 인권과 같은 보편적 가치를 강조하고 지향한다는 점이다. 그러한 이유 때문에 보편적 가치를 추구하는 도덕 교과가 그동안 모든 교과 중에서 통일교육을 담당하는 중핵 교과로서의 역할을 수행해왔던 것이다.

인종이 같고 생활풍습과 언어가 같다는 점에서 비롯되는 민족사랑이 비교적 생래적인 자연적 감정이라고 한다면, 정치공동체로서 합의된 가치와 공유하는 이상에 입각한 나라사상은 끊임없이 교육과 습속, 문화를 통해, 또한 준법과 같은 공적 삶의 참여를 통해 배양되는 후천적인 인공적 감정이다. 따라서 나라사랑은 "같은 지역에서 태어났다.", "같은 민족에 속한다.", "같은 언어를 사용한다." 또는 "같은 풍습을 가지고 있다." 혹은 "같은 신화를 가지고 있다."라는 식의 자연적 공통점을 넘어 자유와 평등을 지향하는 정치 공동체로서의 국가에 대한 애정과 헌신에 가치를 두는 정치적 열정이라고 할 수 있다.

3.4 시민다움과 노블레스 오블리주

공화주의에 기반한 통일교육이 결실을 맺으려면 진정한 '시민다움(civility)'을 갖춘 구성원을 길러야 한다. '민주시민'이란 언어는 우리에게 친숙한 용어이지만, 그 진정한 의미가 우리 사회에서는 널리 공유되지 않고 있다. 앞서 언급한 바와 같이 공화주의에서 강조하는 시민은 짐승처럼 힘과 권력에 따라 강자가 약자를 지배하는 질서를 지양하고 구성원 서로를 존중하는 이성과 법의 질서에 따라 권리나 의무의 실천을 품위 있게 실천하는 그런 조국과 동료 시민을 사랑하고 자랑스러워한다.

따라서 "국가가 내게 무엇을 해 줄 것인가" 하는 문제보다는 "내가 국가를 위해 무엇을 할 것인가" 또한 "동료시민들로부터 무엇을 기대할 것인가"하는 문제보다는 "동료시민을 위해 무엇을 할 것인가" 하는 문제에 관심을 가지게 된다. 뿐만 아니라, 다른 동료시민에 대한 '경쟁의식' 못지않게 '더불어 사는 존재'라는 인식에 입각하여 우정과 유대의식을 내면화하고 법에 대한 존경심과 사랑을 가진다.

더욱이 민주사회에서 자유롭고 평등한 시민의 존재로 살아가기 위해서는 시민 개개인에게 특별한 품성을 요구하여야 한다. 만일 '자신의 몫' 만 주장하고 '다른 사람의 몫'은 가볍게 여긴다면, 어떻게 되겠는가. 혹은 자신의 권리만 주장하고 남의 권리는 소홀히 한다면, 과연 자신의 권리는 보장될 수 있겠는가. 그렇게 되면 이른바 '자유의 역설(paradox of freedom)' 현상이 발생하여 어느 누구도 자유를 누리지 못하게 될 것이며, 홉스가 우려해마지 않았던 '만인의 만인에 대한 투쟁 상태'가 발생할 가능성이 크다.

요컨대, 민주시민에게 있어 권리가 소중한 것이라면, 그 권리의 보유와 행사는 반드시 책임과 짝을 이루는 것이어야 한다. 행복추구권이 지향하는 것처럼, 사람들은 자신이 원하고 선택하는 바에 따라 자신의 삶을 영위할 자유가 있지만, 이 자유는 개인적·사회적 책임을 동반하는 것이다. 책임이 수반되지 않는 자유는 자유가 아니라 방종이나 아노미에 불과하다. 민주 사회에서 '개화된 자기이익(enlightened self-interest)'이 중요한 이유가 여기에 있으며, 공화주의에 기반한 통일교육에서도 시민들이 이러한 덕과 품성을 갖추도록 교육을 통해 인위적으로 노력해야 할 것이다.

이러한 시민성과 함께 공화주의에서는 특별히 '노블레스 오블리주(noblesse oblige)'라는 개념에 주목했다. '노블레스 오블리주'는 일반사람들보다는 지도층이 특별히 모범적으로 수행해야할 의무가 있다는 점을 상기시켜 주는 프랑스 용어이다. 물론 지도층인사들이 공적 일에 있어 일반사람들보다 더 모범을 보여야 하고 솔선수범하는 모습을 보여야 한다는 점은 두말할 나위가 없다. 그래야 도덕적 권위가 생겨 일반 사람들이 마음으로부터 따라올 것이기 때문이다.

이 점에 있어서 전쟁이 나면 솔선수범하여 전쟁에 참여함으로써 평민들보다 서너 배의 많은 희생자를 낸 로마의 귀족들이야말로 대표적 사례라고 하겠다. 또 영국의 경우, 지도층 자녀들이 다니는 이튼스쿨 졸업생 중 약 2,000명이 전사했으며, 황실의 왕자들은 전쟁이 나면 으레 최전선으로 달려가 나라를 지킨다. 이처럼 고금을 막론하고 지도층이 공동체의 일에 앞장서서 모범을 보여야 할 의무를 가진다는 점에는 의문의 여지가 없다. 이래야 평상시 지도층이 누리는 특권을 일반사람들이 받아들일 수 있다는 사실을 너무나 잘 알고 있었던 것이다. 특히 국가의 영혼이 사라진 나라의 지도층 인사들은 그들이 누리는 특권이 무엇이며, 심지어 그들이 특권을 누리는 사실도 모르고 있거나 부인하거나 당연하다고 생각할 것이다.

하지만 한편으로 이에 못지않게 일반 시민들도 수행해야 할 의무를 가진다는 '시투와앵 오블리주(citoyen oblige)', 혹은 '시티즌 오블리주(citizen oblige)'에 대해서도 공감대가 형성되어야 한다. 학교 앞에서 불량식품을 팔거나, 가짜를 팔면서도 죄책감을 느끼기보다 "나 같은 서민이 이 정도야 …"라는 식으로 생각하는 것은 잘못이다. 일반시민은 규범이나 준칙을 지키지 않아도 되며, 면책특권이나 가진 것처럼 행동해도 된다는 것을 허용하지 않기 때문이다. 권리 못지않게 의무를 이행하고 법과 질서를 지키는 문제에 관한 한 지도층이 아닌 일반시민이라고 해서 자유로운 것은 결코 아니다. 우리가 '시민의식'을 체화시킬 필요가 있는 것도 이 때문이다. 뿐만 아니라 태생적인 귀족계급을 인정하지 않는 민주사회에서 지도층이란 결국 일반 시민들로부터 출현한다는 점을 감안한다면, 시민들이 일상생활에서 의무를 수행하는 데 습관화되어 있어야 한다는 것은 지극히 당연한 일이다.

우리가 지향하는 공화 사회는 물론 통일 조국의 사회는 납세의무나 병역의 의무와 같은 의무 이행이나 교통법준수와 같은 행위만으로 이루어지는 사회가 아니라, 잘 알지도 못하지만 동료 시민을 위해 목숨을 바치는 '의사자'의 이웃사랑이나 초과의무 행위가 강물처럼 넘치는 사회라고 할 수 있다. 이러한 행위는 칭송받을 만한 행위로서, 의무에 의해서 요청되는 행위를 뛰어넘는 범주이다. 예를 들면 물에 빠진 친구를 구하기 위해 물에 뛰어들어 목숨을 바치는 행위는 의무의 범주보다는 초과의무, 즉 칭송받을 만한 행위라고 할 수 있다. 일반 시민들이 수행하는 헌혈의 행위나 자선과 기부행위, 고아입양, 자원봉사행위 등도 이런 유형의 대표적인 행위들이다.

한편 이런 행위를 직업으로 갖는 사람들을 존중하는 차원에서 우리는 'MIU(제복 입은 사람들)'라고 부른다. 군인, 경찰, 소방관 등이 대표적이라고 할 수 있다. 화재가 발생해 불이 맹렬한 기세로 타오르고 있는 건물 안에 들어가 그 안에 있는 사람을 구출해야 할 의무는 없으나, 그럼에도 불구하고 불에 휩싸인 건물 안에 들어가 사람을 구출하고 자신의 목숨을 바친 소방관이나 119구조대원이 있다면, 그 행위는 칭송받을 만한 의사자의 행동이다. 이러한 분들의 숭고한 행동이나 가치를 우리는 무엇으로 대변할 수 있는가. 돈이나 이익으로 환원할 수 있는가. 공화주의 이념이 동료 시민들에 대한 사랑이나 시민적 우정, 명예와 노블레스 오블리주 차원에서 접근하고자 하는 이유가 바로 이것이다. 이분들의 고귀한 행위는 국가와 시민을 더욱 강하고 자랑스럽고 명예롭게 만드며 선순환을 통해 제2, 제3의 독립운동이나 의사자를 양산하며 아름다운 조국을 지속가능하게 만든다. 이런 분들이 우리 사회의 리더가 되고 넘쳐 흐를 때 그 사회는 공화가 제대로 이루어진 국가다운 국가라고 할 수 있다. 국호의 이름이 공화국인데, 헌법 제1조 1항이 공화국인데 이런 풍토가 없다면 그건 이름만 말뿐인 공화 사회일 뿐이고, 그러한 가치를 추구하거나 지향하지 못할 바에는 차라리 공화라는 이름을 지워야 마땅할 것이다.

한때 '사랑은 아무나 하나' 라는 노래가 유행한 적이 있다. 본능적인 육체를 자기정체성의 일부로 가지고 있는 인간이 자기중심적이 되는 건 어찌보면 자연스럽다 할 일이지만, 동시에 이성적 존재이기도 한 인간은 자기중심성을 초월해서 이타적인 행위로 나아가기도 한다. 이러한 고귀한 행위중 하나가 사랑이다. 공화주의 이념이 자유주의나 공리주의 같은 이념보다 수준이 높은 이유는 인간의 도달가능한 완전성 범위 안에 이러한 사랑의 범주를 위치시키고 있기 때문이다. '사랑은 아무나 하나' 라는 노래처럼 나라를 사랑하고 동료 시민을 사랑한다는 것은 아무나 할 수 있는 일이 아니다. 그러나 그런 사랑을 실천하는 사람들이 분명 존재하며, 그러한 사랑은 불가능을 가능하게 반드는 '미션 임파써블'의 힘을 가지고 있다.

3.5 시민적 우정

이웃사랑과 나라사랑으로 점철된 초과의무의 행위를 수행하려면, 우리가 같은 공동체에서 삶을 영위하는 존재로서 선의와 신뢰, 유대를 나누어야 한다는 인식이 정착될 필요가 있다. 이것이 정착·확산될 때 시민적 우정이 싹틀 수 있다.

시민적 우정은 우리가 수평적 관계인 친구 사이에 나누는 '우정'의 범주에 들면서도 가까운 사람들끼리 사적 영역에서 나누는 '개인적 우정'과는 다른 형태로, 한 시민과 또 다른 시민을 결속시켜 주는 '공적 우정'이라고 할 수 있다. 앞서 언급한 바와 같이 이 개념은 원래 아리스토텔레스가 창안한 것으로 한 공동체에서 더불어 삶을 영위하면서 공동체의 희로애락을 함께 나누는 '공동체적 우정'을 뜻한다. 북한에서는 부르는 계층마다 약간의 차이를 보이긴 하지만 구성원들끼리 서로 동무라고 부르는 모습은 분명 이러한 시민적 우정의 효과를 기대하는 모습으로 비춰질 수 있다.

우리 사회는 물론 통일 조국을 앞당기기 위해서라도 가정과 직장의 범주를 넘어 사회적으로 함께 살아가는 시민으로서 선의와 배려, 공감을 나누는 덕목과 품성을 개발할 필요가 있다. 이 시민적 우정은 인간의 자연적 본성을 기초로 하면서도 그것을 뛰어넘어 덕의 성격을 가질 정도로 지속성을 갖는 '공적 사랑'의 범주에 속한다. 물론 공동체의 삶을 살아야하는 시민들 간의 관계는 개인적 친분을 나누는 사적 개인 간의 관계와는 다르다. 시민이 몸담고 살아가는 국가 공동체는 한시적인 것이 아니라 항구적이며 영속적인 것이기 때문이다.

우리 사회는 물론 나아가 남북한이 시민적 우정을 가지게 된다면 타인에게 그의 파멸을 바라는 악의와 원한을 품지 않고 타인을 수단으로 이용하지 않으며, 오히려 목적으로 대우하면서 타인의 선을 소망하고 타인을 배려하며 행동하는 것이 가능해질 수 있다. 뿐만 아니라 시민적 우정에는 남이 나와 다를 수 있다는 인식과 그럼에도 그러한 차이를 인정하고 존중하겠다는 관용의 마음이 들어 있다. 최근 우리 사회의 TV 토론을 보면 국적 불명의 배타적 토론이 난무하는 것을 심심치 않게 지켜보게 된다. 보수와 진보가 각각 서로 간의 정치적 입장이 다른 것은 이해하더라도, 서로 상대방의 존재를 인정하지 않는 이전투구의 토론 자세는 그들에게 과연 같은 공화국의 시민들이라는 생각이 있는 것인지 의심하지 않을 수 없다.

롤스(J. Rawls)가 그의 저서에서 언급한 개그룰(gag rule)을 굳이 떠올리지 않더라도 토론에서 시민적 우정의 요소가 있고 없고는 큰 차이를 보인다. 예를 들어 국익이나 안보와 같이 여와 야가 따로 없는 주제에서는 분열의 모습을 그칠 줄 알며, 마키아벨리가 주장한 좋은 갈등을 위해 서로에게 할 말은 하더라도 어떤 말이 시민적 우정의 요소와 같은 공화적 가치를 깰 것 같으면 자제할 줄도 아는 품위가 있어야 한다. 그것이 바로 공화주의적인 시민다움(civility)이다. 좀 결이 다른 얘기긴 하지만 시민불복종(civil disobedience)에서 시민을 주어가 아닌 형용사(시민다운 또는 품위있는)로 번역할 필요가 있는 것도 같은 맥락이라고 할 수 있다.

4. 맺음말

지금까지 살펴본 공화주의 이념에 기반한 남북한의 통일교육은 우리에게 어떤 의미가 있을까. 그것은 자유와 정의, 인권과 같이 대한민국의 헌법에서 강조되고 있는 공화주의적 가치가 아직도 그와 같은 가치의 혜택을 제대로 누리지 못하는 북한으로 확대·실현되는 과정이라고 할 수 있다. 김씨 일가의 3대 세습체제 하에 있는 북한 주민들은 고대 그리스의 고전적 공화주의자였던 플라톤이 '동굴의 우화'에서 언급하였던 것처럼, 쇠사슬에 묶여 태양을 등지고 앉아 그 태양을 보지 못한 채 그림자만 보며 어둠 속에서 살아가는 사람들로 간주할 수 있기 때문이다. 그렇다면 그들에게 태양을 보도록 함으로써 자유롭게 인간의 존엄성을 실현하며 살아갈 수 있도록 공화주의적 가치가 실현되는 통일 조국을 이룩해야 하지 않겠는가. 이것이 진정으로 북한 주민들을 사랑하는 동포애의 핵심일 것이다.

우리가 공동체에서 정의보다 우정을 강조한 아리스토텔레스를 보듯, 혹은 '레스 푸블리카(res publica)'를 주장하는 키케로를 보듯, 혹은 '비루트 빈체 포르투나(virtu vince fortuna)'라고 설파하며 시민적 덕의 중요성을 주장한 마키아벨리를 보듯, 혹은 습속(mœurs)의 중요성을 강조하던 몽테스키외(Montesquieu)를 보듯, 혹은 특정의사에 반해 '일반의지(general-will)'를 강조한 루소를 보듯, 공화주의 이념에서는 근본적으로 공동체에 대한 사랑과 공동체의 지속가능성에 대한 관심 및 공동체의 공동선과 공동체의 법과 정의를 존중하는 데서 비롯되는 공동체에 대한 열망의 중요성이 드러난다. 또한 그러한 공동체에 대한 열망과 사랑을 강조하기 위해 단순한 덕이 아닌 시민적 덕, 혹은 사인 간의 사랑을 넘어서는 공동체적 사랑, 개인의 자유를 넘어서는 시민의 자유, 단순한 우정이 아닌 시민적 우정을 강조한다.

바람직한 통일교육을 위한 공화주의 이념의 핵심 요소로 제시한 국가 정체성, 시민다움, 자유, 나라사랑, 시민적 우정 등은 결코 공동체에 자연적으로 주어진 것이 아니라 공동체 안에서 인위적으로 만들어져야 하고 가꾸고 키워내야 하며 지켜내야만 하는 어떤 것이다. 이것을 우리는 그리스의 파이데이아와 로마의 후마니타스의 가르침에서 깨닫게 된다. 공화주의적 가치에 대한 열정, 사랑과 우정과 같은 시민의 덕은 자연적인 것이 아니라 인위적인 것이며, 따라서 개인에게 내적으로 혹은 자연적으로 우러나는 것이 아니다. 자발적으로 실천할 수 있도록 반대로 외부에서 주입되고 함양되며 또한 길러져야 하는 가치와 덕목이라고 할 수 있다. 그렇다면 정치공동체는 정성스럽게 이와 같은 공동체적 역량을 민주 시민 교육이나 통일 교육을 통해 적극적으로 함양해야 할 필요가 있다.

남북 분단 이래 내노라하는 수많은 전문가와 학자들이 남북 분단의 문제와 통일 문제를 해결하기 위해 머리를 맞대고 노력해왔지만 지금까지 쉽게 해결하지 못하고 있다. 나라를, 그리고 시민 동료를 사랑하는 게 자유주의 문법에서는 '미션 임파써블'이지만, 공화주의 문법에서는 가능하다고 본다. 혹시 나라와 시민 동료를 사랑할 수 있다면 통일도 가능할 수 있지 않을까. 그런 희망과 상상을 하는 것이 본 장의 제안이자 주장이다.

참고 문헌

루소(2014), 『사회계약론』, 최석기 역, 서울: 동서문화사.

마키아벨리(2007), 『로마사논고』, 강정인 역, 경기 파주: 한길사.

아리스토텔레스(2012), 『정치학』, 천병희 역, 경기 일산: 숲.

아리스토텔레스(2007), 『니코마코스윤리학』, 이창우, 김재홍, 강상진 역, 서울: 이제이북스.

키케로(2015), 『의무론』, 허승일 역, 경기 파주: 서광사.

키케로(2009), 『국가론』, 김창성 역, 경기 파주: 한길사.

키케로(2007), 『법률론』, 성염 역, 경기 파주: 한길사.

플라톤(2011), 『국가』, 박종현 역, 경기 파주: 서광사.

플라톤(2009), 『법률』, 박종현 역, 경기 파주: 서광사.

Harrington, James(1992), The Commonwealth of Oceana and A System of Politics, Pocock, J. G. A.(ed.), Cambridge: Cambridge University Press.

MacIntyre, A.(1981), After Virtue, London: Duckworth.

Nelson, Eric(2004), The Greek Tradition in Republican Thought, Cambridge: Cambridge University Press.

Pettit, Philip(1997), Republicanism, A Theory of Freedom and Government, Oxford: Oxford University Press.

Pocock, J. G. A.(1975), The Machiavellian Moment: Florentine Political Thought and the Atlantic Republican Tradition, NJ: Princeton University Press.

Rawls, J.(1988), "The Priority of Right and Ideas of the Good", Philosophy and Public Affairs, 17.

Schwarzenbach, S.(1996), "On Civic Friendship", Ethics, 107.

Skinner, Quentin(1978), The Foundations of Modern Political Thought I, Cambridge: Cambridge University Press.

Viroli, Maurizio(2002), Republicanism, 김동희, 김동규 역(2006), 『공화주의』, 경기 일산: 인간사랑.

Weinstock, D. and Nadeau, C.(2004), Republicanism: History, Theory and Practice, London: Frank Cass.

제4장

통일에 대한 공동체의 도덕적 책임

변순용(서울교육대학교 교수)

통일교육을 하는 학교 현장에서 한반도 통일의 당위성에 대한 교육이 늘 진전 없이 이뤄지고, 지속된 반복으로 인한 권태나 피로감으로 표출되기도 하고 또 심지어 무관심으로 이어지는 경우까지 빈번하게 볼 수 있다. 이러한 분위기에서 통일에 대한 책임 논의 역시 한반도 정세나 특정 지도자의 책임으로 전가되는 경우도 심심치 않게 볼 수 있다. 그래서 이 연구에서 현대 책임윤리 담론에서 논의되는 공동체의 책임론을 바탕으로 통일의 정당성 교육에서의 새로운 방향점을 모색해 보고자 한다. 먼저 현대 책임윤리에서 공동체의 책임 문제가 중시되는 이유를 살펴보고, 도덕적 행위의 주체를 자율적인 의지를 가진 인간에게 한정하는 기존의 전통적인 윤리학의 입장을 벗어나 공동체의 도덕적 책임의 문제를 분석함으로써, 공동체를 도덕적 행위자로 규정하고자 한다. 그러기 위해서 우선 공동체를 결합체와 집합체로 구분하여 각각에서 제기되는 책임의 유형과 문제를 고찰하여 구성원에게 분배될 수 있는 도덕적 책임과는 다른 공동체 자체의 도덕적 책임이 있음을 규명하였다.

남북한 통일은 단순히 민족적 염원을 넘어, 한반도라는 공동체가 지닌 내재적 모순을 해소하고 지속 가능한 발전과 평화를 추구하기 위한 필수적인 과정이다. 통일의 당위성을 공동체의 책임이라는 관점에서 설명할 때 우리가 고려해야 하는 책임의 내용으로 분단으로 인한 고통과 비용경감의 책임, 한반도 평화와 안정 유지 책임, 민족의 역량 강화 및 미래세대 책임을 들 수 있다.

우선, 분단으로 인한 고통과 비용 경감 책임인데, 여기에는 인도적 책임, 즉 분단은 이산가족에게 깊은 고통을 안겨주고 있으며, 남북 주민 간 상호 이해와 교류를 가로막고 있는 상황에서 공동체는 이러한 인도적 비극을 해소하고, 모든 구성원이 자유롭게 왕래하며 인간다운 삶을 영위할 수 있도록 보장할 책임이 있다. 그리고 분단은 남북한 모두에게 막대한 국방비 부담을 지우고 있으며, 비효율적인 자원 배분과 협력 기회 상실로 인해 경제적 발전을 저해하고 있기 때문에, 공동체는 분단으로 인한 불필요한 비용을 줄이고, 통일을 통해 시너지를 창출하여 전체 공동체의 경제적 번영을 이끌 경제적 책임이 있다. 또한 분단은 남북한 사회에 서로 다른 이념과 체제를 고착화시키고, 때로는 불필요한 갈등과 대립을 야기하기 때문에 공동체는 이러한 사회적 긴장을 완화하고, 상호 존중과 이해를 바탕으로 평화로운 공동체를 건설할 사회적 책임이 있다.

한반도 평화와 안정 유지 책임에서 한반도는 세계 유일의 분단국가이자 지정학적으로 매우 중요한 위치에 있어, 언제든 군사적 충돌이 발생할 수 있는 잠재적 위험을 안고 있기 때문에, 공동체는 이러한 불안정한 안보 상황을 극복하고, 항구적인 평화 체제를 구축하여 한반도 및 동북아시아의 안정에 기여할 안보적 책임이 있다. 또한 남북한의 불안정한 관계는 주변국에도 영향을 미치며, 때로는 국제사회의 우려를 제기하므로, 공동체는 국제사회의 책임 있는 구성원으로서 한반도의 평화를 통해 세계 평화에 기여할 국제사회적 책임이 있다.

끝으로, 민족의 역량 강화 및 미래 세대 책임에서 오랜 역사와 문화를 공유해 온 한민족은 분단으로 인해 문화적 단절을 겪고 있다. 공동체는 이러한 단절을 극복하고, 민족의 정체성을 회복하며, 풍부한 문화유산을 다음 세대에 온전히 물려줄 문화적 책임이 있다. 또한 분단은 근현대사의 비극적인 산물이며, 이를 극복하고 새로운 역사를 창조하는 것은 현재 세대의 역사적 책임이며, 공동체는 과거의 상처를 치유하고, 화해와 협력을 통해 새로운 미래를 열어갈 책임이 있다. 통일은 단순히 현재 세대의 이익만을 위한 것이 아니라, 미래 세대가 더 나은 환경에서 살 수 있도록 기반을 마련하는 것이 필요하다. 공동체는 분단으로 인한 제약 없이 역량을 최대한 발휘하고, 더 큰 잠재력을 가진 통일 한반도를 미래 세대에게 물려줄 책임이 있다

이러한 통일 담론을 살펴볼 때 남북한 통일은 분단으로 인한 공동체의 고통과 비용을 경감하고, 한반도의 항구적인 평화와 안정을 구축하며, 민족의 역량을 강화하고 미래 세대에게 더 나은 환경을 물려주기 위한 공동체의 필수적인 책임의 내용이다. 그런데 공동체의 다양한 책임에 대한 논의가 실질적인 의미를 갖기 위해서는 공동체의 개별 구성원에게 환원불가능한 공동체 자체의 도덕적 책임의 존재를 정당화하고, 공동체 차원의 도덕적 책임의 실현을 위한 메커니즘을 제시하는 것이 현실적으로 요청된다. 그러지 않을 경우에는 우리 모두의 책임이라는 주장은 전형적인 '책임의 조직적인 무책임화 현상'을 초래할 가능성이 매우 높다.

1. 현대 책임윤리의 특징

책임 개념이 현대사회에서 부각되는 것은 현대사회의 두 가지 특징에서 그 이유를 찾아볼 수 있다. 우선 현대사회의 구조들이 점점 복잡해짐에 따라 행위의 복잡한 인과관계 속에서 행위의 원인을 찾거나 또는 책임을 규정하는 것이 점점 더 어려워지고 있다. 현대사회의 복잡한 행위구조가 가지는 확실성과 불확실성의 중첩이 가져오는 결과를 살펴보면 다음과 같다(Heidbrink 2003: 30-35 참조). 첫째, 행위의 구체적 내용도 중요하지만, 행위의 맥락의 중요성이 보다 중요해지고 있으므로, 행위가 일어나게 되는 조건과 배경에 대한 이해 속에서 행위의 의미를 파악해야 한다.

둘째, 행위의 대안들 자체보다 개별 대안들이 가져올 각각의 결과가 현대 사회에서 더욱 중요하게 나타난다. 또한 행위의 결과뿐만 아니라 부작용이나 장기적인 결과의 중요성이 강조되게 된다. 셋째, 행위의 영역 간의 구분이 점차 사라지고 있다. 복잡하게 얽혀있는 구조 속에서 특정 행위를 특정 영역에 한정시키는 것이 점차 무의미해지게 된다. 넷째, 이와 관련해서 행위에 대한 책임의 소급 범위가 점차 확장되어 가고 있다. 따라서 책임이 전통적인 의미의 의무개념을 대체하면서 행위의 정당성을 주장하는 중요한 근거가 된다. 전통적인 기준에 의하면 누구에게도 소급될 수 없는 책임의 사태가 발생하고 있으며, 개별적인 책임주체를 규정할 수 없다는 것이 책임의 부재를 의미하지는 않게 되는 경우들이 현대사회의 복잡한 구조 속에서는 나타나게 된다.

둘째로, 기술을 통해 증대되는 인간의 힘은, 이미 역사 속에서 드러난 바와 같이, 한편으로는 꿈의 실현이라는 의미를 갖지만, 다른 한편으로는 늘어나는 위험을 의미하기도 한다. 근대 계몽주의 시대에서 인간의 이성과 그의 산물인 기술에 대한 신뢰가 보편적이었다면, 이러한 믿음은 양차 세계대전, 원자폭탄의 사용, 생태계의 위기 등을 통해 약화되었다고 할 수 있을 것이다. 이 모든 것이 인간의 자기성찰의 계기가 되었으며, 이성에 대한 회의와 기술에 대한 불신은 힘의 사용에 대한 책임 개념의 강조를 가져왔다.

책임개념이 복잡한 사회구조와 연결되면, 책임져야 할 사람이나 책임의 대상을 구체적인 상황에서 규정하기가 더 어려워진다. 뿐만 아니라 기업의 책임이나 환경에 대한 책임과 같이 우리는 항상 책임의 새로운 유형에 직면하게 된다. “어떻게 그리고 어느 정도나 인간이 현대사회에서 책임질 수 있는가?”라는 물음과 관련해서 특히 제도적 내지 집단적 책임에 대한 논의가 윤리학의 중요한 주제가 된다. 하딘(G. Hardin)의 “공유의 비극(the tragedy of the commons)"에서 제시된 예와 같이, 공동책임 내지 집단책임은 복잡하고 익명적인 사회 안에서 너무나 수월하게 무책임이 될 수 있다. 또한 현대사회에서 인간은 교체가능한 하나의 부품처럼 여겨지고, 그래서 체계의 책임(Systemverantwortung) 내지 제도의 책임(Institutionsverantwortung)이 주장되기도 한다. 이런 책임유형에서 개개인은 어떠한 책임도 질 수 없다. 왜냐하면 헤프너가 주장한 것처럼 이런 책임은 이제 시스템 속에 포함되어 있기 때문이다(Haefner 1984: 89 참조). 이런 입장에서 본다면, 책임이라는 개념은 "일관성 있는 것처럼 보이는 하나의 보편적인 개념이지만, 그 이면에는 매우 상이한 의미, 해석 내지 관점을 숨기고 있는 개념이다(Lenk 1987: 572)."

책임의 윤리학은 "전통적인" 윤리학과는 달라야 한다. 요나스는 그의 저작인 "책임원칙 Das Prinzip Verantwortung(1979)"에서 전통적인 윤리학에 대해 강도 높은 비판을 가한다. 그에 따르면 기존의 어떤 윤리학도 인간 삶의 전지구적 조건과 먼 미래, 즉 인류의 존속이라는 것을 고려에 포함시키지 않았다(Jonas 1979: 28 참조). 그는 증가하는 인간의 기술적 능력과 상대적으로 줄어만 가는 지식의 사이에서 발생하는 "윤리적 공백"에 대해 언급한다. 그의 주장을 받아들인다면 현대의 기술문명은 새로운 윤리학을 필요로 하게 된다. 추상적이고 보편적인 윤리적 요청보다는 구체적이고 개별적인 윤리적 요청들이 제시되어야 한다는 것이다.

책임윤리는 학제적 성격을 갖는다. 책임에 대해 논의하기 위해서는 다양한 학문적 인식이 필요하다. 이것은 환경오염의 예에서 명확해 질 것이다. 환경파괴의 현상과 원인을 규명하기 위해서는 그에 상응하는 자연과학과 기술에 대한 지식이 필요할 것이고, 파괴되고 손상된 환경을 복구해야 한다는 요청을 근거지우기 위해서, 그리고 깨끗하고 더 살기 좋은 환경을 유지해야 한다는 요청을 정당화하기 위해서는 인문 사회과학적 인식이 필요할 것이다. 현대 윤리학에서 책임윤리는 철학과 다른 학문들이 만나는 계기가 될 것이다.

책임윤리는 결과 윤리, 즉 행위를 그것의 결과가 갖는 가치에 따라 판단하려는 입장과 원칙윤리, 즉 행위의 가치를 윤리-도덕적인 원칙에 의해 판단하려는 입장의 혼합 형태를 가진다. 책임개념의 확장경향은 책임개념에서의 원칙윤리적 요인이 결과윤리적 입장과 결합되는 것을 의미한다. 현대사회 안에서 행위의 축적적이고 종합적인 장기효과를 고려해본다면, 행위의 결과를 중시하는 결과윤리적 책임윤리는 어려움에 처하게 된다. 왜냐하면 현대사회에서 행위의 결과를 판단한다는 것이 점점 더 어려워지고 있기 때문이다. 프레온 가스의 사용이 오존층에 문제를 가져온다는 것을, 또 동물사료가 광우병을 가져온다는 것을 전에는 알 수 없었다. 누가 프레온 가스나 동물사료의 사용으로부터 야기되는 장기적인 부작용에 대한 책임을 져야 하는가? 이 물음 속에 결과윤리적인 책임윤리의 한계가 드러나며, 책임윤리는 결과윤리적 입장과 원칙윤리적 입장의 상호조율 속에서 논의되어야 할 것이다.

책임윤리는 이론과 실제의 결합의 기능을 수행한다. 책임윤리에서 제시하는 책임의 개념 그 자체는 사실 아무런 구체적인 행위지침에 대한 내용을 갖고 있지는 않다. 책임의 원칙 역시 책임져야 한다는 원칙적인 수준에서의 논의만으로는 구체적인 지침을 제공해주는데 있어서 한계를 드러낸다. "책임 개념의 핵심적 기능은 규범과 상황을 연결하며, 이러한 연결에 깔려있는 해석학적인 과제들을 알려주는 것이다(Rendtorff 1982: 118)." 이론적인 면에서뿐만 아니라 실천적인 행위지침력을 갖기 위해서 책임윤리는 단순한 적용(Application)의 수준에서가 아니라 상세화(Specification)의 과정을 통해 구체화되어야 한다.

2. 공동체의 도덕적 책임에 대한 논의의 의미

이 장은 도덕적 행위의 주체를 자율적인 의지를 가진 인간에게 한정하는 기존의 전통적인 윤리학의 입장을 벗어나서, 공동체에게도 도덕적 지위가 부여될 수 있는가를 공동체의 책임문제를 통해 살펴보는 것을 목적으로 삼고 있다. 지금까지 공동체의 책임문제는 행정학이나 경영학, 교육학이나 신학에서 조직론을 중심으로 다뤄지긴 했지만, 윤리학의 시각에서 공동체의 도덕적 책임에 대한 논의가 한국에서는 거의 없었다. 따라서 이 연구는 공동체의 도덕적 책임의 근거와 유형, 그 실현방법을 모색해 보고자 한다는 점에서 공동체의 행위에 대한 새로운 이해를 제공하는 계기가 될 것이다.

공동체의 도덕적 책임에 대해 논의하기에 앞서 공동체의 도덕적 책임의 존재를 반대하는 입장을 살펴볼 필요가 있다. 이러한 입장을 그래햄(Keith Graham)은 크게 세 가지로 정리하고 있다(van den Beld 2000: 53-61 참조). 첫 번째 입장은 공동체는 실제로 존재하지 않기 때문에 공동체에게 책임을 부과해야 한다는 것은 환상에 불과하다는 것이고, 두 번째 입장은 비록 공동체가 존재한다 하더라도 공동체는 행위자인 개인과 본질적으로 상이하므로 공동체에 대한 도덕적인 논의 자체가 불가능하다고 주장한다. 세 번째 입장은 앞의 두 입장보다 유연함을 보이지만 공동체의 도덕적 책임 논의가 가지는 본질적인 한계를 주장하고 있다. 공동체가 도덕적인 수동자(moral patient)보다는 도덕적 능동자(moral agent)로서의 중요한 특징을 갖는다 하더라도 그것은 단지 2차적이고 간접적인 방식으로 행위를 하는 것이므로, 공동체에게 도덕적 책임을 부과해야 하는 물음은 인간인 행위자에게 묻는 것과는 달라야 한다는 것이다. 여기서 첫 번째와 두 번째 입장은 존재론적으로 가능한 논의이지만, 현실적인 필연성의 측면에서 거부될 수밖에 없다. 결국 세 번째 입장에서 공동체의 행위와 개인의 행위의 구분에서, 실제로 개인들이 현실에서 수행하는 다양한 행위들 역시 공동체의 구성원으로서 수행하는 행위들을 포함하고 있다는 것과 개인의 행위능력과 유사한 공동체의 행위능력을 통해 도덕적 책임을 물을 수 있는 가능성을 찾아야 한다.

특히 현재 한국사회에서 사회내의 각 공동체들의 이익이 서로 상충될 경우 조직적인 힘의 대결 양상으로 전개 되고 있는 실정이다. 현대사회에서 개개인보다는 조직이나 공동체가 막강한 영향력을 행사하고 있음을 고려해 볼 때, 공동체의 도덕적 책임에 대한 논의의 필연성을 더 유보하기 어려운 상황이다. 법 영역에서는 공동체의 책임이 부분적으로 인정되고 있지만, 도덕적인 책임이 공동체 그 자체에게 부여되기에는 여러 정당화의 노력이 필요하다. 특히 이러한 정당화의 전략은 공동체의 종류와 성격에 따라 상이할 수밖에 없다.

니버의 책 제목인 "Moral Man Immoral Society"가 시사하는 바와 같이 도덕적 인간으로 구성된 공동체이더라도 그 공동체의 행위가 비도덕적일 수 있다는 공동체 고유의 특성이 존재한다. 사회 안에는 여러 수준의 공동체들이 있으며, 더구나 현대사회에서 이러한 공동체들이 이익집단화되면서 자기의 권리를 주장하게 된다. 그러나 공동체의 이익과 권리에 대한 주장과 함께 책임이 강조되어야 함에도 불구하고 공동체의 책임에 대한 논의가 미약하거나 지나치게 추상적인 수준에서 거론되는 경우가 적지 않다.

개인의 도덕적 책임뿐만 아니라, 현대 사회에서 새롭게 제기되고 있는 환경문제나 생명문제에서 제기되는 사회적 책임에 대한 철학적 논의가 활발히 논의되고 있다. 전통적인 관점에서 보면 도덕행위의 주체는 항상 개별적인 인간 존재였다. 공동체의 도덕적 책임을 개인주의적 시각에서 보려는, 즉 공동체의 도덕적 책임을 그 공동체 구성원에게 귀속시켜야 한다고 보는 방법론적 개체주의(Methodological Individualism)[1]내지 윤리적 환원주의의 주장도 있지만, 공동체 그 자체의 속성상 그 구성원 각자에게 도덕적 책임이 귀속될 수 없는 경우가 분명히 발생한다. 예컨대, 도덕적 책임을 발생시킨 조직이나 집단에서 그 소속 구성원의 경우 자기가 알지도 못하면서 자기의 직무와 역할을 성실히 수행한 경우에 우리는 공동체의 도덕적 책임을 구성원 개개인에게 묻기가 어렵게 된다. 그래서 "나는 단지 내 일만 했을 뿐이야"라거나 "상부의 명령이야"의 변명이 정당화되는 경우에는 공동체가 책임있다고 해서 그 구성원의 책임이 정당화되지 못하는 경우도 발생하게 된다. 그러나 이런 경우에는 '조직화된 무책임'의 현상이 발생하기도 한다.

사회가 발전하면서 다양한 형태의 공동체들이 생겨날 뿐만 아니라, 여러 수준으로 세분화되어가고 있으며, 이 공동체들은 이미 법의 영역에서는 책임의 주체로서 인정되고 있다. 가장 중심적인 문제는 다음과 같다: 공동체가 도덕적 책임을 질 수 있는가? 개별적인 공동체구성원의 도덕적 책임과는 다른 공동체 자체의 도덕적 책임이 존재하는가? 공동체가 도덕적 책임을 어떻게 이행하는가?

---

1 왓킨스(W. N. Watkins)는 "사회과정과 사건들은 그것들에 참여하는 개인들의 행위를 지배하는 원칙들과 그 개인들의 상황에 대한 서술로부터 연역하여 설명될 수 있다(1953: 729-730)"는 방법론적인 원칙을 주장하였으며, 포퍼(K. Popper)는 전체주의 국가에 대한 비판에서 이것을 이용하였다.

3. 공동체의 유형과 그로부터 제기되는 책임의 문제

물론 공동체라는 개념 자체가 다양하게 세분화 될 수 있겠지만, 여기서는 그 공동체의 수준을 몇 가지로 구분하고자 한다. 위에서 제시된 문제들에 답하기 위해서는 먼저 공동체의 종류(human collectives, groups, organizations and institutions)를 구분해야 한다. 그래서 우선 서구사회에서 공동체의 도덕적 책임에 대한 논의에서 가장 많이 논의되는 프렌치(P. French)의 구분과 행위의 측면에서 논의한 마링(M. Maring)의 구분을 대표적으로 살펴보겠다.

우선 프렌치는 집합체와 결합체, 통계적인 의미의 집단으로 구분하고, 특히 집합체를 두 가지로 구분한다. 헬드(Virginia Held)나 쿠퍼(David Cooper)가 본 것처럼, 구성원들의 시공간적 지속성을 가진 집단과, 집합체에 속하면서도 비교적 도덕적 비난을 받거나 책임이 있다고 여겨지는 공통된 특성을 지닌 집단을 구분하고 있다. 여기서는 프렌치의 공동체에 대한 구분을 근거로 하여 공동체를 다음과 같이 크게 두 가지로 구분하고자 한다(French 1972: 37-49 참조):

1. 집합체(aggregate collectivity): 구성원이 변하면 공동체의 정체성도 변함.

1) 무작위 집합체(random collective)

(1) 구성원들 일정한 시공간적 지속성을 지님.

(2) 집단행동을 결정하는 과정이 없음.

(3) 유대감이 결여.

(4) 예 군중, 버스정류장의 사람들

2) 비난받거나 책임있다고 여겨지는 공통된 특성을 가진 공동체

예 인종차별주의자.

2. 결합체(conglomerate collectivity):
(1) 공동체의 정체성이 조직에 속한 개인의 정체성과의 결합에 의해 없어지지 않음.
(2) 세 가지 특징:
① 내부 조직 내지 의사결정 과정의 존재
② 규칙화된 구성원의 행위의 기준
③ 정해진 구성원의 역할 및 지위.
(3) 예 정당, 의회, 군대, 적십자, 기업 등.

마링은 행위의 관점에서 개별적인 행위와 집단행위를 구분하고 있다(Maring 2001: 109 참조). 개별적인 행위는 개개인이 대표자나 대리인이 아니라 자신의 이름으로 자신의 생각과 책임 하에 수행하는 행위를 의미하며, 모든 도덕적인 판단에서 1차적인 행위(Primaeres Handeln)이다. 다수의 사람들의 행위를 의미하는 집단행위는 다시 좁은 의미의 집단 행위(Kollektives Handeln im engeren Sinne)와 조직행위(Korporatives Handeln)로 구분한다. 좁은 의미의 집단행위는 "군중들의 행위, 동일한 목표를 가진 다수의 행위, 전략적이면서도 경쟁적인 조건하에서이거나 아니면 서로 독자적인 다수의 조정되지 않은 행위(Maring 2001: 110)"이다. 조직행위는 "과제 지향적, 목표지향적, 구조화된, 분업적인 사회적 형성물(Maring 2001: 110)"의 행위이다.[2] 그는 조직행위와 관련된 책임을 내적인 책임과 외적인 책임으로 구분한다. 내적인 책임은 조직 내에서 발생하는 책임이며, 외적인 책임은 제삼자, 사회, 세계 등에 대해 발생하는 책임이다. 여기서 외적인 책임은 다시 조직 자체로서의 조직의 책임, 구성원의 일부 내지 전체가 져야 하는 책임, 일부나 전체의 구성원들과 조직이 공동으로 부담해야 하는 책임으로 구분된다. 또한 그는 좁은 의미의 집단행위와 조직행위 모두

2 여기서 마링은 조직을 "역할로 구조화되어 분업적인 권력구조를 가진 목표지향적인 체계"로 규정하고 있다(Maring 2001: 112, 140 참조).

에서 구성원들에게 책임이 소급될 수 있는 경우와 소급될 수 없는 경우를 인정하고 있다. 이러한 구분에 프렌치의 구분을 적용해 보면, 전자는 집합체의 수준에서, 후자는 결합체의 수준에서 발생하는 행위를 의미한다.

집합체에게 도덕적 책임을 물을 수 있는가? 그렇다면 도덕적 책임이 집합체의 구성원 개개인에게 분할되느냐 혹은 공유되느냐의 문제가 또 제기된다. 결합체와는 달리 특별한 의사결정구조나 내부조직, 정해진 규칙 등이 없는 집합체에게 도덕적 책임을 어떻게 물을 수 있겠는가? 이 물음에 답하기 전에 도덕적 책임 발생의 유형을 두 가지 경우로 구분하여 생각해 볼 수 있다: 집합체 자체가 문제가 되는 사태의 직접적인 원인을 제공하는 경우와 직접적인 관여나 참여를 하지 않았지만 무관심이나 방관, 혹은 침묵, 묵인 등을 통해 문제가 되는 사태의 발생에 간접적인 요인이 되는 경우. 이 두 경우에 책임의 실현과 관련하여 중요한 문제는 도덕적 책임이 구성원 개개인에게 분할될 수 있느냐의 문제이다. 이것은 책임의 분할 내지 분배의 개념으로 봐야 할지 아니면 공유의 개념으로 봐야 할지의 문제이다. 법적 책임이 분할되는 경우는 있지만, 도덕적 책임은, 직관적으로, 나누어질 수 있는 파이가 아니기 때문이다.

한편, 결합체의 도덕적 책임에 관한 가장 중요한 문제는 (1)구성원 개개인에게 돌려질 수 있는 책임과 그렇지 않은 책임을 구분하는 문제, 그리고 (2)구성원 각자에게 귀속될 수 없는 공동체 자체의 도덕적 책임이 존재하느냐라는 문제, 또 그런 책임이 존재한다면 (3)공동체가 그런 책임을 어떻게 실현하느냐 하는 문제일 것이다. 첫 번째 문제에서의 책임은 집합체의 도덕적 책임과 비교 검토되어야 할 것이다. 두 번째와 세 번째 문제에서는 공동체 행위에 대한 다양한 분석모델에 따라 공동체 전체의 책임이 어떻게 발생하며 또 어떻게 실현되는가가 살펴질 것이다.

4. 공동체 자체의 도덕적 책임

요나스는 현대사회의 두드러진 특징으로 거대 주체(das Supersubjekt)의 등장을 들고 있다(Jonas 1987: 274-5, 296-7 참조). 전통적인 입장에서, 아니 현대 사회에서 조차도, 행위의 주체는 분명히 개인이다. 그럼에도 불구하고 사회 내 여러 수준의 집단, 조직, 기업 등의 책임에 대한 논의가 지속적으로 제기되는 것은 현대 사회에서 개개인이 가지는 행위의 힘에 비해 여러 유형의 공동체의 행위가 가지는 힘이 점차 증가되어 가고 있기 때문이다. 공동체의 책임이 그 공동체 구성원 각자에게 소급되어 부과될 수 있다면, 공동체의 책임문제는 쉽게 개인의 책임문제로 전이될 수 있을 것이다. 이를 테면, 루이스(H. D. Lewis)는 "가치는 개인에게 속하므로 도덕적 책임자는 오직 개인(May & Hoffman 1991: 4)"이며, 따라서 "도덕적 책임은 오직 개인에게만 부과될 수 있다(French 1972: 8)"는 전통적인 견해를 대변하고 있다. 이러한 견해에도 불구하고 현대사회에서 제시되는 책임의 사례들은 집단주체들의 행위에 도덕적인 책임의 물음을 던질 수밖에 없는 필연성을 보여주고 있다(Van den Beld 2000: 61 참조).[3] 이에 대한 가장 대표적인 예로서 기업의 사회적 책임(CSR: Corporate Social Responsibility)에 대한 논의를 들 수 있다.[4] CSR을 통해서 알 수 있는 것처럼 기업에게 도덕

---

3 L. May(1992): Sharing Responsiblity, Chicago Univ. Press, Chicago, p. 53, 161-2; S. Scheffler(1995): "Individual Responsibility in a Global Age", Social Philosophy and Policy, 12, p. 232 참조.

4 "1990년대 초반 이후 CSR의 중요성은 눈에 띄게 커졌다. 최근 구글 검색 사이트에서 '기업의 사회적 책임'이라는 키워드로 검색하면 3만개 이상의 사이트를 찾을 수 있다. 인터넷에서는 기업웹사이트에 있는 10만개의 페이지를 포함하여 약 1,500만 웹페이지들이 CSR 분야를 다루고 있다. 아마존에서는 이 주제에 대해 600권 이상의 도서가 검색된다. 1천개 이상의 기업들이 사회, 환경, 인권 분야에서의 실천을 관리하기 위한 행위규범을

적 행위자로서의 역할을 요구해야한다는 현대사회의 필요적인 요청을 확인해볼 수 있을 것이다.

그러나 구성원들에게 소급될 수 없는 공동체 고유의 도덕적 책임에 대한 논의는 딜레마에 빠지게 된다. 우선 구성원들에게로 소급될 수 없는 고유한 책임의 존재를 인정하게 되면, 그 책임을 져야하는 주체가 구성원이 아니라 공동체여야 한다는 것이다. 구성원들에게 분배될 수 없는 책임은 결국 조직화된 무책임(die organisierte Unverantwortlichkeit)이 될 수 있기 때문이다. 그렇다고 해서 공동체의 고유한 책임이 구성원들에게 분배될 수 있다고 하면 그것은 결국 방법론적 개체주의를 인정하는 것이 되고 결국 공동체의 고유한 책임이라는 전제로부터 벗어나게 된다. 결국 공동체의 도덕적 책임의 문제에서 구성원들에게 소급될 수 없는 공동체 고유의 책임의 정당화 및 실현 방법이 중요한 문제가 된다.

프렌치는 집단의 도덕적 책임이 인정된다 해서 그것이 바로 그 구성원들의 책임까지 입증해주는 것은 아니라고 주장한다. 그는 "A라는 공동체가 n이라는 사건에 대해 책임이 있고, A는 x, y, z 라는 개인들로 구성되어 있다는 것으로부터 각각의 x, y, z가 n에 대해 책임있다는 것이 연역되지는 않는다(French 1972: 25)"고 주장한다. 예를 들면 "많은 사람들이 베트남전에서 사용된 대인용 폭탄에 의한 피해에 대해 그 폭탄을 제조 판매한 허니웰 회사(the Honeywell corporation)에게 책임있다고 말하면서도, 그러한 피해에 대해 그 회사의 구성원들에게 책임을 묻는 것은 정당하지 못하다고 생각한다(French 1972: 25)"는 것이다. 그는 공동체의 도덕적 책임

개발했거나 그에 참여하고 있으며, 현재 2천 개 이상의 기업이 CSR 활동에 대한 보고서를 발행하고 있다. 1980년대 중반 미국에서는 사회적 뮤추얼 펀드들이 별로 없었다. 그러나 2005년에는 1995년에 비해 펀드 수가 10배 이상 증가하였고, 이후로 200개가 넘는 사회적 펀드가 넘쳐나고 있다(김민주, 김선희 역 2006: 30-1)"

의 문제에서 중요한 세 가지 물음을 던지고 있다(French 1972: 25-6 참조). 첫째는 공동체가 그 구성원들의 행위들로 간단하게 환원될 수 없는 방식으로 행위할 수 있는가? 둘째는 공동체가 실제로 행한 것과는 다른 것을 했어야만 했다는 것이 의미있는 말인가?(혹은 공동체의 행위기준이 존재하는가?) 셋째는 공동체가 실제로 취한 행위와는 다른 행위를 할 능력이 있는가? 이 물음들이 긍정되어야 공동체의 도덕적 책임의 문제를 논할 수 있을 것이다.

행위주체로서의 공동체를 인정하는데 있어서 공동체의 행위능력을 어떻게 보느냐의 문제는 도덕적 책임을 질 수 있는 주체의 행위능력의 문제와 연관되어 있다. 분명히 인간의 행위 능력과 공동체의 행위 능력을 같다고 볼 수 없다. 그렇다면 공동체의 행위능력을 어떤 측면에서 보느냐에 따라서 책임의 주체가 될 수 있는 능력, 즉 책임능력을 인정해야 하느냐의 문제로 귀결된다. 프렌치는 기업의 책임문제에 있어서 기업의 내적 결정구조(Corporation's Internal Decision Structure: CID-Structure)와 의도(Intention), 이성(reason)을 강조한다(May & Hoffman 1991: 141-144 참조).[5] 렝크(H. Lenk)는 공동체의 행위능력이 비록 숙고의 구조와 자기 목적성이 결여되어 있다는 점에서 개별적 인간의 행위능력과 구분되지만, 그럼에도 불구하고 내적 결정구조와 행위능력(달리 행할 수 있는 능력)을 가지고 있으므로 이것에 기초하여 공동체의 자율성을 확보할 수 있다고 본다(Wieland 2001: 134 주 86 참조). 이런 맥락에서 베어하네(P. Werhane)는 1차적(직접적 Primäres) 행위와 2차적(간접적, Sekundäres) 행위를 구분한다. 여기서 "2차적 행위는 1차적 행위에 근거하며, 행위와 그 행위의 결과를 공동체나 공

---

5 P. A. French(1979): "The Corporation as a Moral Person," American Philosophical Quarterly, Vol. 16, no. 3. 참조.

동체의 목적에 의해 해석되며, 구성원들의 1차적 행위에 의존해 있는 행위이지만, 간단하게 1차적 행위로 소급될 수 없는 행위이다(Wieland 2001: 117).” 게저(H. Geser)는 조직과 기업의 도덕능력에 대해 논의하면서 공동체는 초개인적 행위자(überindividuelle Akteure)라고 주장한다(Geser 1989: 28 참조). 결국 도덕적인 집단행위주체(der moralische kollektive Akteur)의 문제는 도덕적인 개별행위주체의 특징들, 이를테면 양심, 동정, 의지 등을 가지고 있지 못하기 때문에 행위의 주체로 인정될 수 없다는 주장에 의해 비판받는다. 이것은 집단행위주체와 개별행위주체의 동일성에 대한 물음에 대한 대답이라고 생각된다. 그러나 현대사회에서 나타나는 집단행위주체가 사회에 미치는 영향력과 행위의 다양성으로 인해 집단행위주체가 져야하는 도덕적인 책임에 대한 요청은 거부되기 어렵다. 그래서 빌란트는 집단행위주체의 덕목을 가능화의 기능과 안전화의 기능으로 나누어 설명하기도 한다(Wieland 2001: 32-38 참조). 하이드브링크는 현대적인 책임개념을 인과성(Kausalität), 의도성(Intentionalität), 관계성(Relationalität)의 기본요소로 구성된다고 주장한다. “인과성은 행위의 원인과 결과의 관계와 관련되는 객관적인 기본조건이며, 의도성은 행위자의 의도, 인식과 자발성을 포함하는 주관적인 행위의 조건이고, 관계성은 규범적인 조건으로서 특정한 가치, 규범이나 법체계와의 관계이며, 이를 통해 행위자는 자신의 행위에 대해 책임을 져야 하는 것이다(Heidbrink 2003: 190).” 결합체의 성격을 가진 공동체의 행위는 이 세 가지 책임의 요소를 충족시킬 수 있을 것이다. 이러한 다양한 노력들은 모두 공동체의 (개인들에 비해 상대적으로) 독자적인 행위능력을 인정함으로써 공동체의 고유한 책임을 정당화하려는 시도이다.

이러한 결합체의 책임능력의 조건을 규정하는 구체적인 시도로는 파인버그(J. Feinberg)[6]와 콜렛(J. A. Corlett)의 연구를 들 수 있다. 파인버그는 개인의 도덕적 책임의 요건으로 첫째, 행위자가 문제되는 행위를 직접 행해야 하며(적어도 인과적으로 기여했어야 하며), 둘째, 인과적인 기여가 잘못이어야 하고, 셋째, 행위의 잘못된 측면과 결과의 직접적인 관계가 있어야 한다고 주장하는데(French 1972: 51참조), 콜렛은 파인버그의 조건에 다음과 같이 의도성, 자발성, 인지가능성을 덧붙인다.

» "어떤 결과나 일의 상태와 관련하여 책임은 결합체에게,

» 첫째, 결합체가 문제가 되는 행위를 실제로 했거나(did), 아니면 적어도 결합체의 행위, 부작위 내지 그러한 행위를 하려는 시도가 문제 상황에 대하여 기여적 과실(causal contribution)이 있는 정도(즉 인과적인 의미에서 해로운 결과에 대한 책임이 있는 정도)에 따라,

» 둘째, 결합체가 그러한 결과와 관련된 의도적인(intentional) 행위자인 정도, 즉 결합체의 행위, 작위 내지 시도가 결합체의 요구와 신념에 의해 야기된 정도에 따라,

» 셋째, 결합체가 그러한 결과와 관련되어 자발적인(voluntary) 행위자인 정도에 따라,

» 넷째, 결합체가 그러한 결과에 대하여 충분히 알고서(epistemic) 행위한 정도에 따라,

» 다섯째, 인과적인 기여행위가 잘못된(faulty) 정도(즉 해로운 결과에 대해 비난의 의미에서 책임있다고 여겨지는 정도)에 따라,

» 여섯째, 해로운 결과가 결합체의 과실에 의한 것이라면, 결합체의 행위가

6 J. Feinberg(1970): Doing and Deserving, Princeton Univ. Press, Princeton, p. 223 참조.

가진 잘못된 측면과 그 행위의 결과사이에 인과적 관계(causal connection)가 성립되는 정도에 따라 부과되어야 한다(Corlett 2006: 148)."

콜렛은 위의 여섯 가지 기준이 충족되면 결합체에게 도덕적 책임을 부과할 수 있다고 주장한다. 그래서 결합체의 규칙체계가 그 결합체의 공식적인 대표자나 대의조직에 의해 결정을 내리고, 이러한 결정이 결합체의 필요와 표방하는 목표체계에 의해 이뤄진다면, 결합체는 비록 간접적인 의미의 행위자 일지라도 의도적으로 행위했다는 것이 입증되는 것이다(Corlett 2006: 154 참조). 이런 맥락에서 투멜라도 집단의 의도를 '우리-의도(we-intention)'라고 주장한다(Toumela 1991: 249-77 참조). 의도성은 법철학의 논의에서 제시되는 mens rea의 조건에 해당이 되는 것이며, 자발성은 actus reus의 조건에 해당이 된다. 이런 의미에서 볼때 의도성이 결합체의 도덕적인 책임을 묻는데 있어서 필요조건은 되지만 충분조건은 아닌 것이 된다. 그는 파인버그가 제시한 세 가지 조건이외에도 의도성, 자발성, 인지가능성이 충족되어야 비로소 결합체가 도덕적 책임의 담지자가 될 수 있다고 본다. 그러나 그의 논의에서 의도성과 자발성이 어떻게 명확히 구분되는지, 결합체의 의도성과 자발성이 결합체 구성원의 일부, 즉 내적 결정 구조에서 힘을 행사하는 일부의 구성원들의 의도성, 자발성과 어떻게 구분되는 지에 대해서는 명확하게 제시하지 못하고 있다. 결국 결합체의 행위가 규칙에 근거하는, 목표지향적인 내적인 결정 메카니즘의 존재를 통해 이 세 가지 조건은 논리적으로 구분되어지긴 하지만, 현실적으로는 결합체의 구체적인 행위로 나타나게 된다.

내적 결정구조를 가지는 결합체의 경우에 행위능력과 책임능력이 인정된다면, 그러한 것들이 결여되어 있는 집합체의 경우는 어떻게 정당화될 수 있는 지에 대해 살펴봐야 할 것이다. 집합체의 도덕적 책임의 경우에 대해서는 쿠퍼(D. Cooper)와 헬드(V. Held)의 상반된 주장을 통해 논의될 수 있다. 우선 쿠퍼는 집합체의 경우에는 도덕적 책임을 물을 수 없다고 하면서 결합체의 책임을 주장하는데, 이것은 분배될 수 있는 책임과 분배될 수 없는 책임으로 나눠지며, 후자가 체계(System)의 책임이라고 주장한다(French 1972: 136 참조).[7] 그러나 헬드는 특정 조건하에서는 집합체에게도 도덕적 책임을 물을 수 있다고 주장한다. 그녀는 집합체와 결합체를 의사결정과정의 유무에서 찾으며, 집합체에게는 분배될 수 있는 책임이, 결합체에게는 분배될 수 없는 책임을 물어야 한다고 본다. 그녀는 집합체(random collective)의 행위 중에서 특히 부작위의 문제를 예로 들면서, 집합체가 주어진 상황에서 요청되는 행위를 하지 않았을 경우에 책임의 문제가 발생한다고 설명한다(French 1972: 158 참조). 그 예를 다음과 같이 설명하고 있다:

---

7 그는 집단의 분배될 수 있는(collective and distributive) 책임과 분배될 수 없는(collective and non-distributive) 책임을 구분하면서, 집단의 분배불가능한 책임의 예를 다음과 같은 가상적인 상황으로 설명하고 있다: "19세기의 미국 서부의 변방에 있는 작은 마을을 상상해보자. 법과 질서의 유지를 위해 시민들은 자경단을 구성하였지만, 처음부터 자경단은 그 마을의 정의를 실현하기 위해서가 아니라 이방인이나 다른 마 을로부터 마을 주민들의 이익을 보호하는 것이 주된 목적이었다. 언제부터인가 마을 주민들의 권리를 보호하고 이방인을 추방하는 것이 당연한 관례처럼 여겨지게 되었다. 이러한 관례가 오랜 동안 지속되다가 어느 날 그 마을에 들른 낯선 카우보이에게 부당한 결정이 내려지고 마을에서 추방당하게 되었다. 그 지역의 어느 신문에 다음과 같은 기사가 나왔다: 폭력적인 자경단이 카우보이에게 부당한 행위를 한 것에 대해 책임을 져야 한다(French 1972: 137)." 그는 집단의 분배될 수 없는 책임이 개인의 책임과 관련될 수 있는 세 가지의 경우를 제시한다. "우선 어떤 구성원도 책임이 없는 경우, 둘째는 가장 일반적인 경우인데, 일부의 구성원들이 책임이 있지만, 그럼에도 불구하고 집단의 책임이 존재하는 경우이며, 세 번째는 구성원 각자가 개별적으로 모두 책임있다고 생각되면서도 집단의 책임이 이 구성원들이 짊어질 책임의 합보다 더 중요하다고 생각하는 경우이다(French 1972: 136)."

» 지하철에 정상적으로 보이는 7명의 사람들이 있다고 가정해보자. 이들은 서로 전혀 모르며, 각기 따로 앉아 있다. 이들 중 두 번째로 키가 작은 사람이 일어나서 가장 키가 작은 사람을 통로로 밀어놓고 다른 사람들이 다 보는 곳에서 때리고 나서 목을 졸랐다. 만약 남은 다섯 명의 사람들이 아무런 조치도 취하지 않은 동안에 결국 그가 죽고 말았다면, 우리는 "그들이 가해자를 진압했어야만 했다"는 판단을 할 수 있는가? 남은 다섯 명중 어느 누구도 혼자서 그를 진압할 수 없었다는 것도 가능하다. 그렇지만 적어도 둘 이상의 사람들이라면 스스로에게 피해를 입지 않으면서도 가해자를 진압할 수 있었을 가능성이 매우 높다. 그 자리에 있던 사람들이 많은 것이 아니어서 혼란이 일어나지는 않았을 것이다. 이러한 경우에 우리는 집합체(random collective)에게 결합체(group)로서 행위를 하지 못한 것에 대해 도덕적으로 책임이 있다고 말할 수 있을 것이다(French 1972: 158 참조).

그녀는 집합체와 결합체의 책임을 비교하면서, "집합체 R이 m, n, o로 구성된 집합체이고, R이 도덕적으로 책임이 있다면, m, n, o가 도덕적으로 책임있다(French 1972: 161)"고 주장한다. 그러나 "동일한 구성원으로 이루어진 결합체라면 R의 책임은 m, n, o의 책임과 동등하게 나타나지 않는다. 왜냐하면 결합체는 구성원들이 집단으로 행위하는 의사결정의 방법을 포함하고 있으며, 이러한 결합에 대한 도덕적 책임의 분배는 개연성이 없어 보인다(French 1972: 161-2)." 그녀의 주장을 받아들이면, 결국 집합체는 주어진 상황에서 이성적으로 요청되는 행위를 결정하고 실현하지 못한 것에 대해 도덕적인 책임을 져야한다(French 1972: 161 참조). 위의 예에서 남은 다섯 명의 구성원들이 집단적인 행위를 결정하지 못한 것에 대해 도덕적인 책임을 물을 수 있다.

고 있고, 헬드는 분배될 수 있는 것은 집합체의 책임문제이고, 분배될 수 없는 것이 결합체의 책임문제라고 보고 있다. 그러나 우선 집합체의 경우 분배될 수 있는 것과 공유되는 것은 분명한 차이가 있다. 헬드가 제시한 위의 예에서 한명의 죽음에 대해 다른 다섯 명에게 물어지는 책임은 분배된 책임이 아니라 공유되는 책임이라고 생각된다. 만약에 이것이 분배될 수 있는 책임이라면 그 다섯 명의 방관자들은 각각 한 사람의 죽음에 대해 1/5의 책임을 진다는 것인데, 법적인 영역에서는 몰라도 도덕적인 영역에서는 그 구성원들 각자가 한사람의 죽음에 대해 책임이 있는 것이다. 쿠퍼의 체계책임도 결국 사회관습이나 제도에 의해 일어나는 일에 대한 책임의 성격을 규명했다는 점에서는 의미가 있지만, 그러한 책임을 어떻게 실현하느냐의 물음은 결국 더 어려워져 버리는 문제를 드러낸다. 예컨대 그러한 관습이나 제도의 수정, 즉 체계의 소멸이 책임실현이 된다고 보기는 어렵기 때문이다.

5. 공동체의 도덕적 책임

프렌치는 도덕적으로 책임을 진다는 것, 즉 도덕적인 행위자가 된다는 것은 무엇보다도 의도적인 행위자를 전제로 한다고 본다(French 1984: 38). 그는 도덕적 인격이 생물학적인 실체에만 국한될 필요는 없으며, 권리와 책임이 부과될 수 있는 존재면 된다고 주장한다. 공동체의 책임을 주장하는 대부분의 논의들은 우선, 공동체의 의도의 존재를 인정하고(mens rea의 전제), 둘째, 공동체의 행위는 구성원의 개별적인 행위로 환원될 수 없다는 것(actus reus의 전제)을 기본적인 전제로 가지고 있다. 그러나 첫 번째 전제는 공동체의 내적 결정구조를 통해 해결될 수 있다고 보지만, 두 번째 전제는 문제가 있다. 우선 공동체의 행위는 물리적으로 보더라도 결국 그 공동체 구성원들의 행위로 환원되어질 수밖에 없다. 그래서 공동체의 책임에 대한 논의에서 중요한 것은 결국 공동체의 행위가 개인의 개별적인 행위를 통해 이뤄진다는 것이 부정되어서는 안되지만, 그렇다고 해서 공동체 자체의 책임이 개별적인 행위자에게로 환원될 수 있는 것이 아님을 강조하는 것이다. 공동체의 행위는 분명히 개별적인 구성원들의 행위를 통해서 실현된다. 그렇다고 해서 공동체의 행위의 결과에 대한 책임이 개별적인 구성원들에게 배분될 수 없는 부분들이 존재한다. 그러한 부분들이 존재하는 이유는 공동체의 의도 혹은 집단의지(der Gruppenwille)가 존재하기 때문이다. 그래서 공동체의 책임문제는 결국 공동체 구성원이 자신이 하지 않은 행위에 대해서도 책임져야하는 상황을 야기하기도 한다. 자기가 하지 않은 행위에 대한 책임의 근거는 책임사태를 불러일으킨 공동체의 구성원이라는 사실로부터 나온다.

결합체의 성격을 갖는 공동체는 "개체적인 인간보다 상위의 사회적, 상징적인 의미로 구조화되고 해석되는 수준에서 의도를 가진, 목표 지향적이지만 개개인에게로 소급될 수 없는 2차적인 의미에서의 행위를 할 수 있다(Maring 2001: 133)." 결합체의 성격을 갖는 공동체는 결국 행위의 체계이다. 모든 행위의 체계는 행위의 결과에 대해 도덕적인 책임이 부여되어져야 한다. 따라서 결합체의 성격을 갖는 공동체의 행위에도 도덕적인 책임이 부여되어져야 한다(Maring 2001: 133 참조).

공동체 자체의 책임이 광범위하게 적용되는 것을 피해야 하며 개인의 책임과도 분명히 차별화되어야 한다. 그래서 공동체의 책임은 적용에 있어서 엄격한 제한이 가해져야 한다. 왜냐하면 구성원들의 책임과 구별되는 공동체의 책임을 인정하는 것이 조직화된 무책임화 현상을 초래할 수 있기 때문이다. 그래서 공동체 내에서 분배될 수 있는 책임에 대한 디자인이 요청된다. 구성원들에게 분배될 수 없는 책임은 구성원 전체에 의해 공유되는 책임으로 간주되어야 할 것이다. 공유되는 책임이 결국 무책임으로 변해진다면(조직화된 무책임의 현상) 그러한 공동체는 지속성을 보장받지 못할 것이다. 이럴 경우 공동체의 존재의 의미가 심각하게 위협받거나 상실되는 경우가 발생하게 된다.

통일에 대한 공동체의 책임은 구성원들에게 분배될 수 있는 책임과 분배될 수 없는 책임의 두 측면을 모두 가지고 있다고 볼 수 있다. 그동안의 통일에 대한 책임 담론은 주로 후자의 측면만을 그것도 추상적인 차원에서만 강조해 왔다고 여겨지며, 이는 역설적으로 조직화된 무책임화 현상을 초래하게 되었다. 이제는 통일에 대한 책임 담론을 구성원에게 분배될 수 있는 책임의 차원과 공동체 자체의 도덕적 책임의 차원 모두 같이 고려해야 하며, 특히 후자의 차원 추상적 담론의 수준에서 그치는 것이 아니라 보다 구체적인 차원에서 통일의 존재적 당위성에 근거한 행위적 당위성 도출 노력이 필요해 보인다.

참고 문헌

김민주, 김선희 역, D. Vogel(2006), 『기업은 왜 사회적 책임에 주목하는가』, 서울: 거름.

변순용(2007), 『책임의 윤리학』, 서울: 철학과현실사.

Corlett, J. A.(2006), *Responsibility and Punishment*, Springer, Dordrecht.

Feinberg, J.(1970), *Doing and Deserving*, Princeton Univ. Press, Princeton.

French, P. A.(ed.)(1972: Cit. 2nd1998): *Individual and Collective Responsibility*, Schenkman Books, Vermont.

French, P. A.(1984), *Collective and Corporate Responsibility*, Columbia Univ. Press, N.Y.

Geser, H.(1989), "Organisationen als moralische Akteure", *Arbeitsblätter für ethische Forschung*, H. 1., pp. 28–37.

Haefner, K.(1984), *Mensch und Computer im Jahre 2000*, Basel.

Heidbrink, L.(2003), *Kritik der Verantwortung*, Goettingen.

Jonas, H.(1979, Cit. 1984), *Das Prinzip Verantwortung*, Frankfurt a. M.

Jonas, H.(1987), *Technik, Medizin und Ethik*, Frankfurt am Main.

Lenk, H.(1987), Gewissen und Verantwortung als Interpretationskonstrukte, *Zeitschrift fuer philosophische Forschung* 41, 571–591.

Maring, M.(2001), "Verantwortung von Korporationen", in: Wieland, J.(Hrsg.): *Die moralische Verantwortung kollektiver Akteure*, Konstanz, pp. 103–145.

May, L.(1992), *Sharing Responsibility*, Chicago Univ. Press, Chicago.

May, L. & Hoffman, S.(1991), *Collective Responsibility*, Lanham, MD: Rowman & Littlefield Publishers.

Rendtorff, T.(1982), Vom ethischen Sinn der Verantwortung, in: Hertz, A.(Hrsg.), *Handbuch der Christlichen Ethik*, Bd. 3, Freiburg i. Br., 117–129.

Scheffler, S.(1995), "Individual Responsibility in a Global Age", *Social Philosophy and Policy*, 12.

Tuomela, R.(1991), "We Will Do It: An Analysis of Group-intentions", *Philosophy and Phenomenological Research*, 60, pp. 249–277.

Watkins, J.W.N.(1953), "Ideal Types and Historical Explanation", in: Feigl, H. & Brodbeck, M. (eds.), *Readings in the Philosophy of Science*, Appleton-Century-Crofts, New York

Wieland, J.(Hrsg.)(2001), *Die moralische Verantwortung kollektiver Akteure*, Konstanz.

Van den Beld, T.(ed.)(2000), *Moral Responsibility and Ontology*, Dordrecht: Kluwer Academic Publishers.

제5장

교실에서 지우는 분단선

-세계의 평화학교, 한국의 통일교실-

박보람(강원대학교 교수)

이 장은 미래 통일시대를 대비하여 세계의 민족 갈등 지역 통합 교육과 한국의 북한 이탈 청소년 통합교육 사례를 비교 · 분석함으로써 교실을 중심으로 한 평화적 통일교육의 방향성을 제시한다. 북아일랜드의 공유교육 프로그램은 가톨릭과 개신교 학생들이 공동 수업을 통해 상호 편견을 줄이고 사회 통합을 촉진하였으며, 이스라엘-팔레스타인의 Hand in Hand 학교는 유대인과 아랍인 학생들이 이중언어 교육을 통해 상호 문화적 이해와 편견 감소에 성과를 보였다. 르완다의 평화교육 프로그램은 집단학살 이후 트라우마 극복과 사회적 화합을 위해 체험활동 중심의 교육을 시행하여 비폭력적 갈등해결 역량을 높였다. 한국의 다음학교와 한겨레중·고등학교는 남북한 출신 청소년들이 함께 생활하며 상호 이해를 증진하고 심리·정서적 안정을 지원하는 프로그램으로 실제적인 통합 효과를 창출하고 있다. 이러한 국내외 통합교육 사례는 통합교육이 통일교육으로 발전하기 위해서는 교사의 전문성 강화, 국가 차원의 법적·제도적 지원, 학부모와 지역사회 참여 등 교육 전반의 다차원적 협력이 중요하다는 것을 시사한다.

1. 서론: 교실에서 시작되는 통일

미래 통일 시대를 대비하는 교육의 역할은 남북한 간의 실질적 통합과 사회적 갈등 해소의 핵심으로 자리 잡고 있다. 최근의 여론조사에 따르면, 밀레니얼 세대(1991년 이후 출생) 중 통일의 필요성에 동의한 비율은 46.5%로 전쟁세대의 73.6%에 비해 현저히 낮았다(임여익, 2024). 통일을 바라보는 젊은 세대의 낮은 관심과 현실적인 회의감은 앞으로의 통일 준비 과정에서 중대한 과제이다. 특히, 현실적 효용성을 중요시하는 MZ세대에게 통일의 필요성을 개인적 차원에서 설득력 있게 전달하는 것이 중요한 교육적 과제로 떠오르고 있다.

교육 현장에서 이러한 문제를 극복하기 위해 통일교육은 단순히 통일의 당위성을 강조하는 데서 벗어나, 실제적인 사회적 이익과 개인적 혜택을 설득력 있게 제시하는 방식으로 전환되어야 한다. 청년들은 저출생, 인구절벽, 경제성장 둔화와 같은 한국 사회의 주요 현안을 통일을 통해 해결할 수 있다고 생각하고 있으며, 이를 적극적으로 교육 과정에서 반영하는 것이 필요하다. 즉, 미래의 통일 시대를 현실적으로 준비하고자 한다면 교육 과정은 청소년들이 통일의 당위성과 현실적 유익성을 체험적으로 인식할 수 있도록 설계되어야 한다.

한편, 분단 현실에서 살아가는 청소년들이 서로를 이해하고 존중하며 공감할 수 있는 능력을 길러주는 것도 교육이 맡아야 할 중요한 역할이다. 최근 들어 학교 현장에서의 혐오 표현 증가가 사회적 문제로 부상하였으며, 이러한 문제는 청소년의 SNS 사용 증가 등과도 밀접한 관련이 있다(박수경, 2022). 따라서 통일교육은 혐오 표현을 넘어서는 평화 감수성을 함양하고 이를 통해 사회적 통합과 평화 구축을 촉진하는 방향으로 나아가야 한다.

실제 교육 현장에서는 다양한 평화교육 및 통일교육 사례들이 이루어지고 있다(박수경, 2022). 학생들이 직접 참여하는 '통일사람책도서관' 프로그램의 경우, 학생들은 프로그램을 통해 북한이탈주민과 적극적으로 소통하고 상호 이해를 높이는 경험을 할 수 있다. 학생들이 주체적으로 북한이탈강사를 초청하고 준비하며 자연스럽게 편견을 극복하고 평화 감수성을 키워가는 모습 또한 교실 내 통일교육의 좋은 사례라 할 수 있다.

부산에 있는 장대현 중·고등학교의 사례는 남북 청소년 통합교육의 현실적 가능성을 구체적으로 보여준다. 이 학교는 탈북 학생과 탈북민 자녀를 대상으로 맞춤형 교육과정을 운영하고 있으며, 특히 소규모 기숙학교 형태로 운영되어 탈북 학생들에게 심리적 안정감과 공동체 의식을 제공한다(안현욱, 2024). 장대현중·고등학교는 그동안 25명의 졸업생 중 23명이 대학에 진학하는 등 성공적인 교육 성과를 거두었다는 점에서 통합교육의 실효성을 입증하고 있다.

통일교육의 필요성은 헌법적 차원에서도 명확히 규정되어 있다. 대한민국 헌법 제4조는 '대한민국은 통일을 지향하며, 자유민주적 기본질서에 입각한 평화적 통일정책을 수립하고 이를 추진한다.'라고 명시하고 있다(통일부, 2021). 이는 국가적 차원에서 통일교육의 중요성과 필요성을 공식적으로 인정하고 있음을 의미한다. 따라서 통일교육은 일시적인 교육 프로그램이 아닌 지속적이고 체계적인 국가 차원의 교육 과제로 추진되어야 한다.

통일부(2021)에 따르면, 남북한 간의 언어와 문화 차이로 인해 통일 이후 사회적 갈등과 혼란이 예상되므로 이를 예방하기 위해서라도 통일 이전부터 미리 통일교육이 이루어질 필요가 있다. 예를 들어, 북한에서 자주 사용되는 '숙성하다'라는 단어가 남한에서는 '성숙하다'라는 의미로 혼란을 줄 수 있으며, 북한의 의료 문화에 대한 이해 부족으로 인한 갈등 사례 등은 교육적 차원에서 미리 다루어져야 할 문제들이다. 통일교육은 이러한 실질적인 문제를 사전에 인식하고 해소하는 데 중점을 두어야 한다.

본 연구는 교실을 중심으로 하는 통합교육이 남북한 청소년의 상호 이해와 소통을 촉진하여 분단을 극복하고 평화적 통일을 실현하는 데 기여할 수 있음을 밝히고자 한다. 이를 위해 본 연구는 북아일랜드, 이스라엘-팔레스타인, 르완다 등 민족 갈등을 겪은 해외 사례와 다음학교와 한겨레학교 사례를 비교하여, 미래 통일시대를 대비하는 효과적인 남북 청소년 통합교육 방안과 실천 전략을 제시하는 데 목적이 있다. 궁극적으로 본 연구는 교실을 중심으로 이루어지는 교육적 통합이 남북 분단을 극복하고 평화적 통일로 이어질 수 있도록 실행 가능한 정책적·교육적 제언을 제시하고자 한다.

2. 민족 갈등 지역의 통합교육 사례

2.1 북아일랜드의 공유교육 프로그램

북아일랜드 민족 갈등은 20세기 후반까지 가톨릭 공동체와 개신교 공동체 간의 정치·종교·문화적 대립이 지속되어 온 역사적 배경을 갖는다. 흔히 '트러블(The Troubles)'로 불렸던 이 갈등은 수천 명의 희생자를 낳았으며, 공동체 간 상호 불신과 폭력적 충돌로 인해 지역사회의 분단을 심화시켰다. 1998년 벨파스트 합의를 통해 공식적으로 무장 충돌은 종료되었지만, 생활 공간·교육 환경 등 사회 전반에 걸쳐 남아 있는 종파적 분리와 편견은 여전히 북아일랜드가 극복해야 할 과제로 지목된다.

이러한 갈등의 상흔을 해소하고 사회 통합을 촉진하기 위해 북아일랜드 정부와 민간 단체들은 학교 현장에서부터 종교 간 협력을 실현하고자 하는 공동 교육 모델을 모색해 왔다. 그 결과로 나타난 공유교육(Shared Education) 프로그램은 가톨릭 학교와 프로테스탄트 학교 간의 장벽을 허무는 동시에, 청소년들에게 상호 이해와 존중의 경험을 제공하기 위해 마련되었다. 이 프로그램은 2010년대 중반부터 본격적으로 확대되었으며, 2016년 공유교육법(Shared Education Act)이 제정됨으로써 제도적 기반을 갖추게 되었다.

공유교육 프로그램의 핵심은 서로 다른 종교·사회적 배경을 가진 학교가 교육과정을 함께 운영하고, 학생과 교사들이 수업, 프로젝트, 동아리 활동 등을 공동으로 기획·참여하도록 독려한다는 점이다. 예컨대 인근 가톨릭계 고등학교와 개신교계 중등학교가 주 1회 '시민교육' 수업을 합동으로 진행하거나, 교사들이 수업 자료·체육관·IT 시설 등을 공유하는 방식이 대표적이다. 일부 지역에서는 아예 물리적 공간을 함께 쓰는 '공유 캠퍼스'를 구축하여 학생들의 상호 교류를 일상화하기도 한다(Atlantic Philanthropies, 2016).

프로그램은 북아일랜드 교육부의 주도 아래, EU PEACE IV 프로그램(2017~2022)의 재정적 지원을 받아 운영되고 있다. 초기에는 퀸즈대학 벨파스트(Queen's University Belfast)와 대서양 자선사업(Atlantic Philanthropies) 재단이 시범사업을 이끌었으며, 이후 영국·아일랜드 정부 및 지역 교육청 등이 협력하여 사업 규모를 확장하였다(Social Change Initiative, 2018). 현재까지도 다양한 파트너십을 통해 학교들이 연계·협력 중이며, 교육 및 화해의 효과를 다각도로 측정하기 위한 평가 작업이 꾸준히 이루어지고 있다.

공유교육이 지닌 가장 두드러진 성과는 학생들의 태도 변화와 교우 관계 형성에 있다. 최근 5년간 북아일랜드와 아일랜드 국경지대에 걸쳐 총 214개 파트너십(494개교 참여)이 형성되었고, 약 11만 5천 명 이상의 아동·청소년들이 교차 공동체 활동에 참여하였다. 설문조사 결과, 참여 학교의 학생 중 73%는 "공유교실에서 새로운 친구를 사귀었다"라고 응답했으며, 이는 공동 수업이나 비공식 놀이·체험 활동 등을 통해 이질적인 배경을 극복하고 우정을 쌓는 모습을 잘 보여준다(National Children's Bureau, 2022).

그러나 2020년 이후 전 세계적으로 확산한 코로나19 상황은 공유교육에도 큰 도전이 되었다. 2020년 3월부터 학교 폐쇄, 교직원 부족, 대면 활동 제한 등이 겹치면서 연간 30시간으로 목표했던 공동 수업 실적을 달성하기가 어려워졌다. 그럼에도 프로젝트 운영기관들은 IT 장비(웹캠, 노트북 등) 활용을 위한 예산을 재배치하여 가상 교류를 이어갔고, 교사·학생들의 창의적인 적응 노력 덕분에 대다수 파트너십은 활동을 완전히 중단하지 않았다. 이와 같은 대응 방식은 향후 '온오프라인 융합 모델'의 가능성을 시사한다.

북아일랜드 공유교육이 지속해서 성과를 낼 수 있었던 몇 가지 핵심 요소가 중요하게 꼽힌다(National Children's Bureau, 2022). 첫째, 학교장과 교사들의 적극적인 리더십 및 학교 구성원의 '공동체 의식'이 중요하다. 둘째, 기존 교육과정과 연계하여 공유 수업이 '추가 업무'가 아닌 '정규 교육활동'으로 자리 잡을 수 있어야 한다. 셋째, 학부모와 지역사회가 함께 참여하는 방식으로 발전시켜야, 갈등 완화와 상호 존중 문화를 학교 밖으로 확장할 수 있다. 실제로 부모가 자발적으로 수업 보조나 행사에 참여함으로써 아이들과 자연스럽게 교류하고, 지역사회 차원의 연대가 형성된 사례가 보고되었다.

이처럼 북아일랜드의 공유교육 프로그램은 분리된 학교 환경을 교류와 협력의 장으로 전환함으로써 북아일랜드 사회의 오랜 분단과 갈등을 극복하려는 시도라는 데 의의가 있다. 2016년 공유교육법 제정을 기점으로 법적·제도적 뒷받침이 강화되었고, EU PEACE IV를 비롯한 각종 공공·민간 재정이 투입되면서 학교 현장에서는 상당한 긍정적 변화가 관찰되고 있다. 코로나19 이후 대면 교류가 확대되고, IT 기반의 가상 교류 경험이 결합되어 향후 더 다양한 통합 모델이 시도될 것으로 전망된다. 이러한 공유교육의 성과와 한계는 향후 분쟁 지역 및 남북 청소년 통합교육 모델을 구상하는 데 유용한 시사점을 제공해 줄 것이다.

2.2 이스라엘-팔레스타인의 Hand in Hand 통합학교

이스라엘-팔레스타인 지역은 20세기 중반부터 이어진 분쟁과 전쟁, 점령과 저항 운동 속에서 수십 년간 갈등이 누적됐다. 1948년 이스라엘 건국 이후 대규모 전쟁과 1967년 6일 전쟁 등을 거치면서, 서로 다른 민족·종교 집단이 한 공간에서 공존하기 어려운 환경이 조성되었다. 분리 장벽과 교육 체제의 이원화로 인해 유대인과 팔레스타인 아랍인들은 실질적인 교류가 제한되어, 어릴 때부터 상호 편견과 불신이 커지는 구조가 이어졌다. 이 가운데 일부 교육자와 학부모들은 갈등 완화를 위해 공동체 차원의 평화교육을 시도했고, 그 결과 탄생한 대표적 모델이 Hand in Hand 학교 네트워크이다.

Hand in Hand는 1998년 예루살렘과 갈릴리에서 부모 그룹이 어린이집(유치원) 2곳을 열어 출범했다. 이후 지난 10년간 규모가 크게 확대되어, 예루살렘·갈릴리·와디 아라·하이파·텔아비브·크파르 사바 등지에 6개 이상 캠퍼스를 운영하고 있다. 전체 학생 수는 2,000여 명 이상이며, 유아원부터 고등학교까지 연령대가 다양하다(Wikipedia, 2024). 이들은 이스라엘 교육부가 공인한 공립학교의 체계 내에서 활동하면서도, 독자적인 다문화·이중언어 교육과정을 마련해 운영한다.

이 학교의 학생 구성은 유대계 이스라엘 학생과 아랍계 팔레스타인 학생이 약 4:6 비율로 섞여 있다. 입학 희망자가 꾸준히 증가하여 아랍 학생들의 경우 대기자 명단까지 생길 정도다(Jewish Federation of Greater Portland, 2024). 이는 분리된 교육 체계가 일반적인 이스라엘 사회에서, 서로 다른 집단이 한 공간에서 배우고 성장하는 통합 환경이 얼마나 많은 수요를 받고 있는지를 반영한다. 학급 규모가 한정되어 있어 수용 인원이 제한적이지만, 그만큼 교육 효과가 두드러진다.

Hand in Hand 학교의 핵심은 이중언어 교육과정이다. 각 학급에는 유대인 교사와 아랍인 교사가 함께 배치되어, 히브리어와 아랍어로 동시에 수업을 진행한다(Beardsley, 2024). 이를 통해 학생들은 자연스럽게 상대 언어를 습득하고, 일상에서 문화적 차이를 이해하며 편견을 완화한다. 공식 국가 교육과정을 따른다 해도, 교과서 해석이나 교육 방식 등은 다문화 가치를 반영해 새롭게 구성되고, 학생들은 양측의 역사·서사·종교적 정체성을 균형 있게 경험한다. 이스라엘에서 이루어진 아랍-유대 청소년 간 다양한 만남 프로그램을 통한 평화교육은 상호 간의 고정관념, 편견, 부정적 감정을 감소시키는 효과를 입증하였으며, 이는 남한-탈북 청소년의 교류에도 유용한 시사점을 제공한다(박보람, 2021).

학교에서는 수업 외에도 공동체 프로그램과 부모 참여 활동을 적극적으로 운영한다. 예컨대 부모들과 지역사회를 대상으로 언어 교환 모임, 문화 축제, 지역 탐방, 공동 자원봉사 등을 시행하여, 가정과 마을 단위에서도 유대인과 아랍인이 자연스럽게 교류하도록 유도한다(FRAIMAN, 2024). 이는 학생들의 학습 효과를 넘어 성인 세대의 상호 이해와 공존 문화를 확산시키는 데 기여한다는 평가를 받는다.

운영 측면에서 이 네트워크는 비영리단체인 "Hand in Hand 유대인-아랍 교육센터"가 관리한다. 공교육 예산 일부를 지원받지만, 국가로부터 독립적으로 교육 철학과 운영 방침을 결정할 수 있으며, 부족한 예산은 민간 기부와 학부모 부담금을 통해 마련한다. 2021년에는 이 단체가 세계 다원주의상(Global Pluralism Award)을 수상하여, 평화교육의 가치를 국제사회로부터 인정받았다(Wikipedia, 2024). 이러한 성과는 이스라엘 내 갈등 완화 모델의 글로벌 사례가 될 수 있음을 시사한다.

Hand in Hand에 대한 효과 측면에서, 2,000여 명의 학생이 함께 수업을 듣는 과정에서 깊은 우정을 쌓고, 언어 장벽을 넘나드는 상호 이해를 체득한다는 점이 특히 주목된다. 졸업생들은 사회에 진출하여 인권 분야, 시민사회, 공공 기관 등에서 다문화적 감수성을 발휘하고 있으며, 학교 활동에 참여한 학부모들도 서로 다른 커뮤니티 간에 다리를 놓는 역할을 담당한다. 보도에 따르면, 갈등이 고조되는 상황에서도 이들 학교 출신 학생들의 회복탄력성이 높아 타인을 이해하고 배려하는 태도를 유지한다고 소개된 사례가 있다(Beardsley, 2024).

다만 이 학교들이 전체 이스라엘 교육계에서 차지하는 비중은 아직 적은 편이어서, "제5의 교육 트랙"으로 확대하기 위해선 추가적인 제도 정비와 재정 지원이 필요하다. 그런데도, Hand in Hand는 분단과 갈등이 일상화된 이스라엘-팔레스타인 지역에서 공존 가능성을 시연하는 선도적 모델로 인정받고 있으며, 미래 세대가 갈등을 넘어 협력을 선택하도록 돕는 교육적 기반을 제공한다. 이는 분리 교육의 현실을 바꿀 장기적 대안이 될 뿐 아니라, 다른 민족 갈등 지역에도 적용할 수 있는 의미 있는 시사점을 제공한다.

2.3 르완다의 평화교육 프로그램

르완다는 1994년 4월부터 약 100일간 80만 명 이상이 희생된 집단학살의 비극을 겪은 국가로, 투치(Tutsi)와 후투(Hutu) 간의 극심한 갈등이 이후에도 사회 곳곳에 상흔으로 남았다. 과거 식민통치 시기부터 축적된 민족 분열 정책과 인종주의가 학살을 촉발하는 주요 배경이 되었다. 분쟁 이후 새 정부는 국가 통합과 화해를 위해 다양한 정책을 펼쳤으며, 교육 현장에서 평화와 화해를 강조하는 움직임이 본격적으로 전개되었다.

이러한 노력의 하나로 2013년에 시작된 르완다 평화교육 프로그램(Rwanda Peace Education Programme, RPEP)은 약 3~4년간(2013~2016) 전국

적으로 운영되었다(USC Shoah Foundation, 2016). 집단학살의 교훈을 되짚고, 미래 세대에게 평화적 가치관을 심어주기 위해 마련된 이 프로그램은 르완다 전역 22개 행정구에서 실시되었고, 2014년에 르완다 교육청이 공식 교육과정에 평화·가치 교육을 포함하는 성과를 거두었다.

프로그램은 주로 중등학교 재학생과 교사를 핵심 대상으로 하였지만, 이들과 연계된 학부모, 지역 지도자, 행정가 등 의사결정자에게도 평화교육을 시행했다(UWASE, 2021). 결과적으로 수만 명의 청소년에게 평화·화해 역량을 전수했고, 일부 지역에서는 초등학교 학생과 지역사회 주민까지 폭넓게 참여하여 갈등 예방과 신뢰 회복에 기여했다. 2009년 파일럿 단계에서 8,800명 이상의 학생과 교사를 대상으로 한 워크숍을 진행해 만족도가 높았다는 후속 조사 결과도 있으며, 이후 RPEP로 이어지는 과정에서 프로그램이 확대·개편되었다.

교육 내용은 집단학살의 역사와 화해의 중요성을 중심으로, 공동체 간 상호이해·협력기술, 비폭력 갈등해결법, 비판적 사고 능력 등을 함양하는 커리큘럼으로 구성되었다. 참여 학교에서는 전국 순회 이동 전시(Genocide Archive)로 다양한 연령대 생존자들의 증언을 소개하고, 평화 동아리, 토론 모임, 예술·연극 워크숍 등의 체험형 활동을 활발히 진행했다. 교사들은 증거기반 교수법(I Witness 등)을 배우고, 라디오 프로그램 등 대중 매체를 통한 홍보·캠페인도 병행하여 평화 메시지를 확산했다(Breed & Uwihoreye, 2023).

프로그램 운영은 영국의 국제 NGO인 이지스 트러스트(Aegis Trust)가 르완다 정부와 협력하여 주도했다. 이들은 평화대화연구소(IRDP), USC 쇼아 재단, 라디오 라 베네볼랑(Radio La Benevolencija) 등 현지 및 국제 파트너들과 함께 컨소시엄을 꾸려 전문성을 발휘했다. 재정은 주로 스웨덴 국제개발청(Sida)과 영국 국제개발부(DfID)가 후원했고, 이외에도 다양한 국제 기금이 참여해 르완다 전역에서 교육활동을 지속할 수 있었다(UWASE, 2021).

프로그램이 진행되는 동안 학생과 교사들의 태도 변화 및 지역사회 분위기에 긍정적 영향이 나타났다. RPEP 참가자들은 학급 내 갈등 발생 시 비폭력적으로 문제를 해결하려는 경향이 높아졌고, 생존자와 가해자 후손이 함께하는 행사에서 서로 협력하였다(Basabose, 2015). 2015년에는 신규 국가 교육과정에 평화·가치교육이 횡단 주제로 채택되는 등의 제도적 변화를 끌어내며, 교육당국에도 직접적 영향을 주었다.

2016년 6월에는 4년간의 RPEP 성과를 기념하는 "평화 주간(Peace Week)"이 개최되어, 그간의 노하우와 결과를 공유하고 미래 발전 방향을 논의했다(USC Shoah Foundation, 2016). 이 기간에 르완다 각지에서 전시, 토론, 공연, 워크숍 등이 열렸고, 프로그램 종료 후에도 Education for Sustainable Peace in Rwanda(ESPR) 같은 후속 지원사업이 이어져 평화교육의 지속 가능성을 높였다.

르완다 평화교육 프로그램은 학살 이후 깊이 분열된 사회에서 교육을 통한 화해와 통합의 가능성을 제시했다는 점에서 의미가 크다. 이 프로그램은 학생들의 인식 변화를 넘어, 학교 관리·교사 훈련 및 커리큘럼 개편에 이르기까지 다양한 시스템 변화를 유도했고, 지역사회 전반에 지속적 평화 문화를 퍼뜨리는 계기를 마련했다. 특히 교실 현장에서 축적된 경험과 연구 결과들은 다른 분쟁 지역에도 적용할 수 있는 평화교육 모델로서 중요한 시사점을 제공한다.

3. 한국의 북한이탈청소년 통합교육 사례

3.1 다음학교의 통합교육 운영

다음학교는 미래 통일시대를 대비하여 남북한 청소년이 함께 학습하고 성장할 수 있는 환경을 마련하고자 2011년 설립된 대안교육기관이다. 초기에는 북한이탈청소년 교육센터로 시작했으나, 이후 남북한 출신 학생들을 모두 포괄하는 통합교육 모델을 지향하게 되었다. 이러한 방향성은 통일 한반도를 준비하는 차원에서 "다음 세대의 가능성을 믿는다"라는 교육 철학으로 구체화하였다(다음학교, 2022).

다음학교의 가장 큰 특징은 남북, 중국, 미국 등 다양한 문화적 배경의 학생들이 '하나의 공동체'로 생활하며 서로의 문화를 존중하는 환경을 조성한다는 점이다. 예를 들어, 단순히 학습 교과만 공유하는 것이 아니라 합창단, 문화공연, 합동 프로젝트 등 다양한 영역에서 협업하게 함으로써 서로 간 편견을 줄이고 공동체 의식을 함양한다. 이를 통해 학생들은 미래 통일사회를 직접 경험하고 준비하는 구체적 학습 기회를 얻게 된다.

다음학교는 2012년 기획재정부 지정 기부금 단체 선정, 2013년 첫 졸업생 배출, 2016년 UN 주재 미국 대사 방문 등 여러 이정표를 거치며 성장해 왔다. 특히 2020년에는 서울형 대안 교육기관이나 교육청 위탁교육기관으로 선정되어 공식적 인정 범위를 확대한 바 있다. 이처럼 대안 교육기관으로서 거둔 여러 성과는 남북 청소년 통합교육의 사회적 가치를 입증하는 사례로 볼 수 있다.

다음학교 교육 운영은 3R(Reconciliations, Relationships, Release) 핵심 가치를 토대로 전개된다. 첫째, '자아회복(Reconciliations)'을 통해 학생들이 긍정적 자기 정체성을 형성하고, 둘째 '관계 형성(Relationships)'을 통해 갈등을 해결하거나 서로 협력하는 역량을 키우며, 셋째 '이웃과 사회에 기여(Release)'함으로써 자신의 꿈을 실현하고 공동체 발전에 참여하는 과정을 목표로 삼는다.

구체적인 통합교육 커리큘럼은 일반 교과(국어, 영어, 수학, 사회, 과학)와 비교과(음악, 미술, 체육 등) 과정을 갖추면서도, 남북 청소년이 함께할 수 있는 특화 프로그램을 병행한다. 예를 들어, '공부나눔'을 통해 서로 다른 학습 수준이나 관심사를 가진 학생들이 짝지어 협력 학습을 하거나, '수요 커뮤니티' 시간을 통해 외부 전문가 초청 멘토링과 반별 발표회 등을 진행한다. 이러한 활동은 학생들의 자발성과 공동체성을 동시에 함양한다.

또한 다음학교는 창의적 체험활동을 통해 서로 다른 문화권 학생들 간의 상호 이해를 높인다. 대표적으로 '남북 청소년 배낭여행'을 주기적으로 실시하여 학생들이 공동생활과 야외 체험을 통해 서로를 이해하고 협업하는 과정을 체득하게 한다. 이 외에도 과학·문화·역사 현장 학습, 합창 공연, 예술 축제 등을 운영함으로써 다양한 방식의 통합교육을 실천한다.

학교 운영 과정에서 주목할 만한 점은 남북 양측 학부모 간 연계가 활발하다는 것이다. 매해 개최되는 남북 학부모 모임을 통해 서로의 자녀 교육 상황을 공유하고, 남북 학부모가 함께 봉사·후원 활동에 참여하기도 한다. 이처럼 부모 세대가 직접 교류하며 편견을 깨고 협력하는 모습은, 학생들의 통합적 성장 환경을 더욱 굳건히 마련하는 데 기여한다는 평가를 받고 있다.

다음학교의 통합교육 모델은 남북 청소년이 '함께 배움으로써 자연스럽게 통일을 준비한다'라는 점에서, 앞서 언급된 해외 갈등 지역 통합교육 사례와 유사한 철학적 기반을 지닌다. 설립 이후 꾸준히 쌓아온 운영 노하우와 다양한 협력 사업은 통합교육이 한국 사회에서도 성공적으로 실행될 수 있음을 보여주는 대표 사례로 손꼽힌다. 이러한 모델을 더욱 발전시킴으로써 미래 통일사회를 이끌어 갈 청소년들에게 실제적이며 효과적인 교육적 대안을 제시할 수 있을 것으로 기대된다.

3.2 한겨레중·고등학교의 통합교육 프로그램

한겨레중·고등학교는 남북한 학생들이 함께 배우며 미래 통일사회를 준비할 수 있도록 설립된 특성화 대안학교로, 2006년에 개교한 이후 국내 유일의 정규 중·고등학교 체계를 갖추고 있다(한겨레중학교, 2024; 한겨레고등학교, 2024). 주로 북한이탈청소년과 제3국 출생 자녀를 중심으로 학생들을 모집하며, 학령과 학년 간 불일치를 극복하기 위한 '정착기 학교'의 기능을 수행하고 있다. 이를 통해 남북한 간 문화적·교육적 차이를 최소화하고 안정적인 학습 환경을 마련함으로써, 학생들이 건강한 사회 구성원으로 성장할 수 있도록 지원한다.

한겨레중·고등학교는 개교 이래 북한이탈청소년의 초기 적응 및 장기적 학습을 돕기 위해 다양한 교육정책과 프로그램을 개발해 왔다. 예를 들어 통일부, 교육부, 경기도교육청 등과 협력하여 북한이탈청소년에게 맞춤형 교육 기회를 부여하고, 정규 교과과정에 결손을 해소하기 위한 보충학습과 심리·정서 안정 지원을 병행한다. 2022년 기준, 한겨레 중고등학교를 졸업한 인원은 중학교 누계 456명, 고등학교 누계 602명에 이르며, 국내외 대학 진학 또는 사회진출 사례가 늘어나고 있다는 점에서 의미 있는 성과를 보여준다.

한겨레중·고등학교의 가장 큰 특징은 '정착기 학교'라는 역할을 공식화했다는 점이다. 입국 초기에 필요한 학력 심의를 통해 학령과 학년에 맞게 학생을 배정하고, 집중적인 기초학력 보충과정을 운영하여 한국 사회 및 교육체제에 부드럽게 적응하도록 돕는다. 예를 들어 매 학기 말 한국어 수준 평가와 기초학력을 진단하고, 학생 개개인의 학습능력에 맞춘 보충수업을 제공한다. 이러한 노력을 통해 남북 출신 학생 간 학업 격차를 완화하고, 동일한 학급에서 통합적인 수업을 진행할 수 있는 기반을 마련한다.

한겨레중·고등학교는 자율학교로서의 기능도 적극 수행한다. 남북 문화 차이와 학력 격차를 고려해 무학년제 운영, 수준별 수업, 진로·직업 교육 등 다양한 대안교육 모델을 도입한다. 교과 수업뿐 아니라 기숙사를 활용한 생활 교육을 통해 학생들의 정서적 안정을 추구하고, 지역사회와 연계한 봉사활동, 문화체험학습, 특기적성 프로그램 등을 확대하여 통합 교육을 실제 생활 전반으로 확장한다. 이러한 접근은 북한이탈청소년의 중도 탈락을 줄이고, 남한 사회 공교육에 적응할 수 있는 여건을 마련하는 데 크게 기여한다.

특히 2021년부터는 혁신학교의 철학을 도입하여, 학생·학부모·교사가 함께 교육과정을 기획하고 평가하는 민주적 의사결정 구조를 구축하고 있다. 이 과정에서 학교 구성원들이 직접 참여하는 다양한 회의와 워크숍을 개최하고, 학년 간·교과 간 교류를 강화하는 통합수업 모델을 실천한다. 예를 들어 남한 사회 적응을 위한 체험학습을 사전에 교과와 연계하여 학습동기를 높이는 식으로, 이론과 실제 체험을 병행하는 방안을 구현하고 있다.

한겨레중·고등학교는 학업 성취도 향상을 위해 기초학력 프로그램과 N+1 수업 모델을 운영한다. 이는 국어·영어·수학 같은 핵심 과목에서 협력교사가 추가 투입되어, 학생들의 수준별 학습을 세밀하게 지원하는 제도다. 또 제3국 출생 학생을 위한 한국어 비문해 탈피 프로그램을 별도로 두어, 한국어 능력시험(TOPIK) 2급 이상의 목표를 달성하도록 체계적으로 지도한다. 실제로 이 프로그램을 통해 매년 50~60명가량의 학생이 한국어 기초능력을 갖추고, 일반 교과과정을 따라가는 데 성공하고 있다.

한겨레중·고등학교는 학생들의 심리·정서적 안정에도 중점을 둔다. 탈북 과정에서 경험한 트라우마나 남한 생활에서 느끼는 불안을 해소하기 위해 개별·집단 상담, 또래상담 동아리, '사과 데이(Apple Day)' 같은 행사를 진행한다. 이 밖에도 명상·요가·원예·예술치료 등 대안적 인성교육 과목을 편성하여, 자기 이해와 긍정적 자아개념을 형성하도록 돕는다. 2023년 기준 전체 재학생의 24%가 북한이탈청소년, 75%가 제3국 출생, 1%가 남한 출생인 다문화적 환경 속에서 이러한 통합적 지원은 심리적 안정감과 학업 지속률 제고에 직결된다.

한겨레중·고등학교의 이러한 통합교육 모델은 남북한 청소년 간 차이를 단순히 보정하는 데 그치지 않고, 궁극적으로 한반도 통일 시대를 주도할 '인성과 역량을 갖춘 세계시민'을 양성한다는 비전을 제시한다. 오랜 연구와 현장 경험을 축적한 한겨레중·고등학교는 정규 교과와 대안교육 요소를 결합하여 독자적인 통합교육 과정을 성공적으로 운영하고 있다. 이는 남북 분단 상황에서도 다양한 교육 주체와의 협력을 통해, 청소년들이 서로 이해하고 성장해 나갈 수 있음을 보여주는 대표 사례로 주목받고 있으며, 향후 북한이탈청소년 통합교육의 지속 가능한 발전을 이끌어갈 가능성을 보여준다.

4. 세계와 한국 사례의 비교 및 시사점

4.1 세계와 한국 사례의 공통점과 차이점 분석

북아일랜드, 이스라엘-팔레스타인, 르완다의 민족 갈등 지역 통합교육 프로그램과 한국의 북한이탈청소년 통합교육 사례(다음학교, 한겨레중·고등학교)는 모두 분단과 갈등을 지닌 사회에서 교육을 통해 화해와 융합을 모색한다는 공통점을 지닌다. 북아일랜드는 종교적 갈등(가톨릭과 개신교), 이스라엘-팔레스타인은 민족·종교 분쟁, 르완다는 집단학살 이후 지속된 민족 분열, 한국은 남북 분단과 북한이탈청소년의 남한 정착 문제를 안고 있어 그 배경은 다르지만, 교육을 통한 갈등 극복과 평화 실현을 추구한다는 점에서 유사하다.

각 지역 사례에서 핵심이 되는 교육 방식도 '갈등 집단 간의 직접적이고 지속적인 교류'라는 유사한 패턴을 보인다. 북아일랜드 공유교육은 가톨릭계와 개신교계 학교가 공동 수업이나 프로젝트를 진행하며, 이스라엘-팔레스타인의 Hand in Hand 통합학교는 히브리어와 아랍어로 이중언어 교육을 한다. 르완다는 증언 기반 평화교육과 토론·예술 활동 등을 통해 집단학살의 트라우마를 극복하게 돕고, 한국의 다음학교와 한겨레중·고등학교는 남북 출신 청소년이 함께 수업과 공동체 활동을 하도록 체계를 마련하여 분단 인식을 완화한다.

교육 프로그램 운영에서 나타나는 공통적 특징은 정부·NGO·지역사회의 협력 구조이다. 북아일랜드 공유교육은 EU PEACE IV와 정부 지원을 받으며, 이스라엘-팔레스타인은 민간 재단과 학부모 기부를 결합한 모델을, 르완다는 Aegis Trust, USC 쇼아 재단 등이 주축이 되어 스웨덴 국제개발청(Sida) 등의 재정 지원을 받았다. 한국 사례 역시 공공기관(교육청·통일부)과 민간 후원, 학부모 협력 등을 통해 재정적·운영적 기반을 마련한다.

프로그램 성과 측면에서도 청소년들의 태도 변화와 편견 감소가 두드러지게 보고된다는 공통점이 있다. 북아일랜드 학생들의 73%가 "공유교육에서 새로운 친구를 사귀었다"라고 응답했고, Hand in Hand 졸업생들은 상호 이해를 바탕으로 사회 곳곳에서 갈등 완화 역할을 한다고 알려졌다. 르완다에서는 평화교육 참여자들의 비폭력적 갈등해결 능력이 향상되었다. 한국의 다음학교와 한겨레중·고등학교에서도 남북 학생들이 공동 프로젝트나 체험활동을 통해 배려와 존중 문화를 익히는 모습이 관찰된다.

그러나 추진 배경과 정책 지원 체계, 교육 제도 환경에는 차이가 존재한다. 북아일랜드는 2016년 공유교육법 제정으로 국가 차원의 법적 기반을 마련했지만, 이스라엘-팔레스타인은 제도적 장벽이 높아 주류 교육계와는 분리된 형태로 운영되는 면이 있다. 르완다는 정부 주도로 국가 교육과정에 평화교육을 통합했지만, 한국은 아직 북한이탈청소년 통합교육과 관련된 명시적 법제화가 미흡하다.

운영 규모와 사회적 인식도 면에서도 차이를 보인다. 북아일랜드 공유교육은 약 494개교에 달하는 큰 규모로 발전했지만, 이스라엘-팔레스타인의 Hand in Hand 학교들은 전체 교육계 대비 소수에 불과하다. 르완다는 전국 22개 행정구를 포괄하는 국가적 사업이었지만, 프로그램 기간이 한정적이었다. 한국의 다음학교와 한겨레중·고등학교도 전국적 규모보다는 특정 지역 대안교육기관 중심으로 운영되어, 참여 인원이 상대적으로 제한적이라는 한계가 존재한다.

코로나19 상황에 대한 대응에서도 차이가 발생한다. 북아일랜드 공유교육은 IT 장비와 온라인 교류를 통해 대면 수업을 대체했고, 이스라엘-팔레스타인 사례는 팬데믹 시기 외부 지원 축소로 어려움을 겪었다고 보고된다. 르완다는 대면 중심 활동이 제한되면서 프로그램 종료 시점까지 활동이 축소되었고, 한국의 대안학교들은 비대면 플랫폼 활용과 소규모 대면을 혼합하는 식으로 대응했다. 이는 각 교육 모델이 예기치 못한 위기 상황에서 조직력·재정·기술 지원 정도에 따라 유지와 성과가 달라질 수 있음을 보여준다(McCarthy, 2022; USC Shoah Foundation, 2016).

해외 사례는 종교적·민족적 갈등 극복을 목표로 한 장기적 통합교육 모델로 발전해 왔고, 한국 사례는 남북 청소년 간 문화적·정서적 차이를 완화하는 데 초점을 맞추고 있다. 모두 갈등 상황에서 '함께 배움'과 '공동체 활동'을 핵심 수단으로 삼으며, 학생들의 태도 변화를 끌어내는 효과를 보이는 것은 유사하지만, 법적 지원 체계나 운영 규모 등에서는 각기 다른 양상을 나타낸다.

4.2 북한이탈청소년 통합교육을 위한 시사점

지금까지 살펴본 북아일랜드, 이스라엘-팔레스타인, 르완다의 통합교육 사례는 갈등 상황에서 학교가 어떻게 화해와 상생의 장을 만들어낼 수 있는지 보여준다. 이들 세 지역 사례는 각기 다른 종교적·민족적 갈등 구조에도 불구하고, 다양한 이해관계자의 적극적인 협력과 '함께 배움'을 통한 교류를 핵심 전략으로 삼았다는 공통점을 지닌다.

이러한 시도는 북한이탈청소년 통합교육에도 중요한 함의를 제공한다. 남북한 간의 분단이라는 특수성이 있기는 하나, 북한이탈청소년이 남한 학교에서 겪는 문화적·정서적 거리감과 편견은 해외 갈등 지역의 분리된 집단 간 불신과 다르지 않은 측면이 있다. 북아일랜드에서 가톨릭·개신교 학생들이 같은 교실에서 교류를 확대했던 공유교육처럼, 남한 학생과 북한이탈청소년이 함께 정규 수업 및 프로젝트에 참여하면서 상호 이해의 기회를 늘리는 것이 필요하다(Atlantic Philanthropies, 2016).

이스라엘-팔레스타인의 Hand in Hand 사례를 보면, 이중언어 교육과정을 도입해 유대인과 아랍인 학생들이 서로의 언어로 소통하는 환경을 마련했다. 북한이탈청소년의 경우 표준어와 방언, 제3국 출생자의 경우 한국어 비문해 문제 등이 존재하기에, 이를 보완하기 위한 별도의 한국어 교육과정이나 협력수업 체계를 구축하는 것도 효과적일 수 있다. 실제로 한겨레중·고등학교는 제3국 출생 학생 대상 한국어 비문해 탈피 프로그램을 운영해, 매년 50~60명의 학생이 기초언어 능력을 확보하는 성과를 냈다.

르완다의 평화교육 프로그램은 폭력적 갈등의 트라우마를 치유하고 상생의 문화를 정착하기 위해, 참여형 체험활동과 증언 기반 교수법(I Witness 등)을 활용했다. 북한이탈청소년도 탈북 과정에서 생긴 심리적 상처와 가족 분리 등으로 인해 정서적 안정이 필요한 경우가 많다. 한겨레학교의 마음공부·명상·원예치료 수업이나, 다음학교의 3R 핵심 가치(자아회복·관계 형성·이웃 기여) 프로그램은 이러한 트라우마 치유와 사회 적응에 참고할 만한 국내 사례로 자리 잡고 있다.

세 지역 사례 공통으로, 국가나 국제기구의 재정 지원과 제도적 후원이 안정적인 통합교육 운영을 뒷받침했다는 점도 북한이탈청소년 교육에 시사점이 된다. 북아일랜드 공유교육은 EU PEACE IV, 이스라엘 Hand in Hand는 민간 기부, 르완다는 Sida·DfID 등으로부터 재원을 확보했다. 한국에서도 지방교육청 지원이나 통일부 협력, 민간 재단의 후원 등을 결합하여 남북 청소년 통합교육의 지속 가능성을 높일 수 있을 것이다.

해외 사례들이 갈등 완화와 편견 감소에 상당한 효과를 보여준 것은, 프로그램을 "학교 교실" 안에서만 머무르지 않고 학부모와 지역사회까지 확장했기 때문이라는 점도 중요하다. 한겨레중·고등학교에서 학부모 연계를 강화하고, 다음학교에서 남북 학부모가 함께하는 모임을 정례화한 것처럼, 성인 세대가 교류하고 자녀 교육에 공동 책임을 지는 구조를 더욱 발전시킬 필요가 있다. 이는 가정과 지역사회 차원에서도 북한이탈청소년의 통합을 실질적으로 지원할 수 있는 기반이 된다.

한국의 다음학교와 한겨레중·고등학교 사례에서 보듯이, 남북 청소년 통합교육은 일반 교과와 대안 교육의 유연한 결합을 통해 다양한 수준과 배경을 가진 학생들이 함께 학습할 수 있는 환경을 제공한다. 무학년제, 맞춤형 수준별 수업, 기숙사 공동체 생활, 창의적 체험활동 등을 종합적으로 적용함으로써, 단순히 학력 보충을 넘어 자존감·관계 형성·진로 탐색까지 지원한다는 점이 해외 사례들과의 차별화된 장점으로 꼽힌다.

북한이탈청소년 통합교육은 해외 분쟁 지역의 통합교육 모델에서 확인된 "갈등 집단 간의 지속적인 상호 교류", "학부모·지역사회의 적극 참여", "심리·정서적 안정과 문화적 이질감 해소를 위한 전문 프로그램" 같은 요소를 강화해 나갈 필요가 있다. 그 과정에서 한겨레중·고등학교의 정착기 집중 지원, 다음학교의 공동체적 커리큘럼 등 국내 성공 사례가 이미 쌓인 경험과 노하우를 제공할 수 있을 것이다. 이러한 통합교육이 확대·정착된다면, 미래 통일시대에 필요한 민주시민 역량을 갖춘 청소년들이 자연스럽게 배출되는 기반이 마련될 것으로 기대된다.

5. 결론: 통합교육에서 통일교육으로

본 연구는 세계의 민족 갈등 지역에서 이루어진 통합교육 사례와 한국의 북한이탈청소년 통합교육 현장을 비교·분석함으로써, 향후 통일시대를 대비한 청소년 교육의 발전 방향을 모색했다. 북아일랜드, 이스라엘-팔레스타인, 르완다 사례에서 확인된 통합교육의 효과와 한계, 그리고 국내 다음학교·한겨레중·고등학교의 운영 경험을 통해, 단순한 분단 인식 해소를 넘어 공동체 의식과 평화 역량을 기르는 통합교육 모델이 국내에 더욱 확산할 필요가 있음을 확인할 수 있었다.

통합교육이 통일교육으로 발전하기 위해서는, 학생 간 교류와 공동체 활동뿐 아니라 교사 역량 강화 및 학교 조직 개선이 필요하다. 해외 사례에서 공유교육이나 이중언어 교육이 성공적으로 자리 잡은 배경에는, 교사들이 전문 연수와 현장 네트워크를 통해 갈등 배경 학생들을 이해하고 필요한 교육 자원을 적시에 활용한 점이 공통으로 지적된다(McCarthy, 2022). 국내에서도 북한이탈청소년을 체계적으로 지도하는 교사가 늘어나고 있으나, 기존 교원 연수나 정책 지원의 범위가 충분하지 않아 현장에서 어려움을 호소하고 있다는 조사 결과가 잇따르고 있다(이혜민, 2024).

더 나아가 통합교육의 성공을 위해서는 학력 격차와 언어 차이, 심리·정서적 문제 등 북한이탈청소년의 복합적 지원 요구를 해결할 수 있는 다차원적인 교육 생태계가 구축되어야 한다. 한겨레중·고등학교나 다음학교에서 시행하는 기초학력 보충수업, 학습 동아리, 심리 상담 등이 긍정적 효과를 보였듯이, 남북 학생이 함께 지내는 시간을 늘리는 것만으로는 한계가 있다. 따라서 체계적 프로그램, 교사 연수, 학부모 참여가 결합한 종합 지원 체계가 마련되어야 한다.

정책 차원에서 통합교육을 법제화하고 재정·행정적으로 뒷받침하는 방안이 시급히 논의되어야 한다. 북아일랜드의 공유교육 사례나 르완다 평화교육 프로그램에서 보듯, 국가 차원의 법률 근거와 안정적 예산 투입이 있어야 학교 현장에서 지속 가능하고 체계적인 통합교육을 펼칠 수 있다(USC Shoah Foundation, 2016). 국내에서도 북한이탈청소년 교육이 '맞춤형 교육'으로만 치우치지 않고, 일반 학교의 통일교육과 자연스럽게 연계되어 전 국민적 공감대를 형성할 수 있도록 법·제도 정비가 필요하다(도란, 2024).

학부모 참여와 지역사회의 협력도 통합교육이 통일교육으로 도약하기 위한 핵심 요인으로 꼽힌다. 남북 학부모가 서로의 문화를 공유하고, 지역사회가 후원단체나 봉사활동을 통해 학교 활동에 결합함으로써 갈등 완화와 공동체 의식이 확장되는 사례는 적지 않다. 강구섭(2024)은 이러한 민·관·학 협력 모델이 북한이탈청소년들이 스스로 자신감을 찾고 비전을 설정하는 데 기여한다는 점을 강조하고 있는데, 이는 향후 학교 밖까지 통합교육의 가치를 확산시킬 수 있는 유효한 경로로 보인다.

통합교육이 추구하는 궁극적 목표는 남북한 청소년이 미래 통일사회의 주역으로 성장하도록 돕는 데 있다. 탈북청소년지원센터에서는 사용하는 '북한이탈청소년'이라는 용어 자체가 함의하듯, 국내 출생 학생까지 포괄하는 새로운 통일교육 패러다임이 요구되고 있으며, 이를 위해 학교 리더십과 교직원 연수를 체계화하고, 제도권 안팎의 다양한 자원을 연계해야 한다(도란, 2024). 박보람(2021)은 이스라엘의 아랍-유대 통합교육 사례를 들어 통합교육이 서로 다른 배경을 가진 청소년 간의 고정관념과 편견을 감소시키고, 집단 간 상호 인식을 개선하는 데 실질적으로 기여할 수 있다고 강조한 바 있다. 특히 남북 학생이 한 교실에서 생활하며 이뤄지는 통합교육은, 분리된 양 집단의 문화를 이해하고 통합적 정체성을 형성하는 데 다른 방식의 통일교육보다 직접적인 효과를 낼 수 있다는 데 의의가 있다.

북아일랜드, 이스라엘-팔레스타인, 르완다 사례의 교훈과 한국의 다음학교, 한겨레중·고등학교 운영 경험을 종합해 볼 때, 통합교육을 통일교육으로 확장하기 위해서는 정책·현장·지역사회 전반의 협업 체계 구축, 교사 전문성 강화, 맞춤형 심리·학습 지원, 학부모 참여, 안정적 재정 지원 등이 필요하다는 것을 확인했다. 이혜민(2024)은 교사와 관리자 대상 연수가 북한이탈청소년 교육의 질을 높이는 핵심 요소라 주장했고, 강구섭(2024)은 맞춤형 교육 사례들을 풍부히 발굴·공유함으로써 현장 교사의 역량을 체계적으로 지원해야 한다고 밝혔다. 이는 향후 북한 이탈청소년 통합교육의 방향성을 제시하는 실천적 과제로서 매우 유의미하다.

마지막으로, 통합교육이 '교실에서 지우는 분단선'을 넘어 국가 차원의 통일교육으로 자리매김하기 위해서는, 지금까지 축적된 성과와 과제를 바탕으로 더 넓은 정책적·사회적 연대를 이뤄야 한다. 북한배경학생을 비롯해 모든 청소년이 차별 없이 평화와 상생의 가치를 학습하는 것이야말로 궁극적인 통일교육의 목표이기 때문이다. 법 제도 정비와 교원 양성 체계 개선, 학부모·지역 연계 모델 보급 등 다층적 노력이 뒤따를 때, 통합교육은 곧 통일교육으로 발전해 미래 한반도의 평화적 통합을 견인할 수 있을 것이다.

참고 문헌

Atlantic Philanthropies(2016), "Shared Education improves learning in Northern Ireland". Retrieved from https://www.atlanticphilanthropies.org/stories/shared-education-improves-learning-northern-ireland#:~:text=Sharing%20education%20involves%20two%20or,expertise%2C%20classes%2C%20facilities%20and%20teachers

Beardsley, E.(2024), "A school in Jerusalem brings Arab and Jewish kids together to boost understanding. NPR". Retrieved from https://www.npr.org/2024/01/23/1221957556/israel-schools-arabs-jews-gaza-war#:~:text=That%27s%20the%20concept%20behind%20Hand,nationwide%2C%20with%20some%202%2C000%20students

Breed, A., & Uwihoreye, C.(2023), "Sharing and listening to stories for peacebuilding in post-genocide Rwanda". Research in Drama Education: *The Journal of Applied Theatre and Performance*, 28(1), 160-171.

FRAIMAN, K. E.(2024), "Engaging With the Israeli-Palestinian". Teaching Israel: Studies of Pedagogy from the Field, 229.

Jewish Federation of Greater Portland(2024), "Hand in Hand coexistence". Retrieved from https://jewishportland.org/jewishreview/jr-stories/hand-in-hand-coexistence#:~:text=Hand%20in%20Hand%20models%20coexistence,people%20can%20see%20works%2C%E2%80%9D

National Children's Bureau(2022), "PIV Shared Ed Evaluation Yr5 Ex Summary FINAL publishv2". Retrieved from https://www.ncb.org.uk/sites/default/files/uploads/attachments/PIV%20Shared%20Ed%20Evaluation%20Yr5%20Ex%20Summary%20FINAL%20publishv2.pdf

Social Change Initiative(2020), "The impact of shared education". Retrieved from https://www.socialchangeinitiative.com/the-impact-of-shared-education#:~:text=Initiative%20www,range%20of%20research%20studies

USC Shoah Foundation(2016), ""Peace Week" marks official end of Rwanda Peace Education Program". Retrieved from https://sfi.usc.edu/news/2016/06/11673-%E2%80%9Cpeace-week%E2%80%9D-marks-official-end-rwanda-peace-education-program#:~:text=Peace%20Week%20is%20a%20series%2Cpeacemakers%20in%20their%20own%20communities

UWASE, J.(2021), "Peace education and peace building in Rwanda(case study of AEGIS Trust)" Doctoral dissertation, University of Rwanda.

Wikipedia(2024), "Hand in Hand: Center for Jewish–Arab Education in Israel". Retrieved from https://en.wikipedia.org/wiki/Hand_in_Hand:_Center_for_Jewish–Arab_Education_in_Israel#:~:text=Hand%20in%20Hand%20serves%20more,2

강구섭(2024), "더 큰 세상 함께 사는 미래_우수사례 고찰을 통해 살펴본 북한배경학생 교육 활성화 방안", 『탈북청소년지원센터』 vol.37, 2–3.

다음학교(2022), "학교 소개 및 운영 자료", 다음학교 홈페이지. http://www.daumschool.org/webhtml/notice1_view.asp?typeNum=0&no=84

도란(2024), "더 큰 세상 함께 사는 미래_북한이탈청소년 교육지원 방향과 과제를 향한 공감과 화합의 장", 『탈북청소년지원센터』 vol.37, 7–9.

박보람(2021), "이스라엘의 아랍–유대 통합교육 모델이 한반도 남한–탈북 청소년 평화교육에 미치는 시사점", 『도덕윤리과교육』, 70, 113–137.

박보람(2024), "세계시민교육으로서의 평화교육–고등학교 통합사회 교과에서 사례 학습 실천 방안", 『평화들 PEACES』, 3(2), 3–24.

박수경(2022), "특별기획 3–혐오를 극복하며 평화 감수성을 키우는 아이들. 행복한 교육", https://happyedu.moe.go.kr/happy/bbs/selectHappyArticleImg.do?nttId=16334&bbsId=BBSMSTR_000000000191

안현욱(2024), "작지만 큰 울림, 통일 세대를 키우는 장대현중·고등학교. 행복한 교육", https://happyedu.moe.go.kr/happy/bbs/selectHappyNotice.do?nttId=14055&bbsId=BBSMSTR_000000000231

이혜민(2024), "더 큰 세상 함께 사는 미래_전환의 순간: "답답했던 부분이 해소됐어요.", 『탈북청소년지원센터』 vol.37, 4–6.

임여익(2024), "'남북 두 국가론' 갑론을박…MZ세대가 생각하는 '통일'은?", 뉴스1. https://www.news1.kr/diplomacy/unikorea/5548450

통일부(2021), "미래 세대를 책임지는 통일교육 ①. 유니콘이 알립니다", https://blog.naver.com/gounikorea/222600660285

한겨레고등학교(2024), 『학교교육과정 운영 계획』.

한겨레중학교(2024), 『학교교육과정 운영 계획』.

제6장

통일교육에서 평화로운 교실 만들기

추병완(춘천교육대학교 교수)

평화교육이 성공하려면 학생들이 배우는 교실 자체가 평화로운 교실이 되어야 한다. 평화로운 교실은 개별 학생이 평등한 기회를 접하고, 개별 학생의 복지가 극대화되는 열린 환경이다. 그곳에서 교사와 학생은 건설적 방식으로 상호작용하는 방법을 배운다. 그곳에서는 모두가 자신의 관점을 피력하고, 교사와 학생은 공동으로 행동의 한계를 설정한다. 평화로운 교실에서 교사와 학생은 학습 과정에 참여하는 모두에게 존중심을 드러내고 가치 있는 것을 공유한다. 평화로운 교실은 민주적 의사소통 방식과 갈등 해결 기술을 실제로 체험하고 습득할 수 있는 실천의 장이 되며, 이는 통일 이후 통합된 사회에서 요구되는 시민적 자질과 역량의 토대가 된다. 따라서 평화로운 교실 만들기 활동은 통일교육의 효과성을 제고하고, 지속 가능한 평화의 문화를 형성하는 데 있어 핵심적인 실천 전략이다. 이에 이 장에서는 통일교육에서 평화로운 교실을 만들기 위한 다섯 가지 전략을 제시하였다.

남북한은 1945년 8월 15일 해방 이후, 한반도 북위 38도선을 기준으로 분단되었다. 한반도의 분단은 바로 제2차 세계대전 이후 미국과 소련 중심의 냉전을 배경으로 외세에 의해 한 국가 또는 민족이 양쪽으로 갈라진 분단 국가의 성격을 갖고 있다. 1948년 8월 15일 대한민국 수립과 9월 9일 조선민주주의인민공화국 수립으로 인해 공식적인 분단 상태가 확립되었다. 현재까지도 그러한 분단 상태가 지속되고 있으며, 남북한이 분단된 지 어느덧 79년이 지나버렸다.

분단국의 가장 중요한 과제는 분단 상태를 극복하고 통일 국가를 이룩하는 것이다. 해방 이후 분단된 상태에 처해 있는 우리의 현실 속에서 통일은 지상 과업이다. 그러나 통일은 그냥 저절로 주어지는 것이 아니라 만들어 가는 것이며, 이 과정에서 우리는 교육적 개입의 중요성에 주목해야 한다. 왜냐하면, 아무리 영토와 체제의 통일이 이루어진다고 할지라도 구성원 간 마음의 통일이 이루어지지 않는다면 오히려 상당한 혼란과 갈등을 초래할 수 있기 때문이다.

통일교육지원법 제2조에 의하면, 통일교육은 모든 국민이 자유민주주의에 대한 신념과 민족공동체 의식, 건전한 안보관을 바탕으로 평화적 통일에 대한 공통의 인식과 태도를 형성해 나가기 위한 것이다. 우리에게 있어서 통일교육은 통일 과정 및 통일 이후에 발생할 수 있는 각종 후유증을 최소화하기 위한 일종의 교육적 투자이다. 통일교육은 우리 국민이 능동적인 참여와 책임감으로 통일 과정에 적극적으로 관여하도록 준비시키기 위한 통일 준비 측면과 더불어 통일 이후에 발생할 수 있는 다양한 문제들을 민주적 절차와 합리적인 방법으로 해결해 나갈 수 있는 능력을 구비하게 하는 통일 대비 측면을 모두 포괄하고 있다.

통일교육은 남북한이 사실상의 통일 상태로 가는데 필요한 가치관과 능력을 함양한다는 측면과 더불어 제도적 통일 이후에 마음의 통일을 이룩하기 위해 더불어 가는 공동체를 이룩하는데 필요한 가치관과 능력을 길러주는 두 가지 측면을 모두 갖고 있음을 알 수 있다. 또한 통일교육은 단순히 정부 정책을 호도하기 위한 계도성 교육이 아니라, 대한민국 헌법과 통일교육지원법에 근거하여 시행되고 있는 합법적인 교육 활동이다.

하지만 최근의 남북한 관계는 통일에 대한 전망을 매우 어둡게 만들고 있다. 북한의 김정은 총비서는 대한민국을 '철두철미 제1의 적대국, 불변의 주적'이라 규정하고, 북한의 민족 역사에서 '통일', '화해', '동족'이라는 개념 자체를 완전히 제거해버려야 한다고 밝혔다(한겨레신문, 2024년 1월 17일자). 한반도의 평화와 통일을 구현하기 위한 남북한 간의 실제적인 교류와 협력이 지지부진한 상태에서 학교에서 통일교육은 무엇을 어떻게 해야 할까? 이 글은 이 질문에 대한 하나의 의미 있는 답변을 마련하려는 취지에서 비롯하였다.

통일교육은 평화의 문화를 구축하기 위한 학생들의 역량 함양을 포함하는 총체적인 교육 활동이다. 이를 위해서는 학생들이 생활하는 교실이라는 구체적 공간이 상호 존중과 비폭력적인 의사소통을 실천할 수 있는 평화의 공간으로 전환될 필요가 있다. 평화로운 교실 만들기 활동은 학생들 간의 갈등을 예방하고, 공동체적 유대감을 형성하며, 타자의 관점에 대한 공감적 이해를 증진하는 데 필수적인 기반을 제공한다. 특히 통일교육의 핵심은 북한에 대한 편견과 고정관념을 비판적으로 성찰하고, 갈등과 차이를 평화적으로 조율할 수 있는 역량을 함양하는 데 있다. 그러나 분단으로 인한 이질감과 불신은 학생들의 태도나 감정 속에 잠재되어 있으며, 이는 통일교육 내용의 적극적인 수용을 방해할 수 있다. 평화로운 교실 환경은 이러한 정서적 저항을 완화하고, 안전하고 개방적인 대화를 가능하게 하여 통일 담론에 대한 심층적 이해를 촉진한다.

또한, 평화로운 교실은 민주적 의사소통 방식과 갈등 해결 기술을 실제로 체험하고 습득할 수 있는 실천의 장이 되며, 이는 통일 이후 통합된 사회에서 요구되는 시민적 자질과 역량의 토대가 된다. 따라서 평화로운 교실 만들기 활동은 통일교육의 효과성을 제고하고, 지속 가능한 평화의 문화를 형성하는 데 있어 핵심적인 실천 전략인 셈이다. 이에 이 장에서는 통일교육에서 평화로운 교실 만들기 활동의 중요성을 언급하고자 한다.

1. 평화란 무엇인가?

거의 모든 사람이 선호하는 용어로서 평화는 대개 긍정적인 개념으로 여겨지기 때문에 우리의 심문이나 비판의 대상이 되지 않는다. 그러나 평화라는 개념은 매우 복잡하고 무게 있는 용어이며, 문화와 개인적 상황에 크게 의존하는 다른 의미와 개념을 담고 있다.

그렇다면 평화란 무엇인가? 그로프(Groff, 2002: 7-10)에 의하면, 평화에 대한 관점은 2차 세계대전 종전 이후 적어도 일곱 가지 측면, 즉 여섯 가지의 외적 평화와 한 가지의 내적 평화를 포함하는 전체적이고 통합적인 관점으로 전개되었다.

첫째, '전쟁의 부재로서의 평화'라는 첫 번째의 관점은 국가 간에 혹은 내전에서 폭력적인 갈등 해결 방법의 회피에 초점을 맞추고 있다. 평화에 대한 이러한 관점은 대부분 국가에서 일반인과 정치인에 의해 폭넓게 견지되고 있는데, 그 이유는 다음과 같다. 모든 사람은 두 차례에 걸친 세계대전, 베트남과 아프가니스탄의 사례에서와 같은 강대국의 개입에 의한 지역적 갈등 속에서 수없이 많은 사람이 목숨을 잃는 참상을 보았다. 이러한 상황 속에서 평화는 전쟁의 부재로서 여겨진다. 사실 나머지 여섯 개의 평화에 대한 관점도 전쟁의 부재를 어느 정도 포함하고 있기는 하지만, 이 관점은 평화를 단지 전쟁의 부재로서만 정의하고 있다.

둘째, 국제 체제에서 '세력 균형으로서의 평화'다. 여기서 평화는 정치적·사회적·문화적·기술적 요인을 포함하고 있는 하나의 역동적인 균형이다. 그리고, 국제 체제에서 이러한 균형이 무너지게 될 때 전쟁이 발생한다. 국제 체제는 국가 및 국제 정치 조직, 국가 안에서의 국내적인 공적 여론 사이의 전반적인 관계 유형을 포함하고 있다. 평화 균형에 포함된 요인들 가운데 어느 하나에서의 커다란 변화는 그 균형을 회복하기 위한 다른 요인들에서의 후속적인 변화를 요구한다.

셋째, 거시적 수준에서 소극적 평화로서의 평화(전쟁 부재)와 적극적 평화로서의 평화(사회 정의)이다. 갈퉁(Galtung)은 평화의 개념을 소극적 평화 개념과 적극적 평화 개념으로 구분하였다. 소극적 평화 개념이란 조직화 된 집단적 폭력 형태의 부재 혹은 전쟁의 부재를 의미한다. 이러한 평화 개념은 법과 질서를 지향하는 사람들이 생각하는 평화다. 이러한 소극적인 평화 개념은 국가적·국제적 차원에서 현실 상황을 있는 그대로 안정시키려는 지배자들의 관심과 관련되어 있다. 갈퉁은 소극적 평화만을 지향하는 평화 연구는 쉽게 권력의 안정화와 현 상태의 견고화를 위한 연구로 변모하며, 또한 피지배자가 지배자에 대하여 저항하지 못하도록 피지배자를 조작하기 위한 연구로 되어버린다고 비판하였다. 그러나 갈퉁은 이러한 소극적 평화 개념 자체를 거부한다기보다는 오히려 그러한 개념 정의의 불충분성을 비판함으로써 평화에 대한 개념 정의가 적극적 평화 개념에 의해 보충되어야 할 필요성을 역설하였다. 갈퉁은 적극적 평화 개념을 사회 정의와 동일시하였다.

한편 갈퉁은 평화 개념을 더욱 구체적으로 정의하기 위하여 폭력의 개념을 분석하였다. 그는 폭력을 '인간에 의한 폭력'과 '구조적 폭력'으로 구분하였다. 그는 이러한 구분을 통하여 폭력의 부재로서 이해되던 평화 개념을 '인간에 의한 폭력의 부재'와 '구조적 폭력의 부재'로 구분하여 정의하였으며, 이 두 가지 개념을 초기에 그가 사용했었던 소극적 평화 개념 및 적극적 평화 개념과 관련시켰다. '인간에 의한 폭력'이란 폭력의 주체와 객체가 분명한 경우이며, '구조적 폭력'은 폭력의 주체와 객체 사이의 분명한 관계가 없는 경우를 의미한다. 한 남편이 그의 아내를 구타한다면 그것은 분명히 인간에 의한 폭력 혹은 직접적 폭력이다. 그러나 백만의 남편들이 백만의 아내들을 무식한 상태에 머물게 한다면 그것은 구조적 폭력이 될 것이다. 만일 상류층의 평균 수명이 하류층의 평균 수명보다 두 배나 된다면 거기에는 구조적 폭력이 작용하고 있다고 보아야 할 것이다. 그러므로 갈퉁에게 구조적 폭력의 부재는 적극적 평화의 조건을 초래할 수 있는 것으로서 여겨졌는데, 이것은 권력과 물질의 동등한 분배, 즉 사회 정의를 뜻하는 것이었다. 따라서 구조적 폭력의 부재는 억압과 착취가 없고 인권과 정의가 보장되는 상태를 의미하는 것이다.

넷째, 페미니스트적 평화 개념은 거시적/미시적 수준 모두에서 물리적·구조적 폭력의 제거를 강조한다. 1970년대와 1980년대에 페미니스트 평화 연구자들에 의해 평화에 대한 네 번째의 관점이 나오게 되었다 (Brock-Utne, 1989). 평화에 대한 새로운 개념 정의는 전쟁처럼 거시적 수준에서 조직화 된 폭력뿐만이 아니라 전쟁 상태나 가정에서의 강간과 같은 미시적 수준에서의 조직화 되지 않은 폭력의 제거를 포함하고 있다. 구조적 폭력의 개념은 특정한 개인, 인종 집단에 해를 입히거나 차별하는 개인적/미시적 구조와 거시적 수준 구조, 그리고 모든 수준에서의 가부장적 태도와 제도를 포함하고 있다. 이러한 페미니스트적 평화 모델은 평화로운 세계를 만들기 위하여 개인이나 가정에서부터 초국가적 수준에 이르기까지 모든 수준에서 모든 유형의 폭력 제거를 포함하고 있다.

페미니스트는 폭력과 결부된 많은 문제가 남성의 행위와 관계가 있다고 지적한다. 이들은 전쟁을 지지하는 것은 기본적으로 남성이고, 남성의 양육 방식이 폭력에 너그러우며, 남성의 문화는 억압적이라고 주장한다. 이에 비해 여성의 가치는 육아, 협력, 비폭력과 결부된다. 페미니스트 관점에 따르면, 군사주의는 기본적으로 남성적 현상이며 가부장제의 궁극적인 힘은 국가의 조직화 된 폭력에 기인한다. 남성의 가치가 영웅주의, 애국심, 강인함, 객관화, 폭력, 경쟁에 있다면, 여성의 문화는 공감을 강조하고 생명을 보호하고 돌보는 것이다. 남성 논리의 정점은 핵무기에 의한 전멸이다. 이에 비해 여성 논리의 정점은 아동이 남녀 모두에 의해 돌봄과 보살핌을 받는 평화로운 세계다.

다섯째, 이문화 간 평화 개념은 사람들 간의 평화를 강조한다. 문화 간 상호작용은 군사적 혹은 경제적으로 강한 문화가 약한 문화를 짓밟거나 제거하는 현상을 급격하게 증가시켰다. 문화적 폭력은 세계적인 현상이 되고 있기에, 평화 연구자들의 초점이 문화들 사이에서의 관계가 소극적인 개념(문화적 폭력, 문화적 전쟁)에서 적극적 개념(상이한 인종, 문화, 종교 집단 간의 이문화 간 평화)으로 바뀌고 있다. 이 적극적 개념은 우리가 제거해야 할 것만이 아니라 적극적 의미에서 우리가 창조해야 할 것을 강조한다. 따라서 이문화 간 평화는 거시적/미시적 수준에서 문화의 공동 발전을 요구한다. 전체적인 다양한 세계 문화의 융합이 인간다움을 위한 장점으로 여겨진다. 마찬가지로, 식물과 유기체의 풍부한 다양성은 생태계를 위한 하나의 강점으로 여겨진다.

여섯째, 전체적인 가이아(Gaia) 평화는 세계 및 환경과의 평화를 강조한다. 전체적인 가이아 평화는 이전의 평화 유형에 덧붙여 환경과의 평화를 강조하고 있으며, 지구를 하나의 살아 있는 복합적인 생명체로 보고 있고, 인간은 그 속의 한 부분에 불과하다고 여긴다. 가이아 평화는 사람들 사이의 모든 평화를 그러한 맥락 속에 위치 지우고 있다. 가이아 평화는 개인과 가정 수준에서 세계적 문화 수준까지 모든 분석 수준에서의 사람들 간의 평화를 요구하고 있다. 가이아 평화는 인간과 생명·환경 체계와의 관계에 높은 가치를 부여하고 있다. 환경과의 평화와 지구상에서의 인간의 책임이 가이아 평화의 관점에서 매우 중요하다. 가이아 평화 모델에서 인간은 지구상에 존재하는 많은 종들 가운데 하나로 여겨지고, 지구의 운명은 가장 중요한 목표로서 설정된다.

일곱째, 전체적인 내적·외적 평화다. 마지막 유형의 평화는 앞서 언급된 평화의 모든 외적 측면과 평화로운 세계를 위한 본질적인 구성 요인이자 전제 조건으로서의 내적 평화를 포함하고 있다. 영적인 기반을 둔 평화 이론은 개인부터 환경 수준에 이르기까지 외적 평화의 모든 측면은 반드시 내적 평화에 근거해야 한다고 주장하는 가운데 내적 평화의 중심성을 강조하고 있다. 이러한 영적인 차원은 평화 연구자의 문화적·종교적 맥락에 따라 다양한 방식으로 표현되고 있다. 평화에 대한 이러한 접근법은 내적 평화와 관련된 의식의 상이한 차원과 수준을 상세하게 설명하고 있다.

이처럼 평화의 개념은 매우 다의적이고 복합적으로 사용되고 있다. 여기서 나는 앤더슨의 논의를 토대로 평화를 다음과 같이 규정한다. 평화란 개인, 가족, 집단, 공동체, 국가들이 낮은 수준의 폭력을 경험하며 상호 조화로운 관계를 맺는 상태다. 이러한 개념 정의는 몇 가지 특징을 반영한다(Anderson, 2004: 103).

첫째, 평화는 하나의 조건이나 상태다. 위의 개념 정의는 평화가 어떤 조건이나 상태라는 사실을 전제로 하고 있으며, 이는 전통적으로 객관적인 지표라고 불리는 통계 자료, 예를 들면 폭력 수준이나 조화로운 관계 사례 등으로 측정될 수 있는 특성이 있다는 의미다. 평화를 어떤 상태로 보는 것은 그것이 정적인 개념이라는 뜻은 아니다. 단순한 의미에서, 평화를 하나의 과정(process)이라 볼 경우, 평화라는 상태는 시간이 지나면서 변화할 수 있다는 점을 인정하는 것이다. 평화는 다양한 수준에서 유동적으로 변하는 하나의 시스템 상태를 나타내며, 따라서 시간에 따라 여러 시점에서 측정이 이루어질 수 있다. 좀 더 깊이 들어가면, 평화를 하나의 과정이라고 해석할 경우, 평화란 곧 평화를 향해 나아가는 그 자체의 과정이 될 수 있다. 하지만 여기서 경고하고 싶은 점은, 평화를 이루는 과정과 평화 자체의 상태를 구분해야 한다는 것이다. 평화로운 문화를 가진 사회가 실제로 비폭력적으로 갈등을 해결한다 하더라도, 평화로운 상태의 특성과 평화를 이끌어내는 전제 조건이나 방법은 혼동되어서는 안 된다. 이는 측정 상에서도, 평화를 나타내는 지표(종속변수)와 평화를 유도하는 독립변수를 구분하는 작업과 같은 원리다.

둘째, 평화는 경험되는 것이다. 이 정의는, 평화가 사람들이 직접 경험하는 것이라고 명시한다. 따라서 평화는 주관적인 평가로도 측정될 수 있다. 물론 객관적인 지표를 통해 평화를 일정 부분 측정할 수 있지만, 종합적인 평화의 측정은 사람들의 주관적인 평가와 경험을 반영하는 지표도 포함해야 한다.

셋째, 평화는 특정한 맥락 안에서 존재한다. 이 정의는 평화가 개인, 가족, 집단, 공동체, 국가 등 다양한 수준에서 경험되는 상태라고 설명한다. 즉, 평화는 여러 맥락 또는 사회 시스템 내에서의 행위자 수준(levels of actors), 즉 다양한 시스템 수준(system levels)에서 경험된다. 이 수준들은 개인부터 국가, 더 나아가 생태계 수준까지로 이어지는 하나의 스펙트럼을 형성한다. 문헌에 나오는 다양한 평화의 유형들을 참고하면, 이 스펙트럼은 보통 다음과 같이 일곱 단계로 나뉜다. 개인(personal), 대인 관계/가족(interpersonal/familial), 집단/공동체(Group/Community), 문화/사(cultural/societal), 국가(national), 국제(international), 생태/지구(ecological, 또는 Gaia 평화) 수준이다. 어떻게 평화의 맥락을 분류하든, 중요한 점은 미시적 수준에서 거시적 수준까지 평화가 서로 연결되어 있다는 점이다.

넷째, 평화에는 두 가지 차원이 있다. 첫 번째 차원은 폭력(violence) 차원으로, 이는 문헌에서 흔히 말하는 소극적 평화(negative peace) 개념과 일치한다. 이 차원은 한쪽 끝에는 낮은 수준의 폭력, 다른 쪽 끝에는 높은 수준의 폭력을 두는 연속선상에서 측정되며, 폭력이 낮을수록 평화 수준은 높아진다. 두 번째 차원은 바로 조화(harmony) 차원이다. 이는 개인, 가족, 집단, 공동체, 또는 국가들이 상호 조화로운 관계를 맺고 있는 정도를 의미한다. 즉, 평화로운 관계란 긍정적 상호작용이 있는 관계이며, 이는 적극적 평화(positive peace) 개념과 일치한다. 이 차원은 조화로운 상호작용이 적은 상태에서 많은 상태로 이어지는 스펙트럼으로 측정된다. 협력, 통합, 사회 정의 등의 수준이 높을수록 평화 수준이 높다.

2. 평화를 위한 전략

우리 중 거의 다수가 평화를 희구하지만, 평화를 달성하는 방법에 관해서는 의견 불일치가 상당하다. 따라서 평화를 달성하고자 하는 여러 전략을 구분하는 것이 필요하다. 해리스와 모리슨(Harris & Morrison, 2013: 20)은 평화를 위한 전략을 〈표 1〉과 같이 제시하였다.

〈표 1〉 평화를 위한 전략

	인간성에 대한 가정	전술	전략의 문제점
힘을 통한 평화	인간은 폭력적임. 세상은 경쟁적임.	군비, 세력 균형, 무력, 억지	비용, 위험, 보복
정의를 통한 평화	인간은 기본적 욕구를 가짐.	욕구를 위한 조직화; 욕구를 충족하지 못하는 제도를 제거함.	모순된 욕구가 논쟁과 폭력을 초래함.
변혁을 통한 평화	인간은 증오감을 극복할 사랑을 할 수 있음.	행동과 신념의 전환, 폭력적 제도로부터 탈퇴	이 전략을 따르는 사람이 많지 않음.
정치를 통한 평화	인간은 합리적임. 갈등은 공동 이익에 호소함으로써 폭력을 사용하지 않고 관리가 가능함.	갈등을 협상하기 위한 제도와 법 및 조약	사적 의제가 해결책을 방해함. 의견 불일치가 갈등을 초래함.

지속 가능성을 통한 평화	인간은 정신적·물질적으로 상호 간 및 자연계와 연결됨. 모두를 위한 정신적·물질적 안전이 가능함.	인간관계와 자연계와의 모든 관계에서 비폭력을 지향함.	기술 발전이 환경 파괴를 수반함. 단기적인 경제적 이익이 장기적인 지속 가능성을 흐리게 함.
평화교육	인간은 폭력적 행동과 신념을 변화시킬 수 있음.	폭력에 대한 대안을 가르침. 폭력의 결과를 설명함.	장기적 해결책이라는 점.

첫째, 힘을 통한 평화 개념은 로마제국의 '평화를 원한다면 전쟁을 준비하라.'라는 경구와 통한다. 오늘날 힘을 통한 평화는 대규모 군비를 요구하며 세력 균형과 관련해 논의된다. 이 입장에 따르면 국가, 개인, 집단은 적이 잘 무장되어 있어 싸워서 이길 승산이 없는 경우 전쟁을 시작해서는 안 된다. 세력 균형은 서로 엇비슷한 군사력에 달려 있다. 일국이 타국에 대해 군사적 우위를 점하면, 약한 국가는 위험을 느낄 수밖에 없다. 세력 균형은 일국이 타국에 대해 군사적 우위를 갖지 않을 때 생기는 것이다.

둘째, 정의를 통한 평화는 사회적 억압과 경제적 착취를 제거함으로써 평화를 달성할 수 있다고 본다. 이 입장은 빈곤, 질병, 기근과 같은 인간 불행의 제거와 인권의 보장에 관심을 둔다. 정의를 통한 평화를 지지하는 사람들은 여론 동원을 위해 적극적으로 시위에 나서거나 자신들이 반대한 사람들의 폭력을 비판하면서 구조적 폭력에 대항하여 적극적인 태도를 취한다.

셋째, 변혁을 통한 평화(평화주의)는 상대방을 굴복시키기 위해 무력을 사용하는 힘을 통한 평화와 대조적으로 평화를 지향하는 평화주의자들의 노선이다. 간디의 표현을 빌려서 설명하면, 폭력을 폭력으로 대하는 것이 아니라 진실의 힘으로 대하는 것이다. 평화주의는 인간 정신의 무한한 가능성에 대한 믿음을 반영한다. 평화주의자는 생명에 대한 경외감과 전쟁에 대한 도덕적 혐오감을 갖고 있다. 평화주의자는 육체적·성적·심리적·경제적·사회적 폭력을 포함하여 모든 형태의 폭력을 거부하며, 인간의 공격성을 다룰 때 비폭력적 갈등 해결 전략을 구사한다.

넷째, 정치를 통한 평화(제도 건설)는 정치 채널을 중시하며 국제연합이 가장 대표적인 제도에 속한다. 효과적인 국제 제도의 발전은 국제 갈등을 해결하기 위한 법적·정치적 대안을 창출하여 전쟁을 피하는 것을 목표로 삼는다.

다섯째, 지속 가능성을 통한 평화는 지금까지 평화 전략이 인간 공동체에서 발견되는 복잡한 형태의 폭력에 국한되었다는 비판에서 등장하였다. 우리는 지구와 생태 체계 및 다양한 종에게 미치는 인간의 폭력에 관해서도 관심을 가져야 한다. 이 관점은 지구를 인간에게 이익을 주는 자원이 아니라 주의 깊게 유지되어야 하는 하나의 집으로 볼 것을 요구한다. 이 관점은 인간 세계와 자연계 모두와의 관계에서 비폭력에 대한 헌신을 강조한다.

끝으로 평화교육은 평화가 무엇인지, 왜 평화가 달성되지 않는지, 어떻게 평화를 달성할 것인지 등의 질문을 제기하면서 평화에 관하여 가르치는 것이다. 평화교육의 주요 목적 중 하나는 평화의 이미지를 제공함으로써 사람들이 갈등에 직면했을 때 평화적인 사람이 되도록 하는 것이다. 학생들은 폭력에 대한 대안이 존재한다는 것을 배울 수 있다. 평화교육은 폭력의 문제점을 규명하고 이 문제를 해결하기 위한 비폭력적 대안을 제공한다. 평화교육자는 사회 내에 존재하는 폭력의 문제점을 지적하고 학생들에게 이 문제를 다룰 때 적용할 수 있는 전략을 가르친다. 그렇게 함으로써 학생들에게 폭력으로 이끄는 상황을 개선하는 능력을 부여한다. 평화교육자는 협상, 화해, 비폭력적 투쟁, 조약의 사용, 군사적 투쟁에 관해 가르친다. 또한 상이한 평화 전략을 가르치며 학생들에 특정 상황에 어떤 전략이 최선의 전략인지 평가하도록 도움을 준다.

이렇듯 평화 전략의 일환으로서 평화교육은 다소 복잡한 개념이다. 실제로 평화 및 평화교육에 관한 우리나라 통일부나 교육부의 다소 순진한 관점과는 대조적으로, 평화교육은 여러 가지로 정의될 수 있다. 덕워스(Duckworth, 2008: 33)가 지적한 바와 같이, 평화교육이라는 용어는 학생들에게 또래 중재나 갈등 해결 기술을 가르치는 것에서부터 다양성, 군축, 환경 보전에 관한 교육과정이나 빈곤 퇴치에 대한 옹호를 제안하기 위해 사용되었다. 이러한 다양성의 원인은 평화라는 바로 그 개념의 복잡성과 이를 달성하는 방법에 대한 이해, 그리고 폭력적인 행동의 원인에 대한 다양한 해석과 관련이 있다. 실제로 평화교육은 국제교육, 발전교육, 환경교육, 인권교육, 갈등 해결 교육을 포함하는 커다란 우산과 같은 용어다.

3. 평화교육의 역사, 개념 정의와 유형론

3.1 평화교육의 역사

앞에서 부분적으로 살펴본 것처럼, 평화교육이 인간의 향상 혹은 폭력의 회피를 위한 교육이라는 폭넓은 의미로 정의된다면, 이는 역사 전반에 걸쳐 특히 종교적·영적 가르침 속에서 그 뿌리를 찾을 수 있다. 전 세계의 다양한 원주민들은 평화를 증진하기 위해 비폭력적인 갈등 해결 방식을 전통으로 전승해 왔다. 북아메리카의 퍼스트 네이션스(First Nations) 원주민들의 영성은 일반적으로 경쟁보다 상호성을 강조했으며, 평화로운 관계를 유지할 수 있도록 긍정적인 성향을 기르는 것을 추구해 왔다. 제도화된 종교에서는 부처, 예수, 무함마드, 노자와 같은 인물들이 평화교육에 참여해 왔다. 불교, 퀘이커(종교적 공동체), 힌두교 내 간디 운동 등은 모두 비폭력을 위한 교육에 기여하였다. 힌두교의 베다와 우파니샤드에는 '범세계적 가족'과 '아힘사(ahimsa, 비폭력)' 개념이 등장하지만, 힌두교의 믿음과 실천 방식이 다양하기 때문에 간디처럼 이를 중심에 두지 않았던 경우도 있다. 달라이 라마(Dalai Lama)는 티베트 불교의 모든 삶의 상호연결성을 강조하며 평등과 비폭력을 추구하는 평화교육자로 활동해 왔다. 또한, 공자는 자비, 이타적 나눔, 덕 있는 행동, 지혜의 추구, 성실함·신뢰·믿음을 쌓는 가치를 전파하려 수천 명의 제자를 교육시켰고, 이상향의 사회를 실현하고자 했다. 이슬람의 수피즘(Sufism)은 내면의 평화를 실현하고 인류의 평화를 이루는 것을 목표로 한 수련 체계이다. 유대교 또한 '샬롬(평화)' 개념을 개인으로부터 가정과 사회로 확장하여 중요하게 여기며, 이는 전통적으로 회당에서 가르쳐져 왔다. 한편 유대교에서의 평화는 단순히 전쟁의 부재를 의미하는 것이 아니라, 평화로운 개인도 전쟁에 참여할 수 있다는 의미를 내포한다. 예수의 가르침은 이 전통에서 벗어나 보편적인 자비, 온유함, 평화 추구를 강조하였다. 기독교 내에서도 퀘이커, 메노나이트, 브레드런(형제교도)이라는 세 개의 평화주의 종파는 예수의 비폭력 가르침을 충실히 따르고 있다. 퀘이커는 평화교육에 특히 적극적이었으며, 비폭력과 사회정의를 옹호하고, 노예제 폐지 운동에 중대한 역할을 했으며, 그들의 학교에서는 협동학습과 국제적 이해를 강조하였다. 이러한 종교 실천 혹은 가정 내 비형식 교육의 일부로서의 평화교육은 오래된 역사를 지닌 것이다.

한편 제도적인 의미에서의 평화교육, 특히 학교 교육에 적용된 의미로서의 평화교육은 대부분 유럽이나 북미 정착민의 전통을 기반으로 하였다. 17세기 체코의 교육자 코메니우스(Comenius)는 평화를 달성하는 수단으로서 정규 교육을 주장한 최초의 인물 중 하나였다. 1843~1853년 사이에 유럽에서 열린 국제평화회의는 교육이 도덕성과 윤리를 형성한다는 생각, 더 나아가 교육을 통해 정치적 편견과 전통적 증오를 극복할 수 있다는 생각을 심화시켰다. 1863년 장 마세(Jean Macé)는 무지야말로 전쟁의 근원이라는 생각 아래 '교육 연맹'을 설립하고 의사소통 중심의 교육방식을 추진하였다. 1891년에는 국제평화국(International Peace Bureau)이 설립되어 유럽과 미국의 교육자들을 연결하고, 전체주의와 국수주의가 담긴 기존의 역사 교과서에 맞서기 위한 평화교육 교재들을 제작하였다. 19세기 후반에는 국제주의가 확산되며 수많은 평화단체가 설립되었고, 이들은 평화교육 프로그램을 개발하였다. 1902년에 모나코에서는 제11차 세계평화회의가 열렸으며, 평화교육 자료들을 국제적으로 대여하는 시스템(예: 그림을 영사하는 장비 등)을 개발하였다. 이러한 평화 회의들은 20세기 초반에도 유럽에서 계속 열렸으며, 대부분 평화교육에 초점을 맞추고 있었다. 그와 동시에 미국에서는 1912년까지 거의 모든 주에 '학교평화연맹(School Peace League)' 지부가 있었으며, 이 조직은 국제 정의와 형제애를 적극적으로 촉진하였다. 진보주의 교육 운동과 새로운 교육 연맹(New Education Fellowship)은 평화교육 초기 활동의 중심에 있었다(Rohrs, 1994). 초기 평화교육 활동에 대한 문서화는 유럽 및 북미 정착민 사회를 중심으로 이루어졌으며, 이는 당시 식민지 세계 대부분에서 정규 교육체계가 부족했기 때문이다.

이러한 서구 중심 경향은 1914~1945년 동안의 '전쟁기(War years)'에도 계속되었으며, 이 시기는 도덕적 무장 해제 운동과 국제주의적·평화주의적 경향이 강화된 시기였다. 이 시기에는 여성들의 목소리가 평화운동에서 매우 중요했다. 1915년 '국제여성평화자유연맹(Women's International League for Peace and Freedom)'이 창립되어, 페미니스트 시각과 평화교육의 연계를 이끌어냈다. 제인 애덤스(Jane Addams)와 마리아 몬테소리(Maria Montessori)는 이 시기의 교육개혁과 평화교육에 큰 영향을 준 최초의 평화교육자들이었다. 제1차 세계대전 이후 존 듀이(John Dewey)도 그의 진보주의 교육 운동, 특히 사회과 내에서 평화교육을 강조하였다. 1930년대 중반까지 국제평화운동(International Peace Campaign)은 40개국 이상에서 활발히 활동하며, 대중 여론을 전환하고자 하는 행동 중심의 평화교육을 추진하였다. 국제연맹(League of Nations)도 젊은 세대를 국제 협력으로 이끌기 위한 소위원회를 만들었다. 세계대전이 끼친 광범위한 영향은 서구 평화운동 내부에서 정규 평화교육의 필요성을 더욱 긴급하게 만들었다(Kertyzia, 2022: 169-170).

세계대전 이후, 평화운동과 함께 전 세계에서 정규 교육에 대한 접근성이 확대되었고, 이에 따라 향후 70년간 평화연구와 교육도 널리 발전하게 되었다. 1948년에는 미국 인디애나 주 맨체스터 대학에서 최초의 평화학 프로그램이 개설되었다. 같은 해 유엔은 세계인권선언을 발표했으며, 이는 현재 다수의 평화교육 프로그램의 기초가 되었다. 1950~60년대에는 평화교육 프로그램들이 냉전 정치와 식민지 제국에 초점을 맞추었고, 1970년대에는 비무장 교육 및 구조적 폭력 개념의 도입으로 전환되었으며, 이는 프레이리(Freire)의 영향이 컸다. 1974년은 평화교육에 있어 중요한 해로, 유네스코는 '국제 이해 · 협력 · 평화 및 인권/기본 자유와 관련된 교육'에 관한 권고 사항을 발표하였다. 같은 해 평화 연구, 교육, 실천을 연결하는 것을 목표로 국제평화연구협회(IPRA)의 평화교육위원회도 설립되었다. 1980년에는 평화교육을 명시적 사명으로 하는 유엔 평화대학(United Nations University for Peace)이 설립되어 평화구축에 기여하는 분야의 대학원 학위를 제공하고 있다. 1980년대 초반에는 구조적 폭력 및 적극적 평화에 대한 초점이 강화되었으며, 1980년대 후반에는 개인의 내적 평화와 심리적 접근으로의 전환이 나타나면서 '평화 문화'라는 개념이 개발되었다. 1990년대 이후에는 신자유주의와 신보수주의의 영향으로 인간 향상 중심의 교육 성장은 제한되었으나, 유네스코, 유니세프, 유엔 등 국제기구 수준에서는 여전히 평화교육을 꾸준히 추진하고 있다. 유네스코 사무총장을 지낸 마쓰우라 고이치로는 "평화교육은 유네스코 및 유엔의 사명에서 본질적인 중요성을 지닌다."라고 언급한 바 있다(Page, 2008, p. xix 인용). 2010년에는 평화를 위한 인권에 관한 산티아고 선언이 작성되었으며, 제2조에서는 모든 사람이 평화와 인권 및 자유를 위한 교육을 받을 권리가 있다고 선언한다. 최근 평화교육은 국제연합의 강력한 지지 아래 다양한 형태로 전 세계적으로 정규·비정규 프로그램이 실행되고 있다(Kertyzia, 2022: 171-172).

3.2 평화교육의 개념 정의

평화교육에 대한 개념 정의의 대부분은 세계적 갈등이라는 맥락을 전제로 한다. 예를 들어 유니세프(UNICEF)는 평화교육을 다음과 같이 정의했다.

» 유니세프에서의 평화교육은 아동, 청소년, 성인이 노골적 폭력과 구조적 폭력을 예방하고, 갈등을 평화롭게 해결하며, 개인 간·집단 간·국가 간·국제적 차원에서 평화를 위한 조건을 조성할 수 있도록 행동의 변화를 이끌어내는 데 필요한 지식·기술·태도·가치 등을 증진하는 과정이다(UNICEF, 1999: 1)

리어든(Reardon, 2000: 401)은 평화교육을 다음과 같이 정의했다. "평화교육은 문화적, 사회적, 종교적 신념과 관행 또는 정치적, 경제적, 이념적 제도나 관행의 유지 또는 강화를 위한 수단으로 사용되는 다양한 형태의 폭력(물리적, 구조적, 제도적, 문화적)을 이해하고 줄이려는 계획적이고 지도된 학습이다." 따라서 리어든에게 평화교육의 주요 초점은 폭력의 감소에 있다.

한편 해리스(Harris, 2009: 11)는 공동체(공식 교육 안팎을 포함한)가 평화를 향해 함께 노력할 때 포함되는 과정에 자신의 평화교육 개념 정의를 정초한다. "평화교육은 폭력의 위협과 평화를 위한 전략에 대해 사람들에게 가르치는 과정이다. 평화교육자는 폭력의 문화를 평화의 문화로 전환하는 방법에 대한 통찰을 제공하려 노력한다. 그들은 어떤 평화 전략이 집단에 최대의 이익을 줄 수 있을지에 대해 합의를 도출해야 한다."

젠킨스(Jenkins, 2019: 4)는 종합적 평화교육의 관점에서 평화교육의 목적, 목표, 특징을 〈표 2〉와 같이 제시한다. 종합적 평화교육은 평화교육에 대한 단절된 다양한 접근법에서 파생하는 분열의 문제를 해결하고자 한다. 그것은 폭력을 없애고, 갈등에 대한 부정적인 접근을 거부하며, 폭력의 문화를 변혁하고 초월하기 위해 평화의 문화를 촉진할 필요성을 인정한다. 그것은 변화된 세계 질서를 구상하기 위해 전체론(holism)이 필수적이라는 것을 인식하면서 전체적으로 지식을 추구한다. 따라서 종합적인 평화교육의 학습 내용은 학습자와 관련된 거시적·미시적 맥락에서 도출되어 전체론적으로 추구된다. 평화교육의 내용은 넓고 다양하고, 다학문적으로 연구되며, 평화 지식의 모든 영역에서 도출된다. 또한 종합적인 평화교육은 인간의 번영과 웰빙에 필요한 사회적·문화적 변혁의 과제에 필수적인 정치적·심리적 측면을 모두 다루는 변혁적이고 능동적이며 미래 지향적인 교수법을 중시한다. 이러한 목표와 가장 관련이 있는 혁신적 학습 유형은 페미니스트 접근법과 다양한 형태의 비판적 교육 이론으로부터 도출된 것이다. 여기에는 학습자 중심, 성찰, 통합 및 탐구 기반 학습 접근법이 포함된다. 비판적이고 성찰적인 의식을 발전시키는 것은 사회적 행동과 참여의 가능성과 더불어 선하고 의미 있는 삶을 추구하기 위한 필수적인 근거로 여겨진다.

〈표 2〉 종합적 평화교육

목적	인간의 웰빙과 번영 및 평화의 문화 구현에 필요한 지식을 습득하고, 기술을 발전시키며, 태도를 형성하고, 관련된 능력을 키운다.
중요한 목표	모든 형태의 폭력(직접적, 구조적, 문화적 폭력)을 감소·제거한다. 적극적인 평화 및 번영하기 위한 인간의 권리에 유리한 상태를 조성한다.
지향/성향	변혁적, 행동 지향적, 유기적·역동적, 미래 지향적, 세계적·생태적 관계, 학습 및 과정 중시
범위	종합적/전체론적, 개인적·대인 관계적·사회적·정치적·제도적·생태적 변화와 변혁에 근본적인 학습을 포함, 생애 학습, 공식적·비공식적 학습 기회 포함
변혁적 학습을 위한 교수법	학습자 중심, 성찰적, 통합적, 탐구 기반, 관점 채택 및 세계관 조사, 미래 사고 및 설계, 갈등 해결 및 변혁(회복적 관행), 성찰적·참여적·심층적인 경청 관행
내용	다학문적으로 탐색하기, 평화 지식의 모든 영역(연구, 행동, 교육)에서 끌어내기, 인권과 국제 기준에 근거하기, 젠더 평등 및 젠더 감수성 지원하기, 지속 가능한 발전 및 평화 경제, 사회 정의, 군축과 군사주의, 민주주의, 미래 사고 및 비전, 비폭력(원리와 전략), 세계 질서, 갈등 변혁/회복적 정의, 평화 구축, 학습 및 변화에 관한 이론, 갈등 공정(대인 관계적, 중재), 문화적 유창성, 세계적 행위자, 세계 시민성/세계주의, 치유 및 화해, 영성, 생태적 지속 가능성/환경 정의

흥미로운 점은 이렇듯 대부분의 평화교육 개념 정의 그리고 평화 자체에 대한 개념 정의가 갈등과 폭력을 언급한다는 것이다. 실제로 나는 종종 학생들에게 평화교육 강의의 첫 부분에서 평화를 정의해보라고 요청하는데, 대다수 학생이 갈등을 언급하지 않고는 평화를 정의하지 못하는 것을 볼 수 있었다. 나는 여기서 평화교육에 대한 나름의 개념 정의를 시도하는 것을 추구하지 않는다. 일단 여기서는 평화교육의 개념 정의 대부

분이 파괴적인 갈등과 폭력의 감소, 그리고 건설적인 갈등 해결, 사회 정의, 교육적 포용의 증진과 관련되어 있다는 점을 짚어두는 것에 만족하고자 한다.

평화교육의 개념 정의에서 우리가 주목할 또 다른 사항은 많은 학자가 평화교육을 평화에 관한 교육, 평화를 위한 교육, 평화에 의한 교육으로 구분한다는 사실이다. 평화에 관한 교육은 교육 내용과 인지적 측면에 중점을 두고, 인권·환경·개발 등에 관한 주제에 관련된 정보를 제시하고 지식을 구축하는 데 중점을 둔다. 평화를 위한 교육은 과정으로서의 평화에 중점을 두고 있으며, 평화를 이룩하는 방법과 정서적 문제를 다루고, 태도와 행동의 변화를 위해 노력하며, 갈등 해결 및 차이와 환경에 대한 존중과 같은 기술을 구축하는 방법을 살펴본다. 평화에 의한 교육 또는 평화적 수단에 의한 교육은 평화교육의 교수법을 의미하며, 이는 교사가 학생들과 소통하여 학습에 적합한 환경을 조성하는 방식을 말한다.

3.3 평화교육의 유형론

이제 평화교육의 다양한 측면과 그것에 영향을 준 사상가들과 철학자들을 살펴보고자 한다. 이것은 사실 아주 복잡한 과정이다. 평화교육이 지닌 세계적·문화적·정치적 성격과 정의 및 자유를 지향하는 방향성을 고려할 때, 평화교육은 다면적이고 논쟁적이다. 여러 학자는 이러한 논의를 통합하고 개념적·주제적 명료성을 확보하기 위해 평화교육(그리고 평화와 갈등에 대한 관련 개념)의 유형을 정리하였다. 〈표 3〉은 이러한 논의에서 반복적으로 등장하는 핵심 사상가들의 주요 아이디어를 요약한 것이다.

특이한 점은 이들이 접근 방식, 교육과정, 유형, 윤리 전통, 맥락, 평화의 계보 등 서로 다른 방식으로 접근했음에도 불구하고, 모두 정의와 평등, 갈등 해결, 세계 시민성, 감정과 배려, 영성과 미학, 탈근대 평화교육이라는 핵심 주제로 수렴된다는 점이다.

〈표 3〉 평화교육의 유형론

	Harris & Morrison, 2003 (교육과정)	Galtung, 1969 (접근법)	Cremin, 2010 (유형)	Page, 2008 (윤리 전통)	Salomon & Cairns, 2009 (맥락)	Dietrich, 2012 (평화의 계보)
정의와 평등	평화, 사회정의, 환경 인식	평화 구축	학교에서 폭력 감소	덕 윤리	집단 간 갈등(대인 관계 갈등이 아님.)	도덕적 평화 (정의)
갈등 해결	비폭력적 갈등 관리 과정으로서 평화	평화 만들기	갈등 해결	결과주의 윤리	대인관계적 및 심리적 (정치적이지 않음)	
세계 시민성과 인권	인권, 개발, 전쟁, 안보, 국제 이해	평화 구축	포스트 갈등 및 인권교육	보수적 윤리		현대 평화 (안보)
정서와 배려	생명 존중 및 두려움 해결하기	평화 구축		배려 윤리		
영성과 미학	평화의 개념 인식과 미래 지향			미학적 윤리	상대적 고요	활동적인 (역동적 평화, 초합리적 평화)
탈근대 평화교육		평화 구축	변혁적 평화교육			탈근대 평화 (진리)

평화교육 분야에서 가장 흔히 다루어지는 주제는 정의와 평등, 갈등 해결, 그리고 세계 시민성과 인권이다. 이 세 가지는 지난 세기 동안 평화교육의 주요 내용을 구성하였고, 그 발전의 핵심이 되어왔다. 반면, 정서와 배려, 영성과 미학, 탈근대 평화교육은 비교적 최근에 등장한 주제들로,

이에 관한 연구는 아직 많지 않다.

〈표 3〉에 제시된 페이지(Page)의 평화교육을 구성하는 다섯 가지 윤리 전통(덕 윤리, 결과주의 윤리, 보수적 정치 윤리, 배려 윤리, 미학적 윤리)은 평화교육의 정의와 구성 틀을 이해하는 데 특히 중요하므로, 여기서 이를 간략히 설명할 가치가 있다. 이 윤리 전통들과 그에 기반한 철학자들은 서로 겹치며, 이들을 함께 살펴보면 평화교육의 철학적 뿌리에 대한 통합적인 관점을 제공할 수 있다. 이에 대해 페이지(Page, 2004: 7)는 다음과 같이 말한다. "평화문화는 단일한 현상이 아니라, 다양한 태도, 가치, 행동양식을 포괄하는 다차원적 개념이며, 다면적인 규범들을 포함한다. 따라서 평화, 특히 평화 문화가 복합적이고 다층적인 현상이라면, 평화교육을 위한 철학적 논거 역시 복합적이며 다양한 접근이 필요하다고 볼 수 있다."

덕 윤리학은 인간의 바람직한 덕을 중심으로 도덕적 행위를 판단하는 윤리 이론이다. 일반적으로 고대 그리스 철학자 아리스토텔레스(Aristotle)에 의해 체계화되었으며, 의무나 결과보다 도덕 행위자가 어떤 사람인가에 초점을 맞춘다. 평화교육이 덕 윤리를 철학적 기반으로 삼을 수 있다는 주장은, 덕 윤리가 성품 혹은 덕의 함양에 가치를 두고 있다는 점에서 비롯된다. 만일 우리가 교육의 핵심이 성품 형성에 있다는데 동의한다면, 성품 형성의 중요한 요소는 개인 간에 조화롭고 협력적인 관계를 형성하고 발전시키는 것이다. 마찬가지로, 평화교육의 궁극적인 목표 중 하나는 조화롭고 협동적인 관계를 중시하는 성품과 성격을 함양하는 데에 있어야 할 것이다. 이 관점에서 볼 때, 타인에 대한 존중이나 적극적인 비폭력(nonviolence)을 하나의 '덕'으로 간주한다면, 덕 윤리적 교육 이론에 입각할 경우 평화교육은 이러한 덕목들을 장려하고 길러내는 것을 목적으로 해야 한다. 페이지는 덕 윤리가 평화에 연결되는 데에는 한계가 있다고 지적한다. 왜냐하면 덕 윤리는 폭력을 정당화하는 데에도 사용될 수 있기 때문이다. 하지만 덕 윤리는 개인의 성실성과 자율성의 중요성을 강조한다. 직접적, 구조적, 문화적 폭력이 존재하는 세계에서 덕 윤리는 실천과 연결되며, 평화·회복탄력성·정의에 대한 헌신과 같은 성향을 기르는 데 기여한다.

둘째, 결과주의 윤리는 행위의 도덕적 정당성을 그것이 가져오는 결과에 따라 판단하는 윤리 이론이다. 가장 대표적인 형태는 공리주의로, 최대 다수의 최대 행복을 가장 바람직한 결과로 본다. 평화와 관련해 결과주의 윤리의 중요한 개념은 비폭력이 유용하므로 우리는 그것을 채택해야만 한다는 것이다. 만약 우리가 미래에 폭력과 불의가 초래할 끔찍하고 고통스러운 결과를 피하고자 한다면, 지금 평화를 위한 교육을 실행해야 한다.

이렇듯 결과주의 윤리에 기반한 평화교육의 정당성은 가장 명백하다고도 말할 수 있다. 평화교육 또는 평화를 위한 교육의 중요성에 관한 많은 담론은 암묵적으로 결과주의적 논리에 뿌리를 두고 있다. 결과주의 윤리에 기반한 평화교육의 논리는 대략 다음과 같다: 우리가 무엇을 어떻게 가르치는가는 우리가 살아가는 사회의 형태에 영향을 미친다. 이러한 명제는 자주 명시적으로 표현되지는 않지만, 상당히 자명한 진실이다. 교육과 교수 활동을 통해 더 나은 세상을 만들 수 있다는 희망이 없다면 우리는 애초에 교육에 그토록 많은 노력을 기울이지 않을 것이다. 반대로, 우리가 교육하지 않는 것, 혹은 잘못 교육하는 것 역시 우리가 살아갈 세상에 중대한 영향을 미친다.

따라서 평화교육의 관점에서 볼 때, 교육은 갈등과 불의에 대한 대안이 존재함을 알려주는 내용과 실천 모두를 통해 학생들을 교육해야 하며, 이는 특히 전쟁이나 사회적 불의로 인해 발생하는 불필요한 고통에 대한 교육을 포함해야 한다. 결국, 교육이 결과를 낳는다면 교육의 주요 목표 중

하나는 학생들이 우리가 어떤 세상에서 살기를 원하는지를 고민하게 하고, 그 세상을 창조할 수 있는 힘과 자율성을 부여하는 데 있어야 한다.

셋째, 보수적 정치 윤리는 점진적인 변화를 통해 평화가 실현될 수 있다고 보며, 혁명은 평화가 의존하고 있는 사회적 기반을 무너뜨릴 위험이 있다고 본다. 이러한 관점은 홉스(Hobbes), 오크숏(Oakeshott)과 같은 보수적 정치철학자들에게서 나타난다. 보수적 정치 이론과 윤리는 무엇보다도 폭력적 사회 변동에 대한 회피, 선험적 이성에 대한 거부, 강하고 안정적인 국민국가(nation-state)의 중요성을 강조한다는 점에서 평화교육과 연결지점을 형성할 수 있다. 폭력적 사회 변동을 회피하려는 보수주의의 태도는 평화 이론 및 평화교육에서 강조되는 비폭력적이고 평화적인 사회 변혁과 명확한 공명을 가진다. 실제로, 평화를 지향하는 이들과 보수주의자 모두는 평화로운 사회 변화를 공통의 관심사로 간주한다. 평화로운 사회 변화는 일반적으로 질서 있는 변화를 의미하며, 이는 보수주의가 전통, 역사적 경험과의 연속성을 중시하는 이유이기도 하다. 사회가 질서 있게 변화하지 못할 경우, 혼란과 폭력의 가능성이 높아질 수 있기 때문이다. 이러한 점에서, 국가와 같은 제도적 구조는 사회 구성원이 본질적으로 불완전하다는 전제하에 그러한 불완전성을 보완하는 틀로 작용한다.

넷째, 배려 윤리는 진리가 객관화될 수 있는 것이 아니라, 관계 속에서 경험되는 것이라고 규정한다. 배려 윤리를 옹호하는 학자들은 신뢰와 돌봄이 특히 여성에게는 자연스러운 질서이며, 전쟁에 대한 성향은 선전과 남성을 우선하는 사회·정치적 구조를 통해 인위적으로 형성된다고 주장한다. 나딩스(Noddings)의 배려에 대한 헌신은 아힘사(ahimsa, 비폭력)와 매우 유사하다. 이처럼 배려 윤리와 평화교육 간의 잠재적 연결고리를 이해하는 것은 그리 어렵지 않다. 평화란 본질적으로 관계에 관한 것이며, 이는 개인 간의 관계뿐 아니라, 국가 집단 간 관계, 더 나아가 개인과 자기 자신 간의 내면적 관계, 인간과 자연 간의 관계까지를 아우른다. 하지만 이러한 연결은 여기서 끝나지 않는다. 실제로 많은 전쟁과 갈등의 원인은 '국가의 권리'나 '민족적 정의'에 대한 강한 주장으로부터 비롯된다. 배려 윤리는 이러한 권리와 정의의 중요성을 부정하지 않으면서도, 더 근본적인 것은 개인에 대한 배려라고 강조한다.

이러한 맥락에서 볼 때, 평화교육 역시 본질적으로 관계 지향적이다. 교육은 관계 속에서 이루어지며, 관계를 통해 학습이 실현된다. 평화교육은 바로 이러한 배려적이고 지지적인 관계 형성을 주요 목표로 삼는다. 교육과정(curriculum)의 내용도 중요하지만, 그보다 더 중요한 것은 교사와 학생 간, 교육기관과 학습자 간의 관계이다. 그리고 바로 이러한 관계들 속에서 사람들은 '평화를 배우는 것'을 가능하게 만든다.

끝으로, 현대적 의미에서의 미학적 윤리는 아름답거나 바람직하다고 판단되는 것, 더 일반적으로는 가치 있는 것으로 여겨지는 것에 관한 판단에 기반한 행동을 의미한다. 미학적 판단과 가치 판단의 경계는 모호하며, 미학에 관해 말할 때 우리는 결국 우리가 가치 있다고 여기는 것, 중요하다고 여기는 것에 대해서도 말하고 있는 셈이다. 교육 전반은 이러한 미학적 판단, 즉 무엇이 아름답고 바람직한지를 판단하는 과정에 깊이 뿌리내리고 있다고 주장할 수 있다. 만약 우리가 평화—곧 개인 간 및 사회 간의 조화롭고 협력적인 관계—를 아름답고 자체적으로 가치 있는 것으로 여긴다면, 이는 교육과정의 명시적 목표로 삼아야 할 것이며, 그것을 부끄러워하거나 주저해서는 안 된다. 그와 같은 맥락에서 우리가 평화교육의 중요성을 공공연히 피력하는 것 역시 마땅한 일이다.

미학적 윤리는 아름다움, 조화, 전체성에 관심을 두며, 최근 들어 행성적 자각이 높아지고 우주에서 지구를 촬영한 '가이아(Gaia)' 이미지가 널리 퍼지면서 다시 주목받고 있다(Page, 2008; Midgeley, 2004). 미학적 윤리에 기반을 둔 평화교육은 명상, 기도, 음악, 샤머니즘, 무술, 마음 챙김 등 다양한 형태로 전 세계에서 영향을 미치고 있다. 많은 평화운동가와 평화교육자는 개인적 혹은 영적 삶에서 이러한 실천들을 이어가고 있는데, 이러한 영적이고 내면적인 경험은 그들이 평화를 추구하는 동기가 되기도 한다. 페이지는 미학적 윤리를 평화교육의 토대로 삼아야 한다고 다음과 같이 강력히 주장한다.

> » "요약하자면, 나는 모든 교육은 궁극적으로 미적 판단, 즉 무엇이 아름답거나 바람직한가에 대한 판단에 의해 뒷받침된다고 주장한다. 만약 우리가 평화—즉, 개인과 사회 간의 조화롭고 협력적인 관계—를 아름답고 그 자체로 가치 있는 것이라 믿는다면, 교육의 명시적 목표로서 이를 장려하는 데 주저할 이유가 없다."(Page, 2008: 158).

나는 이러한 평화 윤리 전통들 모두에 가치를 두지만, 이 마지막 전통이 특히 가장 큰 영감을 준다고 믿는다. 평화가 아름답고 바람직한 것이라는 사실, 그리고 그것이 모든 교육 활동의 핵심이 되어야 한다는 주장에 이의를 제기하는 사람은 아마 없을 것이기 때문이다. 물론 나는 이러한 관점이 보편적으로 받아들여지는 것은 아니라는 사실도 알고 있다. 하지만 평화교육은 전쟁, 폭력, 갈등 등 지금까지 기존의 평화교육에 연루된 부정적인 이미지와 인상에서 벗어날 필요가 있다. 다시 말해, 우리는 이제 평화교육에서 평화를 아름답고 가치 있는 것으로 간주해야 한다. 궁극적으로 '가치 중립적인 교육'이라는 것은 사실 실재하기 어렵다. 중요한 질문은 교육 속에서 표현되는 가치들이 정당화될 수 있는가라는 것이다. 이 점에서 평화는 정당화가 전적으로 가능한 가치이며, 특히 미학적 윤리의 기반 위에서 그러하다. 이제 우리는 아름다움의 관점에서 평화교육이라는 개념을 시대에 맞게 갱신해야 한다. 평화교육은 그 핵심 목표와 가치에 있어서는 과거와 어느 정도 일관성을 유지하되, 그것이 이해되고 실천되는 방식에서는 다양성을 허용해야 한다. 우리에게 이것은 미학적 평화에 대한 깊이 있는 탐구를 의미한다.

4. 평화로운 교실을 만들기 위한 다섯 가지 전략

우리가 통일교육을 통해 학생들이 북한을 균형 있게 이해하고, 갈등을 건설적으로 해결하며, 평화를 저해하는 부정의에 적극적으로 대항하며, 확고한 통일 의지를 갖춘 학생을 육성하려면 학생들이 생활하는 교실 자체가 평화교육의 장이 되어야 한다. 교실 자체가 평화로운 교실이 되지 못하면, 그 안에서 실행되는 모든 방법이 제대로 된 효과를 낼 수 없기 때문이다. 특히 통일교육 담당자로서 초등 교사는 학생들과 거의 종일 한 교실에서 생활하므로 무엇보다도 평화로운 교실 만들기에 주력해야 한다. 그렇다면 초등 교사로서 우리가 평화로운 교실을 만들기 위해 해야 할 것은 무엇인가? 이에 여기서는 평화로운 교실을 만들기 위한 다섯 가지 전략에 대해 살펴보고자 한다.

평화교육이 성공하려면 학생들이 배우는 교실 자체가 평화로운 교실이 되어야 한다. 평화로운 교실은 개별 학생이 평등한 기회를 접하고, 개별 학생의 복지가 극대화되는 열린 환경이다. 그곳에서 교사와 학생은 건설적 방식으로 상호작용하는 방법을 배운다. 그곳에서는 모두가 자신의 관점을 피력하고, 교사와 학생은 공동으로 행동의 한계를 설정한다. 평화로운 교실에서 교사와 학생은 학습 과정에 참여하는 모두에게 존중심을 드러내고 가치 있는 것을 공유한다.

평화교육에서 교사는 자신을 진리의 소유자로 자처하지 않는다. 단지 전쟁, 갈등, 평화의 문제를 학생들보다 더 자세하게 일찍 고찰한 사람으로서 교사는 학생들을 협력적 학습 모험으로 이끌고, 학생들이 심각한 인간의 문제에 관해 무엇을 할 수 있는지 스스로 결정하도록 권면한다. 평화교육에서 교사는 학생들을 빈 그릇이나 지식의 수동적 수용자로 취급하지 않으며, 그들을 소중한 인간이자 동료 학습자로 간주한다(Harris & Morrison, 2013: 169).

볼딩(Boulding, 1974: 123-124)은 평화로운 교실이 만들고자 하는 인간형의 모습을 다음과 같이 묘사하였다.

> » 이타주의, 활동가, 비폭력 실천가가 되는 아동은 자율적이고, 유능하고, 자신과 미래에 대해 자신감을 가졌으며, 스트레스를 잘 견디고, 자신과 직접 관련이 없더라도 타인과 따뜻한 인간관계를 유지하며 타인에게 책임을 느낀다. 이런 아동은 과거에 문제를 해결할 기회가 많았고, 여러 사회적 역할을 수행하였으며, 자신의 성공에 대해 보상을 받았다. 또한 이런 아동은 다양한 종류의 사건을 접했고, 상당한 지식을 축적했으며, 복합적 세계관을 지녔다. 성인 역할 모델의 지도를 받았지만 동시에 또래 집단의 도움도 받았다. 자라는 동안 인식 능력, 정서 능력, 직관 능력을 발달시킬 최적의 기회를 접했고, 타인 배려와 유대감 성향이 공격 성향보다 훨씬 크게 작용했다. 이런 아동의 사회적 공간은 자신이 감당할 수 있는 도전으로 가득하고, 사회적 행동에 관한 풍부한 가르침을 제공하며, 자신의 주변을 건설적 변화로 이끌도록 권면하는 역할 모델이 풍부하다.

해리스와 모리슨(Harris & Morrison, 2013: 170-180)은 평화로운 교실을 만들기 위해 교사는 민주적 공동체를 창조하기 위해 대화를 활용하기, 협력하는 방법을 배우기, 도덕적 배려와 관심의 에토스를 발달시키기, 비판적 사고를 증진하기, 변화를 향한 권한을 갖추기 위해 올바른 관계에 대한 탐색을 발달시킬 것을 제안하였다. 이에 여기서는 이 다섯 가지 전략에 대한 내 나름의 논의를 새롭게 추가하면서 더 상세하게 살펴보고자 한다.

4.1 민주적 공동체를 창조하기 위해 대화를 활용하기

세계에 평화가 가능하기 위해서는 사람들이 파괴적 폭력에 호소하지 않고 다른 사람들과 함께 살아가는 방법을 배워야 한다. 세계화 현상을 통해 오늘날 세계는 더욱 긴밀해지고 있으며 상호 의존적인 공동체를 향하여 나아가고 있는데, 이 공동체에서 사람들은 모두 유사한 목표를 가지고 있으며 이 목표를 달성하기 위해 서로 협력해야 한다는 것을 배우고 있다. 지구 공동체(global community)에서 인간은 서로에게 의존한다. 예를 들어, 시민들은 타국에서 생산된 식품과 원료가 필요하고, 회사는 상품을 판매할 시장을 필요로 하며, 우리 모두는 의식주를 위해 지구에 의존하고 있다. 이렇게 인간은 안전을 위해 서로에게 의존하고 있으며, 자신의 필요를 충족시키기 위하여 상호 의존적인 공동체를 형성한다.

소극적 평화 개념은 직접적인 폭력, 특히 전쟁에서 조직화 된 대량 살상의 부재와 연결된다. 소극적 평화 개념이 담고 있는 또 다른 형태의 직접적 폭력은 신체적 불링(bullying), 공격, 살인, 고문, 그리고 표적이 되는 피해자의 가정과 공동체를 파괴하는 것을 포함한다. 적극적 평화 개념은 구조적 폭력의 부재에 치중한다. 여기서 구조적 폭력은 사회 부정의, 차별, 편견, 사회적·도덕적 배제, 이런 조건과 연결된 빈곤, 의도하거나 의도하지 않은 문화적 정당화를 포함한다. 전 세계를 통하여 사람들은 직접적 폭력과 구조적 폭력이 초래하는 문제를 다루기 위해 토대 공동체(base communities)를 만들어 가고 있다. 즉, 평화교육이 민주적 행위를 배우는 모델 실험실로서 단결된 교실 공동체를 만들고 있다. 공동체에 대한 인식이나 소속감이 없으면 사람들은 타인에 대한 책임감을 갖지 못한다. 분열을 조장하는 교육은 희망을 키울 수가 없다. 지구에서 함께 살아가기 위해 요구되는 가치와 행위를 가르치기 위해서 평화교육자는 상호존중과 공유에 기초한 교실 공동체를 창조해야 한다.

이를 위해 교사들은 학습 프로그램을 만드는 데 있어서 가능한 한 학생들의 도움과 참여를 유도해야 한다. 이 말은 한편으로 학생의 관심과 경험에 기초한 프로그램을 만드는 것을 의미하고, 다른 한편으로 교실에서 허용된 행위와 제한된 행위를 학생들과 함께 결정한다는 것을 의미한다. 평화교육자는 학생들에게 자신들이 당한 폭력 경험을 나누도록 장려해야 하는데, 그렇게 함으로써 교실 구성원들은 공감을 훈련할 수 있고 자신들의 무서운 경험이 유독 특출난 것이 아니라는 사실을 깨닫게 된다. 학생들은 또한 서로에게 폭력적 세계에서 겪게 마련인 두려움과 공포를 이겨낼 방법을 배우게 된다. 상이한 관점을 가진 학생들이 서로 의견이 불일치하는 경우도 있지만, 갈등과 폭력에 어떻게 대처할 것인지 각자의 의견을 듣고 다른 사람의 견해를 수용하도록 노력함으로써 민주적 학습 환경이 조성되는 법이다.

우리 삶에서 일어나는 폭력의 기원에 관한 이러한 탐구 과정에서 교사는 교실이 계속 살아 움직이도록 하는 사람이다. 교사는 질문을 던지고 그 질문에 통찰력을 줄 수 있는 새 자료를 제공한다. 때로는 의견을 더 명료하게 해 주고 요약해 주기도 한다. 이렇게 함으로써 교사는 토론 진행이 수업의 목표에 잘 부합되도록 할 수 있다. 또한 교사는 토론이 구성원들에게 편안하게 진행되고 있는지 주기적으로 점검할 필요가 있다. 평화교육 수업을 진행하는 교사의 다른 중요한 기능은 각자의 관점이 충분히 주의를 받도록 하고, 상이한 관점이 누가 옳은지를 증명하는 논쟁이 아니라 긍정적인 학습 경험임을 분명히 해 주는 것이다. 평화교육자는 수업 참여자들에게 따뜻한 관심을 보여주고 그들의 기여를 인정해 주어야 한다. 이렇게 하여 민주적 교실의 교사는 학습 집단의 응집력을 유지하고 평화적 행위의 강력한 역할 모델로 기능하는 중재자가 되는 것이다.

민주적 교실은 수업에 임하는 모든 구성원의 대화를 요구한다. 참여자 각자는 자신들의 발언이 경청되고 있다고 편안하게 느껴야 한다. 교사는 질문을 제기하고 갈등과 평화 추구에 대한 자신의 경험을 학생들과 공유한다. 교사는 과묵한 학생에게 스스로 말하게 용기를 북돋우고, 시간을 독점하는 학생에게는 너무 많은 말을 하지 않도록 기분 나쁘지 않을 방식으로 제지한다. 학습자와 교육자 사이의 열린 대화는 존경과 신뢰를 요구하는데, 이것은 공동체가 만들어지기 위해서 가장 중요한 구성요소다. 학습 공동체는 자신의 삶의 경험을 공유하는 참여자들에 의해 만들어진다. 교육자는 자신의 경험을 나누고 의견들을 가설의 형태로 제시함으로써 집단적 탐구의 대상이 되게 한다. 이렇게 상호작용하는 교수법은 학생들이 교사를 새롭고 흥미로운 방식으로 알게 하는데, 이 과정은 복잡한 문제를 탐구하는 지적 존재들의 학습 공동체 개념을 풍부하게 만든다.

레이시(Lacey)는 교사들이 학생들에게 배우는 즐거움을 발견하고 자신과 타자와 세계를 위한 배려심을 발견하도록 돕는 과정을 설명하기 위해 마음속 교사(inward teacher)라는 용어를 사용하고 있다. 몬테소리처럼 레이시도 학생마다 자신의 내부에 신성한 불씨(spark of the divine)를 담고 있다고 믿는다. 교사의 역할은 이 불씨를 발견하고 키우는 것을 돕는 것이라고 본다. 파머(Palmer)는 교실에서의 훌륭한 가르침이 진행되는 과정에 대해 '사랑'이라는 용어를 사용하는 것을 주저하지 않는다. 그에 의하면 교사는 기꺼이 위험을 감수해야만 하며, '훌륭한 가르침의 원천인 따뜻한 마음을 품지 않으면' 어떠한 교육 개혁도 성공할 수가 없다. 훌륭한 가르침의 본질은 지력, 감정, 정신을 포함해야 하며, 제기하는 질문이 발견하는 답변만큼이나 중요하다(Harris & Morrison, 2013: 171에서 재인용).

민주적 교실을 만들기 위해 교사가 사용할 수 있는 기법에는 많은 것이 있다. 가장 중요한 것 가운데 하나는 처음에 다양한 소개 연습을 통해 학생들이 서로에 대해 잘 알게 하는 것이다. 학생들이 서로를 잘 알 수 있게 해 주는 것은 학급을 하나의 도덕 공동체로 만드는 데 필수적이라고 주장한다. 왜냐하면 서로에 대해서 무엇인가를 알게 될 때, 상대방을 소중히 여기고 애착을 느끼기 쉽기 때문이다. 유대감을 형성하는 일은 교실 안에서 친밀감을 형성하기에 가장 중요한 시기인 새 학년 새 학기의 첫날부터 시작해야 한다.

학생들은 학급훈화를 결정할 수 있고 교실에서의 적합한 행위에 관한 가이드라인을 정할 수 있다. 수업이 종료할 즈음에 교사와 학생은 약 10분 정도를 할애하여 수업 시간 동안 무엇이 진행되었는지를 논의할 수도 있다. 그런 시간을 갖는 이유는 수업 진행 과정에서 나온 아이디어를 되풀이하기 위해서가 아니라, 학생들이 자신의 참여와 다른 학생의 참여에 대해 어떻게 느꼈는지 알아보기 위해서이다. 즉, "우리는 모두 이 수업에 참여하였다. 잘못된 것은 무엇인가? 잘 된 것은 무엇인가? 더 잘할 수는 없었는가? 다음번에는 어떻게 하면 더 좋은 수업이 될 수 있을까?" 등의 질문을 던짐으로써 이 과정은 학생들에게 수업에 대한 소유의식을 갖도록 한다. 이런 과정을 거침으로써 참여자들에게 수업에서의 상호작용에서 자신이 수행한 역할에 대해 성찰할 기회를 제공하게 된다.

참여하는 민주적 시민이 되는 것은 원칙에 대해 추상적으로 이해하는 것 이상을 요청한다. 민주적으로 행위하는 것은 삶의 한 방식이다. 평화교육자는 교실 공동체가 학생들이 자신들의 행동이 미칠 결과를 고려하며 행동을 순화시키는 그런 공동체가 되도록 함으로써, 학생들이 이런 삶의 방식을 살도록 준비시킨다. 학습 공동체 수립에 참여함으로써 교사와 학생은 민주적 의사결정 기술을 획득하게 된다.

이에 왓슨(Watson, 2019, 158-159)은 학습 공동체를 구축할 때 교사가 준수해야 할 일곱 가지 사항을 다음과 같이 제시한다. 첫째, 개인적인 소식과 학급의 성취를 공유하고, 학생들이 계획과 문제해결에 참여하는 학급 회의를 활용하여 학생들의 집단 소속감을 형성한다. 둘째, 포용적인 언어를 사용한다(예: 우리 반은 배우는 것을 정말 좋아하는구나!). 교사는 전체로서의 학급을 자주 언급해야 한다. 셋째, 공유된 학습 경험을 창안하고, 학생들을 학급의 절차·관습·의식에 참여시켜 학급에 공유된 역사를 만든다. 넷째, 학생들과 함께 배우고 싶은 것의 목록을 만들어 공유된 목표를 강조하고, 이를 교육과정에 반영하고자 노력한다. 다섯째, 학생들이 어떤 대우를 받기를 바라는지 그리고 어떤 학급이 되기를 바라는지에 대해 학급 구성원 모두가 생각하도록 권장하여 공유된 가치를 강조한다. 여섯째, 학생들이 학급을 위한 책임을 떠안도록 요구하고 도와주어 독립성과 책임감을 고취한다. 일곱째, 학생들의 상호작용을 지원하도록 환경을 정비하고 학생들의 제안에 개방적인 자세를 취하여 학생들이 서로를, 학급 전체를 그리고 교사를 돕도록 장려한다.

4.2 협력하는 방법을 배우기

민주적 학습 공동체에서 존재한다는 것은 타인과 어떻게 협력할 것인가를 배우는 과정이기도 하다. 협력적 학습 상황에서 교사는 프로젝트를 수행할 소집단을 조직한다. 따라서 평화를 연구하고 배우는 학생들은 집단 활동과 관련된 기술을 배울 필요가 있다.

존슨과 그 동료(Johnson et al., 1984: 45)는 협력적 학습에 필요한 기술을 형성 기술(forming skills), 기능 기술(functioning skills), 공식화 기술(formulating skills), 자극 기술(fermenting skills)의 네 가지로 분류하고 있다. 평화교육 교사들은 학생들이 집단 활동에 익숙해지도록 적절한 기술을 가르칠 수 있다. 그들은 학생들이 어떤 기술을 필요로 하는지를 결정하고, 학생들이 특정 집단 테크닉을 이해하도록 도우며, 연습상황을 만들어주고, 피드백과 지원을 제공한다. 교사들은 이 기술 분류를 학생들의 나이에 따라 교실 학습에 도움이 되는 방식으로 사용할 수 있다.

형성(forming) 기술은 학생들이 협동학습 집단을 안정적으로 만드는 데 필요한 기능으로 집단에 머무르거나 돌아다니지 않기, 조용한 목소리로 말하기, 교대로 수행하기, 서로의 이름 부르기 등이 있다. 기능(functioning) 기술은 학생들이 집단의 행위를 다루고 효과적인 관계를 유지하는 데 필요한 기술로서 자신의 아이디어와 결정을 제시하기, 집단의 학습에 방향을 제공하기, 모든 구성원이 참여하도록 격려하기 등이 있다. 다시 말해, 기능 기술은 임무를 완수하고 집단 구성원들 사이에 효과적인 관계를 유지하는 노력을 관리하는 기술을 말한다. 집단 활동을 개시하게 하고 모든 참여자에게 무엇이 기대되고 있는지를 이해하도록 의제를 설명하는 것을 포함한다. 집단 구성원들은 이 단계에서 일련의 활동 절차에 대해 합의해야 한다. 집단 내 다른 구성원에게 무엇이 진행되고 있는지 설명하고 명료화할 수 있어야 한다. 다른 사람의 기여를 전달하고 새 아이디어로 집단에 활력을 불어넣으며 필요할 경우 자신의 느낌을 표현해야 한다. 기능 기술은 이처럼 집단이 순조롭게 작동하도록 해 주는 것이다.

공식화(formulating) 기술은 학생들이 현재 학습하고 있는 자료에 대한 이해를 깊게 하고, 더 높은 수준의 추론 전략을 사용하도록 자극하며, 자료의 숙달과 파지를 극대화하는 데 필요한 기능으로서, 그 예로는 단계적인 추론 설명하기, 학습하고 있는 것과 이전에 학습한 것을 연결하기 등이 있다. 공식화 기술은 연구 중인 주제에 대해 심도 있는 이해를 가능케 하는 기술을 포함한다. 즉, 토론된 것을 요약하고, 다른 구성원들의 기여를 체크하며, 임무에 대한 상세한 설명을 요청하고, 결론을 내리기 위해 추론 과정을 분명히 하는 것들이 그것이다. 때때로 이 단계에서 집단은 다른 집단에게 자신들의 발견을 제시할 수도 있는데, 이 경우 결론을 어떻게 전달하는 것이 최선인지 결정할 필요가 있다. 이 같은 주제의 재규정은 집단 참여자에게 중요한 교육적 효과를 줄 수 있다.

끝으로 자극(fermenting) 기술은 학생들이 현재 학습 중인 학습 자료의 재개념화를 자극하고, 인지 갈등, 더 많은 정보의 추구, 자신의 결론에 대한 이론적 근거의 소통 등을 자극하는 데 필요한 기능으로서 사람이 아니라 아이디어를 비판하기, 논리적으로 설득되지 않는 한 자신의 결정을 바꾸지 않기(다수결에 지배되지 않는 것) 등이 있다. 자극 기술은 집단이 달성한 것을 고차원적으로 분석하는 것을 의미한다. 이 단계에서는 집단 구성원들이 다른 사람의 관점에 이의를 제기할 수도 있다. 학문적 논쟁이 발생하여 구성원들이 주제를 재고찰하고 결론에 대한 증거를 다시 모으며 대안적 입장을 내세우기도 한다. 여기에는 사람이 아니라 아이디어를 비판하는 기술을 포함하여 다양한 관점을 모아 단일 입장으로 정리하는 기술, 집단 구성원의 다른 발견을 포섭하는 기술, 깊이 있는 이해를 구하는 기술, 어려운 질문에 상세한 답변을 정리하는 기술, 집단의 결론을 현실에 적용하여 테스트하는 기술 등이 포함된다. 이런 기술은 집단이 상당한 지적 엄밀성을 요구하는 좀 더 높은 차원에 도달하는 것을 가능케 한다.

이러한 협력 기술을 배우는 것은 일생에 걸친 과제이다. 이 가운데 한두 가지 기술에 익숙할 수는 있겠지만 모든 기술을 갖는 것은 일생에 걸쳐 배워야 한다. 다른 사람들과 협력하며 일할 수 있는 핵심 요소는 갈등을 관리할 수 있느냐 하는 것이다. 보다 창조적으로 갈등을 해결하기 위해서 사람들은 집단 내에서 의사소통 기술을 개선하는 것이 필요하다. 교실은 갈등 해결과 관련된 기술을 테스트하는 이상적 환경을 제공한다. 갈등 해결 기술은 갈등을 평화적으로 다루고 관리하며 해결하는 데 필요한 기술로서 다음과 같은 능력이나 기술을 포함한다.

» 공격성과 부정성을 감소하고 예방하기 및 보복의 염려 없이 자신의 다른 의견과 관심을 자유롭게 표현할 수 있는 중립적인 환경을 조성하기
» 갈등 당사자 간의 수용성, 상호 이해, 신뢰를 권면하고 향상하기
» 상충하는 당사자의 힘과 지위의 차이를 인식하고, 그러한 차이가 상충하는 당사자들 간의 소통에 미칠 수 있는 영향을 줄이기 위한 방책을 마련하기
» 정서를 효과적으로 관리하고 조절하는 능력: 자신과 타인의 근본적인 정서·동기 상태를 해석하고, 자신과 타인의 정서적 스트레스·불안·위험을 처리하는 능력
» 갈등에 연루된 당사자의 다른 관점을 경청하고 이해하기
» 갈등 당사자가 가진 서로 다른 관점을 표현하고 요약하기
» 갈등 당사자가 가진 오해에 대응하여 그것을 감소하기
» 갈등 당사자들이 다른 당사자들이 갖는 관점에 관해 성찰하기 위해 때로는 침묵, 휴전, 행동하지 않는 기간이 필요할 수 있음을 인식하기
» 갈등의 원인과 기타 측면을 식별하기, 분석하기, 관련짓기, 맥락에서 살펴보기
» 갈등 당사자 간의 합의가 성립될 수 있는 공통의 근거를 파악하기, 갈등 해결을 위한 선택지를 확인하기, 가능한 타협이나 해결책을 다듬기

» 이용 가능한 선택지에 대한 이해를 높여 다른 사람이 갈등을 해결할 수 있도록 지원하기

한편, 사회적 상호의존성은 모든 사람의 목표 달성이 타인의 행동에 영향을 받을 때 존재한다. 사회적 상호의존성에는 긍정적 유형(협동)과 부정적 유형(경쟁)의 두 가지가 있다. 긍정적 상호의존성(협동)은 개인이 그와 협력적으로 연결된 다른 개인도 목표에 도달할 때만 자신의 목표를 달성할 수 있다고 인식할 때 존재한다. 따라서 참가자는 목표를 달성하기 위한 서로의 노력을 촉진한다. 부정적인 상호의존성(경쟁)은 개인이 그와 경쟁적으로 연결된 다른 개인이 목표를 달성하지 못하는 경우에만 자신이 목표를 달성할 수 있다고 인식할 때 존재한다. 따라서 참가자는 목표를 달성하기 위한 서로의 노력을 방해한다. 상호의존성이 전혀 없는 개별 시도는 상황에 있는 다른 개인이 목표를 달성했는지의 여부와 상관없이 개인이 목표에 도달할 수 있다고 인식하는 상황을 초래한다(추병완 역, 2019: 34).

사회적 상호의존성 이론의 기본 전제는 어떤 상황에서 구조화된 상호의존성의 유형이 개인이 서로 상호작용하는 방식을 결정한다는 것이다. 그리고 상호작용 유형은 결과를 결정한다. 긍정적 상호의존성은 촉진적 상호작용을, 부정적 상호의존성은 대립적 또는 경쟁적 상호작용을 유발하는 경향이 있으며 상호의존성이 없는 경우에는 상호작용이 부재한다. 사회적 상호의존성의 유형과 그것이 유도하는 상호작용 유형 사이의 관계는 양방향적인 것으로 가정된다. 각각은 서로를 유발할 수 있다. 긍정적 상호의존성이 촉진적 상호작용을 초래하는 것처럼, 촉진적 상호작용은 협동을 초래할 수 있다.

일반적으로 경쟁적 맥락은 다음과 같은 특징을 보여준다(추병완 역,

2019: 38-39).

- 개인은 차별적인 혜택, 즉 상황에서 다른 사람보다 더 잘하는 것에 초점을 맞춘다. 경쟁 상황에서 한 사람이 얼마나 잘하고 있는가는 그 사람의 성과가 그 상황의 다른 사람의 성과와 어떻게 비교되느냐에 달려 있다. 자신이 수행한 결과의 가치가 다른 사람의 결과와 어떻게 비교되느냐에 따라 달라지는 사회적 비교가 끊임없이 존재한다.
- 개인은 자신의 웰빙과 다른 참가자의 박탈에 초점을 맞춘다. 이기기 위해 개인은 자신에게 유익한 것뿐만 아니라 다른 사람이 이기지 못하게 하는 것에 초점을 맞춘다. 자기보다 덜 잘하는 타인에 대한 기득권이 있다.
- 개인은 모든 에너지를 승리에 집중시키는 단기간의 시간 지향을 채택한다. 좋은 관계를 유지하는 것에 거의 주의를 기울이지 않는다. 대부분의 경쟁에는 다른 경쟁자와의 향후 관계에 대해 거의 또는 전혀 걱정하지 않은 채 모든 관심이 집중되는 즉각적인 결승선이 있다.
- 의사소통을 회피하는 경향이 있으며, 의사소통이 이루어질 때는 오해의 소지가 있는 정보와 위협을 포함하는 경향이 있다. 위협, 거짓말, 침묵은 학생이 서로 갈등을 해결하는 데 도움이 되지 않는다. 경쟁은 다른 사람이 의사소통을 꺼리는 정보를 얻기 위해 스파이 행위나 여러 가지 기술을 야기하고, 자신에 대해 상대방을 속이거나 오도하기 위한 우회적인 전략을 낳는다.
- 교정하기 어려운 다른 사람의 입장과 동기에 대한 빈번하고 일반적인 오해와 왜곡이 있다. 학생은 다른 사람을 부도덕하고 적대적인 존재로 인식하고 그에 따라 행동함으로써 자기 충족적인 예언에 관여하여 다른 사람으로부터 적대감과 기만을 불러일으킨다. 왜냐하면 선입관과 기대가 인식되는 것에 영향을 주기 때문에, 자신의 신념과 행동을 정당화하는 방식

으로 사건을 보는 편향이 있기 때문에, 그리고 갈등과 위협이 지각과 인지 과정을 손상시키기 때문에 오해를 바로잡는 것이 매우 어렵다.

» 개인은 서로에 대한 의심스럽고 적대적인 태도를 가지고 있기에, 서로의 욕구와 필요를 착취할 준비성을 높이고 서로의 요구를 거절한다.
» 개인은 다른 사람의 요구, 욕구, 감정의 정당성을 부정하고 자신의 이해관계만을 고려하는 경향이 있다.

한편, 협동적 맥락은 다음과 같은 특징을 보여준다(추병완 역, 2019: 39-40).

» 개인은 상호 목표와 공유된 이해관계에 초점을 맞춘다.
» 개인은 자신과 타인의 웰빙에 관심을 둔다.
» 개인은 목표 달성 및 타인과 좋은 관계 구축에 에너지를 집중시키는 장기적인 시간 지향을 채택한다.
» 효과적이고 지속적인 의사소통은 갈등을 해결하는 데 매우 중요하다. 협동 상황에서 관련 정보의 소통은 개방적이고 정직하며, 각 사람은 다른 사람에게 정보를 알려주고 다른 사람으로부터 정보를 얻는 데 관심이 있다. 의사소통은 더욱 빈번하고 완벽하며 정확하다.
» 다른 사람의 인식과 다른 사람의 행동은 훨씬 정확하고 건설적이다. 자기충족 예언과 이중 기준과 같은 오해와 왜곡이 자주 발생하지 않으며, 오해와 왜곡을 교정하고 명료화하는 것이 훨씬 쉽다.
» 개인은 서로를 신뢰하고 좋아하므로 서로의 요구, 욕구, 요청에 도움이 되도록 기꺼이 응답한다.
» 개인은 각자 이해관계의 정당성을 인식하고 양측의 요구를 충족시키는 해결책을 찾는다. 갈등은 관련된 모든 사람에게 이익이 되는 방식으로 해

결되어야 할 상호 문제로 정의되는 경향이 있다.

평화교육자들은 모의실험을 하거나 심리 드라마를 연출하거나 여러 갈등 상황에 관한 역할놀이를 하도록 함으로써, 학생들이 갈등 해결 기술을 배우는 것을 도울 수 있다. 이런 역할놀이는 참여자들에게 갈등을 직접 체험하도록 하고 그들의 수행을 평가하는 다른 사람으로부터 배울 수 있게 한다. 애슐리 몬터규(Ashley Montagu)는 인간 공동체에서 갖는 협력의 가치를 다음과 같이 찬미하고 있다(Johnson et al., 1984: 24에서 재인용).

» 사회는 인간을 다른 인간과 접촉하도록 하는 곳으로서 근본적으로 그리고 본질적으로 협력이 필수적인 곳이라는 사실을 잊어서는 안 된다. 구성원들의 협력이 없이는 사회는 생존할 수 없으며, 사회가 생존해 온 것은 구성원들의 협력성이 발휘되었기 때문이다. 생존을 가능케 한 것은 여기저기 흩어진 개인들이 아니라 협력한 집단이다.

협동학습(cooperative learning)은 학생들에게 엄청난 이익을 가져다준다. 연구 결과에 따르면 협동학습 환경은 학생들 사이에 높은 수준의 성과를 가능케 하며, 개인주의적 학습 환경이나 경쟁적 학습 환경에서는 확보할 수 없는 상당한 수준에서 또래 도움을 제공한다. 학생들은 또한 협력적인 교실을 통해 중요한 감정적 이익을 얻을 수 있다. 그들은 또래에 대해 더 잘 알 수 있고, 함께 활동함으로써 얻게 되는 각자에 대한 애착은 배우고자 하는 동기를 증대시킨다. 소집단에서 학생들은 서로를 격려해 준다. 집단 구성원 간 상호의존에 기초한 협동학습상황은 학생들에게 다른 구성원을 배려하도록 가르치고, 일생을 통해 유지할 수 있는 인간관계를 형성할 생존기술을 제공한다. 이 학습 유형은 그 자체가 도덕적이다.

협동학습에 관한 연구에서 나온 다양한 결과들은 성취 노력, 긍정적인 관계, 심리적 건강이라는 세 가지 중요한 범주들로 분류될 수 있다. 그러한 학습 결과들로부터 우리는 협동이 경쟁적인 시도나 개별적인 시도에 비하여 전형적으로 다음과 같은 결론으로 수렴하고 있음을 알 수 있다. ① 더 큰 성취 노력: 이것은 모든 학생에 의한 높은 성취, 더 많은 생산성, 장기 기억, 내재적 동기, 성취동기, 과제 수행에 보내는 시간, 고수준의 추론, 비판적 사고를 포함한다. ② 학생들 간의 긍정적인 관계: 이것은 단체정신과 배려, 헌신적인 관계, 개인적 지원과 학문적 지원, 다양성의 존중, 일관성을 포함한다. ③ 더 나은 심리적 건강: 이것은 일반적인 심리적 적응, 자아 강도, 사회적 발달, 사회적 능력, 자아 존중, 자아 정체성, 역경과 스트레스에 대처하는 능력을 포함한다.

4.3 도덕적 배려와 관심의 에토스를 발달시키기

도덕의 기초는 타자에 대한 민감성과 배려이다. 민주적 교실은 학생들이 서로를 알게 되고 자신의 임무를 완수하기 위해 서로에게 의존하기 때문에 도덕적 성향을 개발하는 훌륭한 훈련장을 제공한다. 협력적 학습 상황에서는 집단의 과제를 성공적으로 수행하기 위해 각자에게 의존하므로 한 학생이 다른 학생을 무시하기가 어렵다. 동질적이지 않은 집단에 소속되는 경우 학생들이 다양성을 경험하게 되고, 이는 자신들과 다른 관점을 인정하게 되는 계기가 된다. 이런 분위기에서 인종적·문화적 차이를 인정하게 되는 것이다. 집단 학습 상황에서 나타나는 책임 공유는 각 개인의 기여를 인정받게 하고 집단이 목표를 달성하는 데 있어 도움을 준 것으로 확인된다. 평화교육자들이 학생들을 집단 활동에 참여시킬 때 학생들은 무엇이 자신에게 좋은 것인지만이 아니라 무엇이 집단에 좋은 것인지를 고려하면서 결정을 내리게 된다. 학습에 있어서 타인에 대한 책임감을 발전시키는 것은 도덕적 사고의 기초가 될 수 있다. 실제 사회생활에서도 좋은 시민은 정책을 수립하고 의사결정을 내리는 데 있어서 다른 사람들과 함께 하는 법이다.

듀이(Dewey, 1916: 418)는 "모든 교육은 사회생활에서 효과적으로 공유하는 능력을 발달시킨다는 점에서 도덕적이다."라고 말하고 있다. 인간 공동체에서 폭력을 유발하고 영속화하는 실제 삶의 상황에 직면하여, 평화교육은 학생들에게 사회문제와 그것에 수반되는 가치의 문제에 관해 깊이 있는 연구를 하도록 한다. 평화교육자들은 전쟁과 평화 문제를 도덕 문제로 제기함으로써, 학생들에게 최초의 원자탄 투하, 제2차 세계대전 당시 드레스덴(Dresden) 폭격, 군비경쟁의 강화와 같은 정치적 결정에 관해 조사하도록 한다. 이런 문제의 성격은 대단히 복잡하여 쉽고 적절한 해결책을 찾기 어려우므로, 학생들이 이러한 딜레마를 조사하다 보면 도덕적 추론 능력을 기르게 된다. 이런 문제의 복잡성을 이해하기 위해서는 인간성에 대해 그리고 군국주의를 초래하는 사회조직의 유형에 대해 천착해야 한다.

길리건(Gilligan)은 여성에 관한 자신의 연구에 근거하여 콜버그의 이론에 도전을 제기하였다. 길리건의 이론은 상당히 사변적이고 직관적인 언어로 표현되어 있으나, 콜버그의 상당히 추상적이고 관조적인 담론의 영역에 맞서서 특정한 사회적·개인적 맥락에 대한 풍부한 묘사를 제공해 주고 있다. 길리건의 논제의 근본적인 핵심은 여성의 독특한 도덕적 주제와 비전에서 배려와 책임감의 언어 그리고 타인에게 해로움을 주지 않는 것을 강조한다. 길리건에 따르면, 여성은 남성과는 '다른 목소리로' 이야기를 한다. 그에 따르면, 전통적으로 여성은 타인의 요구에 초점을 맞추어 왔기 때문에 친밀한 인간관계를 생성·유지하는 것의 중요성을 강조하는 배려(care)의 언어를 발전시켰다. 이와는 반대로, 전통적으로 남성은 기획(예: 비즈니스, 의약품, 법)의 세계에 헌신했기 때문에 상호 합의한 규칙의 사용을 강조하는 정의의 언어를 발전시켰다. 콜버그의 연구에 토대를 두고 추정을 하는 가운데, 길리건은 남성의 언어가 개인의 권리와 의무 및 그에 수반하는 그것들의 보호라는 관점에서 정형화되지만, 여성의 도덕적 언어는 배려와 대인 관계적 책임감, 비폭력이라는 관점에서 정형화된다고 주장하였다.

길리건(Carol Gilligan)은 그녀의 책『다른 목소리로』에서 개인의 도덕 발달 단계를 세 수준으로 밝히고 있다(박병기·추병완, 2017: 355). 첫 번째 수준은 자기 이익 지향이다. 도덕적 추론의 가장 간단한 단계에서 여성은 실용주의적으로, 그리고 자기중심적으로 자기 이익과 생존에 집착한다. 여성은 도덕성을 사회에 의하여 무력한 주체에게 부과된 제재들을 준수하는 것으로 본다. 임신한 여성의 주요 관심사는 바로 자기 자신을 보호하는 것이다. 이 수준에서 도덕적 고려는 행위자 자신의 욕구에 갈등이 있을 때만 도덕적 추론으로 들어가게 된다. 만약 그러한 일이 생긴다면 그녀는 무엇이 자기에게 더욱 중요한 것인가를 평가하게 될 것이다. 이 수준에서는 다른 사람에 대한 많은 고려가 결여된 가운데 자신에게 최상의 것이 무엇인가에 의해 최종 결정이 이루어지게 된다.

두 번째 수준은 선과 타인에 대한 책임감을 동일시하는 것이다. 자기 이익은 점차 뒤로 사라지고 다른 사람들을 기쁘게 해주려는 욕구, 심지어 자기의 욕구를 희생해서라도 다른 사람이 원하는 것을 하려는 욕구가 전면에 등장하게 된다. 이 수준에서 여성은 이기심으로부터 타인에 대한 관심, 타인에 대한 중요한 책임감, 그리고 자기희생의 능력으로 발달해 가게 된다. 젊은 여성은 그녀의 남편, 그녀의 연인, 그녀의 연인의 부인 혹은 그녀의 부모들이 낙태를 원하기 때문에 낙태에 동의할 수도 있다.

세 번째 수준은 자아와 타인 사이의 역동성에 초점을 맞춘다. 많은 사람들이 도달하지 못하는 도덕적 추론의 세 번째 수준에 있어서 개인은 하나의 보편적인 입장을 발달시키게 된다. 낙태에 관한 결정에 있어서 여성들은 그들 자신의 독립적인 권리를 주장하게 된다. 그러나 동시에 다른 사람들에 대한 그들의 책임감에 동등한 고려를 부여한다. 이 수준의 여성들은 더 이상 자신들을 무력하거나 복종적인 존재로 여기지 않는다. 이제 의사결정 과정에 있어서 적극적이고 동등하게 타당한 참여자가 되는 것이다. 그러므로 이제 다음과 같은 질문들이 중심을 이루게 된다. 어떤 행동이 다른 사람들과 자기 자신에게 해를 끼치는 것을 최소화할 수 있는가? 또한 이 수준에서의 도덕적 기초는 비폭력(nonviolence)에 대한 확약과 모든 관련된 사람들에게 고통을 최소화하려는 의무다. 이 수준에서 배려는 이제 하나의 보편적 의무가 되는 것이다

길리건의 도덕 발달 이론에서 가장 높은 수준은 비폭력의 도덕으로서, 여기서는 배려가 보편적 의무가 된다. 비폭력은 타자를 다치게 하는 모든 행위의 금지를 포함하여 모든 도덕 판단과 행동을 지배하는 지위로까지 격상된다. 평화교육자들은 비폭력에 대해 잘 이해하고 있으므로 교실에서 이 단계의 도덕 발달을 촉진할 수 있다. 평화교육자들은 구성원 모두의 이익, 관심, 필요를 존중하는 교실을 만듦으로써 비폭력적 행위를 장려할 수 있다. 그들은 인간적인 집단 테크닉을 사용함으로써 학습자에게 비폭력을 실천할 수 있게 한다. 비폭력적 교실을 운영함으로써 교사들이 학생들을 위해 중요한 도덕적 행위의 모델을 제공한다는 것은 자명하나 사실이다.

평화교육은 그 핵심 자체가 도덕적 관심이다. 평화연구는 육체적 삶과 정신적 삶 모두에 봉사하며, 생명 유지에 기여하고, 지구의 신성함을 주창한다. 평화교육에서 학생들은 논쟁적인 사회문제를 체계적으로 고찰하

고, 폭력 행위를 규명함으로써 중요한 사회적, 윤리적, 법적 문제에 대해 자신의 입장을 재고한다. 학생들은 사실들을 확인하고 자신의 입장을 재규정하고 재정립함으로써 다양한 패턴의 논점들을 탐색할 수 있다. 평화교육자는 모든 관점이 합리적으로 존중되고 이슈들이 철저히 다루어지는 엄격한 지적 환경에서 학생들의 가정에 의문을 제기하기 위해 변증법적 스타일을 활용할 수도 있다. 교실에서의 이런 접근은 세상의 모든 것들이 긍정적이라고 보지도 않으며 타인의 불행에 대해 모른 체하지도 않는다. 인생의 목적이 남들보다 앞서는 데 있다고 보는 이기적 개인주의를 가르치지 않고, 해결책을 찾기 위해서는 함께 모여 협동 노력으로 풀어야 할 심각한 문제로 가득 찬 세계를 보여준다.

평화교육은 사람들에게 다른 사람들과 합심하여 세계에서의 폭력을 줄임으로써 자신들의 삶에 대한 통제권을 행사하는 능력을 부여하고자 한다. 평화교육자들은 학생들에게 공공문제에서 영향력을 행사하도록 가르칠 수 있는데, 이것은 그들이 유능한 시민이 되어 언어나 글로 효과적으로 의사 표현을 하고, 공적 관심사에 관한 정보를 수집하고 해석하며, 정치적·법적 의사결정 과정을 이해하고, 공공문제와 행동전략에 관한 자신의 결정을 정의와 민주주의 원칙에 따라 정당화할 때 가능해진다. 지역공동체에서의 인턴 역할이나 다른 활동을 통해 학생들은 교실에서 배운 바를 시험해 볼 수 있는데, 이 과정은 관심 있는 시민이 자신들의 도덕적 인식을 표현하기 마련인 정치 과정을 좀 더 잘 이해하게 한다.

4.4 비판적 사고를 증진하기

비판적 사고는 복잡하고 빠르게 변화하는 현대 사회를 살아가는 데 필수적인 역량으로, 평화교육에서도 중심적인 역할을 한다. 평화교육이 단지 폭력의 부재를 넘어 정의, 인권, 갈등 해결 및 사회적 책임을 포함하는 총체적인 평화를 추구한다는 점에서, 학생들에게 비판적 사고를 함양하는 것은 교육적 필연이라 할 수 있다.

비판적 사고는 정보를 분석하고, 다양한 관점을 비교하며, 정당한 근거에 기반한 결론을 도출할 수 있는 고차원적 인지 기능으로 정의된다. 이러한 사고 능력은 민주사회 구성원에게 필수적인 역량일 뿐 아니라, 갈등 상황에서의 성찰적 접근과 평화적 해결의 기반으로 간주된다. 따라서 평화교육에서 학생들의 비판적 사고력 증진은 단순한 교육 방법론의 선택이 아니라, 평화의 실현을 위한 교육적 전제다. 평화로운 교실 만들기에서 비판적 사고가 중요한 이유는 무엇인가?

첫째, 비판적 사고는 고정관념과 이데올로기의 해체를 가능하게 한다. 평화교육의 핵심 과제 중 하나는 학생들이 사회적, 문화적 편견을 인식하고 이를 극복하는 능력을 기르는 것이다. 학생들은 다문화적 갈등이나 구조적 폭력에 대해 비판적으로 사유함으로써, 지배 담론을 의심하고 대안적 시각을 모색할 수 있게 된다.

둘째, 자율성과 책임의식을 갖춘 평화적 시민 양성을 위해 비판적 사고는 필수적이다. 단순한 지식 주입이 아닌, 학생 스스로가 평화의 의미를 사유하고 일상 속에서 그것을 실천할 수 있는 내면화의 과정은 고차사고 능력을 전제로 한다. 이러한 능력은 공동체 내에서 발생하는 갈등 상황을 다양한 관점에서 분석하고, 평화적 해결책을 도출하는 데 기여한다.

셋째, 미디어 환경 속에서의 평화적 정보 해석을 촉진한다. 오늘날 학생들은 가짜뉴스, 혐오 표현, 편향된 정보 등에 항시 노출되어 있으며, 이는 무비판적 수용 시 평화에 대한 왜곡된 인식을 유발할 수 있다. 비판적 사고는 정보의 신뢰성 평가와 다각적 해석을 가능하게 하며, 학생들이 폭력적 메시지를 비판적으로 해체하고 비폭력적 소통을 실천하는 데 기여한다.

결론적으로, 평화교육에서의 비판적 사고 증진은 단순한 교수·학습 전략을 넘어, 학생들이 평화로운 사회를 능동적으로 형성해 나갈 수 있는 역량을 기르는 핵심 과정이라 할 수 있다. 따라서 교사는 비판적 사고를 중심으로 한 참여적·탐구적 학습 환경을 조성해야 하며, 이를 통해 학생들은 평화를 지키고 확산하는 행위 주체로 성장할 수 있다.

오랜 기간 교육자들은 교실에서 비판적 사고 능력을 키우는 것을 지지하였다. 비판적 사고는 다르게는 성찰적 사고, 다양한 사고, 추론, 추리능력, 분석적 사고 등으로 불리기도 하는데, 교육자들은 이런 사고를 통해 다루어야 할 문제가 학생들에게 주어져야 한다고 강조해 왔다. 이 접근 뒤에 있는 중요한 가정은 한 개인이 언어와 논리 사이의 관계를 이해하지 못하는 한 그 개인은 아이디어를 분석하고 비판하고 주창할 능력을 발전시킬 수가 없다는 것이다. 수학, 과학, 공학에서 다루는 기술적 문제와 인문·사회적 문제 사이에는 차이가 있다. 실제 '현실 생활'의 문제는 상반되는 관점, 모순된 추론 과정, 권력관계의 현실, 가치와 결부된 가정 등으로 인해 합리적 방식으로 잘 해결되지 않는다. 사회 세계와 문화 세계에 존재하는 모호성 때문에, 평화교육 수업에서 장려하는 비판적 사고 유형은 학생들이 다른 사람들의 얘기를 경청하고 상이한 관점 사이를 이리저리 왔다 가며 신념 체계를 따져볼 수 있도록 변증법적인 것이 되어야 한다. 저명한 인류학자 섬너(Sumner)는 평화교육 수업에서 장려해야 할 비판적 사고 능력을 다음과 같이 그리고 있다(Paul, 1984: 10에서 재인용).

> 비판적 사고 습관이 사회에서 일상적인 것이 되면 삶의 문제를 다루게 되므로 더 많은 위력을 발휘할 것이다. 비판적 사고를 교육받은 사람들은 선동정치가에 의해 속지 않고 선동술에 넘어가지 않는다. 쉽사리 믿지 않

을 것이고 요모조모를 재면서 증거를 기다리고 증거를 따져볼 것이다. 다른 사람들이 강조하고 주장하는 바에 그다지 영향을 받지 않으며, 편견과 감언이설을 물리칠 수 있다. 비판적 능력의 교육은 좋은 시민을 만드는 유일한 교육이다.

평화교육 수업 참여자들은 현 정부의 정책을 평가하고 자신들의 신념체계를 따져보며 정의와 관련된 자신들의 행동과 무(無)행동을 평가하도록 장려되어야 한다. 이런 능력은 다음 단계를 포함하는 사회 연구를 통해 가르칠 수 있다. (1) 난제를 제시하고 명료화하며, (2) 그 문제를 탐구할 가설을 제기하고, (3) 가설을 규정하며, (4) 가설의 가정, 함의, 논리적 타당성을 탐색하고, (5) 가설을 지지할 사실과 증거를 수집하며, (6) 해결책을 제시한다. 이 모델에서 교사는 논점을 날카롭게 만들고 학생들의 질문과 관심에 초점을 맞추며 조언함으로써 학생들이 한 단계에서 다음 단계로 이동할 수 있도록 도와준다. 학생들은 사회문제를 탐구하는 결론을 내리는 책임을 공유하는 동등한 자격을 가진 사람으로서 토론을 이끌어 간다. 이 토론은 모두의 참여를 요구한다. 교사들은 필요할 때 자료를 제공하고 전문가의 의견을 소개할 수 있다. 이런 식으로 평화교육 수업을 성공적으로 수행하게 되면 학생들은 협상의 능력을 갖게 되고 갈등을 초래하게 되는 다양한 가치를 파악하게 된다.

비판적 사고 능력을 배우기 위해 학생들이 이슈에 대한 자신들의 잠정적 입장을 수립하고 다른 사람들 앞에서 그것을 옹호하는 것이 도움이 될 수 있다. 평화교육 수업을 듣는 학생들은 일상생활에서 사건에 대해 다양한 방식으로 바라보는 사람들을 만나게 된다. 부모나 또래 친구들이 자신들과 다르게 문제를 인식할 수도 있고, 갈등과 딜레마를 제대로 다루지 못하는 자신들의 무능력에 좌절할 수도 있다. 비판적 사고 능력을 가르치는 교사들은 두 가지를 즉, 넓이(breadth)와 변화(change)를 중시해야 한다. '넓이'란 모든 관련 요소를 포함하는 인식 지도(perceptual map)를 만들고자 하면서 주어진 상황을 더 넓게 더 깊이 바라보는 것을 말한다. '변화'란 문제를 다른 각도에서 바라보는 것을 의미한다. 이런 접근법은 더 복합적인 방식으로 사물을 바라볼 수 있도록 하며, 문제를 창조적으로 해결할 학생들의 능력을 증대시킬 것이다.

평화교육을 배우는 학생들은 인간이 직면하는 가장 어려운 문제 가운데 하나인 갈등 해결을 위해 무력을 사용하는 문제를 다루게 된다. 교사들은 이 문제가 순전히 인식 상의 문제가 아님을 학생들이 이해하도록 해야 한다. 성공적 문제해결은 느낌, 직관, 육감을 포함한다. 문제 해결사가 되기 위해서 학생은 자신의 느낌을 확인하고, 직관을 발휘하며, 육감을 따를 필요도 있다. 인간 행동의 우호적인 측면이 문제를 해결하고자 하는 사람을 돕는 데 중요한 역할을 할 수 있는 것이다. 또한 문제 해결은 혼자만의 고독한 활동이 되어서는 안 된다. 대부분의 효과적인 문제 해결은 집단에 의해 이루어진다. 문제 해결은 본래 개인들의 공동 목표를 달성하기 위해 함께 하는 협력적 과정이다. 따라서 민주적 교실을 만들려는 교사의 시도는 효과적인 문제 해결을 위한 기초를 제공할 수 있다.

4.5 변화를 향한 권한을 갖추기 위해 올바른 관계에 대한 탐색을 발달시키기

평화교육은 갈등이 초래하는 문제를 학생들이 성공적으로 다루도록 무력감을 극복하는 것을 목표로 한다. 각 개인은 가족과 환경 내에서 자신의 자아 개념, 정신건강, 리더십, 인간관계 유지 기술을 결정하게 되는 일련의 사건을 경험하게 된다. 연구에 따르면 어떤 기술과 속성은 세계를 변화시킬 기술을 지닌 이타적 인간을 창조하는 데 기여한다. 사람들이 변화를 이끌 자신들의 힘을 확인하도록 하는 것은 문제해결에 대한 과거의 성공적 경험이다. 즉, 스트레스를 견뎌 내고, 사회에 대한 낙관적 관점을 유지하며, 자신을 믿고, 타인들의 복지에 대한 책임을 인식하며, 따뜻한 감정을 경험하고, 도와주는 행위로부터 보상을 받는 그런 과거의 경험이 큰 도움이 된다.

사람들은 일상생활에서 무력감을 느끼도록 하는 공포감을 경험할 수 있다. 평화교육 수업에서 이런 경험을 공유하면 이 문제에 대한 인식에 도움이 되고, 이런 문제가 자신들에게만 국한된 것이 아니라는 사실로부터 힘을 얻게 된다. 다른 사람들도 비슷하게 느끼는 것이다. 이로부터 개인의 행동과 집단의 행동이 필요하다는 인식을 하게 된다.

민주적 교실에서는 모두의 의견이 존중된다. 학생의 평화 경험을 중심으로 수업을 운영하면 학생의 참여를 높일 수 있고 자신의 경험에 의미를 부여하도록 만들 수 있다. 사람들이 살아가는 사회현실을 고찰함으로써 학생들은 평화 메시지를 절대적으로 필요로 하는 세계를 이해할 수 있다. 평화교육 수업 시간에 교사들은 계속해서 질문을 제기하고 반론을 던지며 평화에 기여할 수 있는 행동에 대해 성찰하도록 한다.

이렇게 일상의 경험을 다루는 것은 학생들이 윤리적 자세를 견지하는 것을 도울 수 있다. 몬테소리 원칙에 따라 교실을 운영하면 학습자들은 자신들의 속도에 맞춰 배우고자 하는 것을 탐구하게 된다. 몬테소리에 의하면 인간은 작업하고자 하는 근본적 욕구를 가지며, 따라서 인간이 사물, 아이디어, 지식을 생산하고 생산적 활동으로부터 만족감을 느끼는 것은 본능적이다. 학생들도 마찬가지로, 성과를 올리면 자존감이 커진다. 따라서 평화교육 수업을 진행하는 교사는 학생들에게 그들이 달성할 때 창조성과 진취성에 대한 보상을 받을 수 있는 구체적 임무를 부여해야 한다. 협력적인 교실에 관한 연구에 따르면 민주적 환경 속에 있는 학생들은 다른 경우보다 더 큰 위험을 감수하는데, 이것이 학생들을 평화 건설자로 준비시키는 데 도움이 될 수 있다. 긍정적 자존감은 행동으로부터 나온다. 평화교육에서 학생들은 어떻게 세계에 평화를 가져올 것인가에 대한 자신의 육감과 아이디어를 실제상황에서 시도해 볼 필요가 있다. 자존감은 중요한 타자로부터 그리고 어떤 종류의 성과로부터 도출된다. 중요한 타자는 주로 부모, 교사, 존경하는 사람이지만, 봉사 프로그램에 종사해 온 학생들은 자신들의 봉사 경험이 자존감을 키우는 데 큰 도움이 되었다고 계속해서 보고한다. 궁극적으로 건강한 자존감은 자기를 둘러싼 세계에 대한 봉사에 기초한 자기 자신의 성취감에서 우러나온다.

평화에 대한 자기의 생각을 행동으로 옮기면서 학생들은 갈등의 성격에 대해 그리고 그것에 관해 무엇을 할 수 있는가에 관해 더 현실주의적 이해를 하게 된다. 이것은 학생들이 세계를 보다 평화적인 것으로 만들기 위해 일하는 경험을 쌓게 되는 봉사 학습의 기회를 통해, 현장 실습을 통해, 그리고 인턴십을 통해 이루어질 수 있다. 집단의 지지와 적절한 감독을 받을 때 학생들은 자신의 행위에 대한 통찰력을 갖게 되고, 평화 건설자로서 자신의 장단점을 현실적으로 파악할 수 있다.

긍정적 평가는 능력감을 배양하는 데 필수적이다. 때때로 학생들은 빈정거리거나 평가절하하는 태도를 보이면서 일상적인 칭찬에 인색한 문화에 살고 있다. 이런 상황에서는 새로운 것을 배우는 데 따르는 어려움을 극복하려 하기보다, 포기하고 다른 사람의 판단에 순응해 버리기 쉽다. 이에 비해 긍정적 평가는 자신감을 불어 넣는다. 진정한 자신감은 자기 자신의 내부에서 만들어지는 것이긴 하지만, 우리가 잘하고 있다는 칭찬을 들을 때 우리는 계속 일 하고 싶어지는 법이다. 교사는 자신이 사랑받고 있고 존중받고 있다는 느낌을 학생들이 받도록 긍정적 평가를 자주 활용해야 한다. 집단 내에서 편안함을 느끼고 긍정적 평가를 받고 있으며 각자를 잘 알고 있다는 인식은 집단의 긍정적 분위기를 만들어 가는 핵심 요소다.

교사가 학생을 칭찬할 때 각각의 행위를 칭찬해야지, 성격 특성을 평가하지 말아야 한다. 평가를 기준으로 한 칭찬은 상대방의 마음에 동요를 일으키고, 상호 간에 선을 그어 놓으며, 의사소통을 딱딱하게 만들어 결국에는 관계가 종말에 이르게 한다고 한다. 따라서 학생의 전반적인 성격 특성을 칭찬하는 것(예: "너는 참 착한 아이다!")보다는 그 학생의 특정한 행동을 칭찬해 주는 것(예: "자료를 잘 정리했구나!")이 더 바람직하다. 또한, 평가적 칭찬("이거 정말 멋진 그림이구나!")보다는 해설적 칭찬("네 그림은 색깔이 정말 생생하고 밝아서 좋구나!")이 더 효과적이다. 직접적으로 평가하는 식의 이야기는 누군가가 배심원석에 앉아 잘못을 따져서 비판했을 경우 비난할 수도 있다는 것을 암시하고 있어 사람을 불편하게 만드는 경향이 있다. 즉, 평가를 동반한 칭찬은 불안을 낳고, 의뢰심을 초래하고, 학생들이 방어적이 되게끔 만든다고 한다. 예를 들어, 철수가 교실에서 만 원을 잃어버렸다고 가정해보자. 그리고 가람이가 그 돈을 찾아 선생님에게 가져다주었다고 가정해보자. 이 경우 교사들은 대부분 가람이에게 "너는 정직한 아이로구나. 선생님은 네가 한 일을 자랑으로 여긴다."라고 말한다. 이 경우 가람이가 대부분 아이들이 그런 것처럼 이전에 정직하지 못한 일을 한 적이 있다면, 선생님이 자신의 정직함을 칭찬하는 경우 가람이는 그리 마음이 편하지 못하게 된다. 가람이는 이 경우에 "만일 선생님께서 그 일을 알게 된다면…"라는 식으로 생각하기 때문이다. 오히려 교사가 "가람아! 돈을 찾아 주어 고맙구나. 이젠 철수가 돈 때문에 걱정을 하지 않겠구나?"라고 말해준다면, 가람이는 자신의 행동에 대해 무척이나 기뻐할 것이다.

칭찬과 관련된 지금까지의 연구 결과들에 의하면, 학생들은 평가적 칭찬보다는 묘사적·해설적 칭찬을 받을 때 더 긍정적인 행동의 변화를 나타낸다고 한다(추병완, 2004: 823). 왜냐하면 학생들은 자신의 행동에 대한 타인들의 묘사적·해설적인 칭찬으로부터 자기 자신에 대한 긍정적인 정보를 얻기 때문이다. 또한 학생들은 묘사적·해설적 칭찬을 통하여 자신을 칭찬하는 방법을 배울 수 있는 장점이 있다. 프로이트 이론에서 암시된 바와 같이, 자기 칭찬은 도덕 발달에 아주 긍정적인 효과가 있다. 프로이트(Freud)로 대변되는 정신분석학적 관점에서의 도덕 발달은 양심과 자아 이상이라고 불려지는 초자아의 발달과 관련되어 있다. 초자아는 일생동안 계속적으로 발달하지만, 그 중에서도 특히 5~6세 경에서부터 시작하여 12세까지 두드러지게 발달한다. 그리고 이 시기 동안에 초자아의 발달에 가장 커다란 영향을 미치는 것은 부모, 또래집단, 학교 공동체 등과 같이 직접적인 권위를 갖는 대상들의 행위, 말, 태도이다. 프로이트는 그 중에서도 부모의 행동이 아동의 도덕 발달에 있어서 가장 결정적인 역할을 한다고 보았다. 예를 들어, 부모가 아이에게 항상 정직하게 말하면서 정직한 것이 바람직하다고 가르친다면, 그 아이는 자신의 초자아에 이러한 기준을 스스로 내면화하게 된다. 그리고 이러한 내적인 기준은 그 아이가 정직할 때 좋은 감정과 기분으로 자신을 칭찬하고, 정직하지 못할 때에는 나쁜 감정과 기분으로 자신을 징벌하는 역할을 수행한다. 따라서 프로이트에게 초자아는 일종의 내면화된 자기 통제력으로서 주로 자기 자신에 대한 칭찬(자아이상)과 죄책감을 느끼게 만드는 자기 자신에 대한 징벌(양심)을 통하여 발달하게 된다. 즉, 프로이트의 도덕 발달 이론에서 칭찬은 초자아의 한 부분인 자아 이상의 발달에 있어서 필수 불가결한 요소인 셈이다(추병완, 2004: 819).

교사들이 학생의 도덕·인성 발달을 촉진하기 위하여 학생들의 특정한 행동에 대해 묘사적·해설적 칭찬을 해 줄 때 주의해야 할 일반적인 사항을 밝히면 다음과 같다. ① 중복을 피하려고 칭찬을 다양하게 해야 한다. ② 칭찬할 행동을 하는 데 있어서 일관성을 유지한다. 과거에는 별로 칭찬을 하지 않았던 교사들은 차츰차츰 칭찬 횟수를 늘려서 자기 자신이나 학생들에게 의심을 사지 않게 해야 한다. ③ 칭찬은 진지한 마음에서 우러나와야 한다. ④ 칭찬할 때는 학생의 눈을 쳐다보고 즐거운 표정과 목소리로 찬사를 보내야 한다. ⑤ 칭찬은 보통 즉각적으로, 학생이 그 행동을 하는 동안에 해 주는 것이 가장 효과적이다. ⑥ 부정적인 언급이나 비교를 덧붙여 칭찬의 효과를 반감시키지 않아야 한다. ⑦ 칭찬은 객관적인 것이어야 한다. ⑧ 칭찬에는 학생의 행동이나 노력의 가치를 인정하고 존중한다는 의미가 담겨 있어야 한다. ⑨ 학생의 성공을 운이나 과제의 쉬움보다는 노력과 능력에 귀인 하는 칭찬을 해 준다. ⑩ 칭찬은 다른 학생과 비교하거나 경쟁하기보다 학생 자신의 행동에 관심을 갖게 하는 방향으로 이루어져야 한다.

교실에서 자존감을 증대시키도록 교사가 할 수 있는 다른 일로는 동료지도, 동료 충고, 동료 조언을 들 수 있다. 학생들이 배우는 데 있어 각자를 도울 때 자신감이 커지는 것처럼 그 주제에 대한 지식도 증가한다. 어떤 대학 수준의 평화연구 프로그램에서는 학생들이 다른 학생에게 어떤 과정을 들을지 또는 어떤 경력이 자신에게 적합한지 정하는 것을 도와주는 동료 조언자 역할을 하기도 한다. 교수들은 종종 너무 바쁜 관계로 자신들의 미래에 대해 의심과 불안을 가진 학생들에게 조언을 주기 어렵다. 이럴 때 동료 조언은 무섭고 혼란스러운 세계를 다루는 데 있어서 애정어린 지원이 됨으로써, 평화연구 프로그램의 중요한 갭을 메울 수 있다.

많은 교사에게 교실에서의 일상적 분쟁은 자신들의 갈등 관리 기술에 대한 가장 직접적인 도전이 된다. 학생들에게 비폭력적 문제 해결 기법을 가르치는 것은 교사들에게 자신의 행동에 대해 책임질 기회를 주게 된다. 학생을 교실 운영에 참여시켜 협력적 기술을 발휘한 교사들은 학생들 사이에 부적절하고 무반응적이며 수업을 방해하는 행위가 줄어들었다는 사실을 발견해 왔다. 학생들이 각자에게 미치는 영향은 성취를 위한 더 많은 동료의 칭찬과 교실에서의 임무에 대한 더 큰 관심을 가져온다.

교실과 학교에서의 '궁극적 민주주의'란 하나의 이상에 불과하다. 따라서 교실에서의 민주주의란, 교사가 전적으로 지배하는 교실이라는 하나의 극단과 교실 생활의 모든 면에서 교사와 학생이 완전히 동등한 지위를 갖는 다른 극단 사이의 중간 어딘가에 위치하는 것으로 보아야 할 것이다. 교장과 학교운영자들도 학교 운영과 관련한 의사결정에서 교사나 학생과 같은 다른 구성원들과 협의함으로써 학교에서의 민주적 행위 달성에 기여할 수 있는데, 이 과정은 일반적으로 현장 기반 경영(site-based management) 으로 알려진 방식이다. 교장과 학교 운영자들은 자신들이 장려하고자 하는 민주적 행위의 직접적 모델이 될 수도 있다. 감독기관도 협력적 학습에 대한 연수 기회 제공, 평화 활동과 정의 활동을 포함하도록 커리큘럼을 수정하는 작업에 대한 상여금 지급, 협동학습을 활성화 하는 교사에 대한 포상 등을 통하여 민주적 행위 증진에 기여할 수 있다. 감독기관은 또 평화교육에 관심을 가진 교사들을 위하여 전문가 지원단을 창설할 수도 있다. 또한 교장과 학교 운영자들은 평화적 행위의 학습을 강화하는 학교 분위기를 만들 수 있다.

대규모 학교는 흔히 비인간적이고 소외된 환경을 만든다. 그 결과, 교사들은 엄격한 스케줄에 따라 일해야 하고 학생들은 비인간적인 일상의 반복에 종속된다. 일부 교육자는 협력과 실험정신을 북돋우기 위해 대안학교를 설립하였다. 그중 지금까지 가장 효과적인 것으로 밝혀진 것은 정의 공동체(just community) 접근법이다.

콜버그는 더욱 정의롭고 동정심이 있는 사회를 발전시키기 위한 중간 단계의 맥락과 과정으로서 정의 공동체 학교를 구상하였다. 콜버그의 정의 공동체 접근법은 학교의 잠재적 교육과정을 정의(justice)의 교육과정으로 탈바꿈시키는 것 또는 학교의 도덕적 분위기를 교육적 민주주의로 대체하려는 혁명적인 시도였다. 콜버그에게 있어서 도덕적 분위기란 공동체 의식과 연대감 그리고 응집성을 의미하는 것이었기에, 개인에 초점을 맞춘 당시 미국의 교육 풍토에서 볼 때는 거의 혁명적인 발상이나 다를 바 없었다.

정의 공동체 접근법은 학교 자체의 조직, 실천, 문화를 통해 학생들의 도덕적 발달과 도덕적 책임감을 증진하는 것을 목표로 삼는다. 정의 공동체 접근법은 학생들의 도덕 발달을 증진하는 것 그리고 학교의 도덕적 분위기를 도덕적 공동체로 변형시키는 것이다. 정의 공동체 접근법은 1974년 9월에 케임브리지에 소재한 학교 안의 작은 학교인 클러스터 학교(Cluster school)의 개교와 더불어 시작되었다. 이 학교는 케임브리지 고등학교 안의 2개의 인접 교실에서 9～12학년의 60명의 학생과 6명의 교직원을 성원으로 하여 시작되었다. 이후 정의 공동체 접근법은 미국, 유럽, 아시아 지역에서 여러 연구자에 의해 실행되었다(추병완, 2017: 38-39).

정의 공동체 접근법은 학교생활과 훈육에 영향을 미치는 제도, 실천, 문화에 초점을 맞춘다. 그것은 별개의 교육과정이 아니라, 규범·가치·의사결정 과정·보상과 처벌 체제와 같은 학교의 잠재적 교육과정을 다룬다. 우리가 학교의 잠재적 교육과정에 세심한 주의를 기울이지 않을 경우, 그것은 학교의 공식적인 도덕교육 프로그램들을 훼손할 수 있기 때문이다. 정의 공동체의 기본적인 구조적 요소는 오리엔테이션, 공동체 회의, 핵심 집단 또는 자문 집단, 의제 위원회, 훈육 위원회 또는 공정 위원회이다.

2주 동안의 오리엔테이션에서는 학생들에게 그 학교의 기본 방향을 소개하고, 학생들이 참여하는 데 필수적인 기술(예: 주의 깊게 듣기, 효과적으로 말하기, 문제를 비판적으로 고려하여 해결하기, 규칙을 제정하기)을 연습하는 기회를 부여한다. 오리엔테이션은 상호 신뢰를 두텁게 하고, 학생들에게 장차 민감한 문제를 제기하고 서로 대립하며 어려운 결정을 내릴 수 있게 하는 토대를 마련하는 시간이다.

정의 공동체 접근법은 100명 남짓의 학생과 교사로 구성되며, 하루 1시간 이상의 학과 수업과 최소한 1시간 소요되는 매주 2회의 미팅으로 구성된다. 학과 수업은 소크라테스 방식의 질문과 토론을 사용하는 도덕적 딜레마를 활용한다. 학생과 교사는 자문 집단과 공동체 회의를 통해 매주 2회의 미팅을 한다. 정의 공동체의 생활과 훈육에 영향을 주는 결정의 대부분은 학생과 교사가 동등한 투표권을 갖고 의무적으로 매주 참여하는 공동체 회의(community meeting)에서 민주적으로 결정된다. 교사와 학생은 공동체 회의를 준비하기 위해 매주 자문 집단(advisory groups)에서 만난다. 정의 공동체 프로그램은 공정성을 추구하고 집단 연대성을 구축하는 것을 특징으로 하는 공유된 도덕적 생활에 대한 강한 헌신을 통해 실행된다. 정의 공동체 프로그램에서 교사는 학생들의 참여를 촉진하는 가운데 공동체의 이상을 옹호함으로써 도덕적 리더십을 발휘한다.

〈표 4〉 정의 공동체 프로그램의 조직 구조

제도	성원	과업
의제 위원회 (agenda committee)	10~12명의 학생과 1명의 교사	• 토론을 위한 문제의 우선순위 정하기 • 공동체 회의를 위한 의제를 준비하기
자문 집단 (advisory group)	20~25명의 학생과 1명의 교사나 자문 위원	• 개인적 문제를 토론하기 위한 신뢰 분위기 조성하기 • 공동체가 직면한 문제에 대한 제안과 해결 방안 창출을 위해 도덕적 토론을 실행하기
공동체 회의 (community meeting)	모든 학생과 모든 교사가 동등한 구성원으로서 1인 1표를 행사함.	• 도덕적 토론 • 민주주의를 통해 문제를 해결하기 • 규칙을 제정하기 • 위원회 결정의 호소
훈육 위원회 또는 공정 위원회 (discipline or fairness committee)	10~12명의 학생과 1명의 교사	• 규칙 위반, 대인 관계적인 갈등 사례에 대한 청문회 • 제재를 가하기 • 결정을 내리는 모든 사람의 역할채택에 초점을 맞춤.

정의 공동체 학교에서는 교사와 학생들이 공동체 회의(community meeting)을 조직하여 학교를 위한 규칙과 정책을 결정하는 관리부로 운영하고 있다. 전체 학교 공동체의 협의 없이는 어떠한 주요 결정도 내릴 수 없다. 처음에는 교사들이 회의를 주재하였으나, 시간이 흐르면서 학생들이 회의 주재 방식을 익히게 되자 이제는 학생들이 회의를 주재한다. 회의의 안건은 미리 배포되고 주요한 사안은 최대 12명을 넘지 않는 집단에서 미리 토론을 거친다. 이런 방식으로 학생들은 사안에 개인적으로 연계되고 공동체 의식을 갖게 된다. 학생들은 자기 자신의 교육에서 능력을 발휘하는 것이다.

위에서 언급한 기술을 가르침으로써 평화교육에 접근한다고 해서, 세계가 즉각적으로 평화로운 왕국으로 전환되는 갑작스러운 혁명이 일어나는 것은 아니다. 오히려 이 과정은 민주적 전통에 큰 가치를 부여하는 시민들이 가정에서, 직장에서, 지역공동체에서, 국가에서, 세계에서 그 민주적 전통이 유지되도록 하는 점진적인 진화를 의미한다. 교육환경 내에 민주적 절차를 채택하는 것은 다양성에 대한 존중, 각 개인에 대한 가치 부여, 지구적 복지를 향한 운동을 가능하게 할 것이다.

지금까지 살펴본 바와 같이, 평화교육은 폭력적 행위에 반대하는 평화의식을 키움으로써 사회를 변혁하고자 한다. 교사는 학생들에게 평화 구축 기술을 가르칠 수 있다. 그 시작은 교실을 평화로운 공간으로 만드는 것이다. 그러나 평화교육에는 단점도 없지 않다. 평화교육의 불리한 점은 즉각적인 위협에 대해 장기적인 해결책만을 제시한다는 것이다. 평화교육이 효과를 발휘하려면, 수천 년간의 인간 역사를 통해 전개되어 온 사고방식 자체를 변혁해야 한다. 평화교육의 관점에서 볼 때, 통일교육의 출발점은 바로 교실 자체를 평화로운 공간으로 만드는 것부터 시작해야 한다. 학생들은 평화로운 교실 안에서 평화 의식을 계발하고 폭력적 행위에 반대하며 갈등을 건설적으로 해결하는 방식을 체화해야 한다.

참고 문헌

박병기 · 추병완(2017), 『개정증보판 윤리학과 도덕교육1』, 고양: 인간사랑.

추병완(2004), 『개정증보판 도덕교육의 이해』, 서울: 백의.

추병완(2017), 『도덕교육 탐구』, 서울: 한국문화사.

Anderson, R.(2004), "A definition of peace", *Peace and Conflict: Journal of Peace Psychology*, 10(2), 101–116.

Boulding, E.(1974), "The child and non-violent social change", In C. Wulf (Ed.), *Handbook on Peace Education* (pp. 101–132), Frankfurt: International Peace research Association.

Dewey, J.(1916), *Democracy and education*, New York: Macmillan.

Duckworth, C.(2008), "Maria Montessori and peace education", In M. Bajaj (Ed.), *Encyclopaedia of peace education* (pp. 33–38), Charlotte: Information Age Publishing.

Groff, L.(2002), "A holistic view of peace education", *Social Alternatives*, 21(1), 7–10.

Harris, I.(2009), "A select bibliography for peace education", *Peace and Change*, 34(4), 571–576.

Harris, I. M. & Morrison, M. L.(2013), *Peace education*, 3rd ed., Jefferson: McFarland & Company, Inc.

Jenkins, T.(2019), "Comprehensive peace education", In M. Peters (Ed.), *Encyclopedia of teacher education*, Singapore: Springer.

Johnson, D. W.(2015), Constructive controversy, 추병완 역(2019), 『4차 산업혁명 시대의 혁신교수법: 건설적 논쟁의 이론과 실제』, 서울: 하우.

Johnson, D. W., Johnson, R. T., Holubec, E. & Roy, P.(1984), *Circles of learning*, Washington, DC: Association for the Supervision and Curriculum Development.

Kertyzia, H.(2021), "Peace education", In K. Standish et al. (Eds.), *The Palgrave handbook of positive peace*, New York: Springer.

Page, J. S.(2004), "Peace education: Exploring some philosophical foundations", *International Review of Education*, 50(1), 3–15.

Page, J. S.(2008), *Peace Education: exploring ethical and philosophical foundations*, Charlotte: Information Age Publishing.

Paul, R.(1984), "Critical thinking: Fundamentals to educators for a free society", *Educational Leadership*, 42(1). 4–14.

Reardon, B.(2000), "Peace education: a review and projection", In B. Moon, S. Brown & M. Ben Peretz (Eds), *International Companion to Education* (pp. 397–425),

New York: Routledge.
Salomon, G. & Cairns, E.(2009), "Peace education", In G. Salomon & E. Cairns (Eds), *Handbook on peace education*, London: Routledge
UNICEF(1999), *Peace education in UNICEF*, New York: UNICEF.
Watson, M.(2019), *Learning to trust: Attachment theory and classroom management*, New York: Oxford University Press.

찾아보기

번호

춘천교육대학교 통일교육 총서 01

옴니버스 통일교육

1판 1쇄 발행 2025년 10월 31일

지 은 이 | 추병완 · 이범웅 · 김병환 · 변순용 · 조주현 · 박보람
펴 낸 이 | 김진수
펴 낸 곳 | 한국문화사
등 록 | 제1994-9호
주 소 | 서울시 성동구 아차산로49, 404호(성수동1가, 서울숲코오롱디지털타워3차)
전 화 | 02-464-7708
팩 스 | 02-499-0846
이 메 일 | hkm7708@daum.net
홈페이지 | http://hph.co.kr

ISBN 979-11-6919-358-0 93370